南昌航空大学学术文库

经济管理学术文库·管理类

工科院校大学生审美素养多元化培育研究

Study on the Cultivation of College Students' Aesthetic Quality in Engineering Colleges

黄益萍／著

图书在版编目（CIP）数据

工科院校大学生审美素养多元化培育研究/黄益萍著 . — 北京 ： 经济管理出版社，2019. 11

ISBN 978-7-5096-6530-5

Ⅰ . ①工… Ⅱ . ①黄… Ⅲ . ①工科院校—审美教育—教育研究—中国 Ⅳ . ① G40-014

中国版本图书馆 CIP 数据核字（2019）第 256453 号

组稿编辑：	杨国强
责任编辑：	高　娅
责任印制：	黄章平
责任校对：	赵天宇

出版发行：经济管理出版社
　　　　　（北京市海淀区北蜂窝 8 号中雅大厦 A 座 11 层　100038）

网　　址：	www.E-mp.com.cn
电　　话：	（010）51915602
印　　刷：	北京玺诚印务有限公司
经　　销：	新华书店
开　　本：	710 mm×1000 mm/16
印　　张：	14.75
字　　数：	213 千字
版　　次：	2019 年 12 月第 1 版　2019 年 12 月第 1 次印刷
书　　号：	ISBN 978-7-5096-6530-5
定　　价：	78.00 元

·版权所有 翻印必究·
凡购本社图书，如有印装错误，由本社读者服务部负责调换。
联系地址：北京阜外月坛北小街 2 号
电话：（010）68022974　邮编：100836

前　言

　　随着当代中国经济社会转型的逐步深入，我国高等工程教育，尤其是工科院校教育中所存在的一些问题和弊端逐渐暴露出来，如人才培养模式单一、平台单薄、创新环境欠缺等，而这些症结便是工程教育人文素养的欠缺与审美培育的匮乏，在实现"人的全面发展"成为教育界共识的时代氛围中，工科院校的审美培育问题日渐凸显，成为一个不容忽视、亟待解决的教育短板。

　　对于思想敏锐的工科大学生而言，审美培育能使他们在钻研科学之外，陶冶情操、净化心灵，体会到真、善、美相统一的境界；使他们的审美判断力和创造力得以提升，进而塑造出更健康的人格和达到更高远的精神境界，最终成为和谐发展的人。近20年来，尽管审美培育的重要性日益凸显，国家在教育规划中也将审美培育放在重要的位置，但从目前审美培育的现状来说，仍有诸多不尽如人意之处。长期以来，"培养高级应用型人才"一直高居工科院校教育的首要位置，审美培育尚未获得充分的理解和践行，虽然在我国教育方针中早已把美育列为"德、智、体、美、劳"之一，但在具体实施过程中却始终把美育归属于德育的组成部分，甚至存在大量的以智育代替美育的现象，这些思想观念认识造成了工科院校中审美培育的缺失，改变这种审美培育缺失的现状是当务之急。

　　本书分为理论研究篇与实践优化篇，从工科院校审美素养培育的现状出发,阐述了工科院校大学生审美培育的相关理论,包括工科院校大学生审美培育的概念、对象特征、本质、功能、目标、内容体系等;提出了工科院校大学生审美培育的优化措施,包括工科院校大学生审美素养多元化培育的宏观策略以及审美素养多元化培育的微观探析、方法新探与渠道选择,以期为提升工科院校大学生的审美素养提供一些参考借鉴。本书的撰写得到了"南昌航空大学科研成果专项资助基金"的资助,但由于时间及水平所限,难免存在疏漏与不妥之处,真诚地欢迎各位读者对本书提出宝贵的意见和建议。

目　录

理论研究篇

导　言 3

第一章　工科院校大学生审美培育概述 16
　第一节　工科院校大学生审美培育的概念厘清 16
　第二节　工科院校大学生审美培育的对象特征 29
　第三节　工科院校大学生审美培育的意义研究 39

第二章　工科院校大学生审美培育的本质与功能 42
　第一节　工科院校大学生审美培育的原则 42
　第二节　工科院校大学生审美培育的本质 45
　第三节　工科院校大学生审美培育的功能 55

第三章　工科院校大学生审美培育的目标 64
　第一节　目标内容意义 64

第二节 目标体系解构 67
第三节 目标体系建构 71

实践优化篇

第四章 工科院校大学生审美培育的体系内容 85
第一节 体系构建 85
第二节 内容重铸 102

第五章 工科院校大学生审美素养多元化培育的宏观策略 111
第一节 和谐教育——主张和谐共处 111
第二节 个性教育——彰显个性特征 118
第三节 自由教育——增强乐观属性 125
第四节 创造教育——培养创新素质 135

第六章 工科院校大学生审美素养多元化培育的微观探析 143
第一节 渗透于目标，促进目标整合 143
第二节 渗透于主体，优化师生关系 146
第三节 渗透于活动，优化培养过程 150
第四节 渗透于条件，增强育人功能 157

第七章 工科院校大学生审美素养多元化培育的方法新探 160
第一节 对话法 162
第二节 情境法 171

第三节　涵化法 ………………………………………183

**第八章　工科院校大学生审美素养多元化
　　　　　培育的渠道选择** ……………………………189
　　第一节　培育渠道之一——显性课程 …………………189
　　第二节　培育渠道之二——隐性课程 …………………202
　　第三节　培育渠道之三——敏感课程 …………………214

参 考 文 献 ………………………………………………223

后　　记 …………………………………………………225

理论研究篇

导　言

一、问题的提出

对人们而言，美是一种感觉，审美是一种基于美的情感活动，是对美的感知、欣赏和创作，而审美素养就是感知美、欣赏美和创作美的能力。因而，针对审美素养的培养教育，就是通常所说的审美培育，这更多的是一种情感上的教育。提高人们的审美素养，就是要培养高尚的情感，而这种高尚的感情只有与美在心中形成统一、产生共鸣，才能去鉴赏美，去创造美。

（一）审美培育面临的问题

市场经济的发展、社会的转型，使我国的审美文化充斥在社会的方方面面，与人们的生活密不可分，当然也成了大学生生活的重要部分。当前对于中国的审美文化而言，审美是一种极度自由的表达方法，为人们对审美认知提供了十分广阔的维度，尤其对正值青春期、追求自由解放的大学生来说。但是，由于大学生社会经验不足，目前也存在对大学生审美培养有一些消极的现象，比如在网络高速发展和市场商业高度发达的情况下，所产生的快餐文化或一些流行时尚，恰恰是正中人性中那些粗俗欲望的需求，会大大影响人在发展中健康的人格品位和高尚的精神境界，主要体现在占有最大市场份额的大众审美文化和后现代主义审美文化上，它们给大众带来了选择的自由和享受的自主，力图尽量缩短或者减少艺术与人民群众的距离，努力发掘社会方方面面的合作，想尽一切办法去迎合大众的审美需求，但却走向了媚俗的道路，解构了传统审美观及其价值存在的合理性。我们十分痛心地看到：身体化、狂欢化、消费型的后现代审美文化，涤荡着世俗人心，到处充斥着感官享受、放纵欲望，品位低俗，消除了文化艺术的光环，使人们在影像带来的幻觉中难以自拔。缺乏理性、拒绝价值的后现代主义审美文化，标志着这个社会的特点是："思考的缺席，对自身视角的缺席。"

在文学艺术方面，后现代主义的文学作品充斥着强烈的欲望和感官的刺激，一反古典时期"高贵的单纯，静穆的伟大"等文学风格，展现在读者眼前的"将是和太阳一样绝对，和性高潮一样无可争议，和棒棒糖一样可口"。

中国当代审美文化和审美活动呈现出的许多不良价值诉求，最显著的症候体现为相当一部分大学生存在审美趣味庸俗化、审美理想空虚化、审美追求迷惘化的倾向。这些影响，可能导致一部分大学生成为混淆美丑是非、情感麻木、感性麻痹、精神荒芜、缺乏理性的具有人格缺陷的人。总之，这些将最终导致"自我"缺失、"主体"不复存在。最让人不想看到的是，大学生正处于身体和心灵发展的黄金时期，如果受到这种不健康（审美）价值和虚无思想的影响，那么大学生的审美心理结构将会产生非同一般的不足，同时也会离人们所追求的自由和自身的解放越来越远。

（二）当代工科院校大学生审美素养培育的提出

在21世纪，我们要建设社会主义现代化创新型国家，为了实现这一目标，我国对高科技、高能力、高素质创新型这三种人才的需求越来越多。工科大学主要致力于培养高科技人才，但是因为工科大学过于注重专业化知识，会使许多工科大学的学生出现能力较强，但人文素质偏低的情况。就大学生而言，环境不同，受到的教育不同，在审美境界追求、心理的状态、意志的坚定程度、对待人生的态度、人格的素质等方面都会有所不同，或者存在不一样的问题。其中审美素养的缺失就是一个重要的原因。因此，工科大学在积极适应国家要求培养创新型人才的基础上，注重学生的全面发展，不仅应加强专业文化知识的学习，更应在大学生审美素养的培育上多下功夫。关于工科院校审美素养培育问题提出的背景，主要有以下三个方面。

第一，审美素养培育研究的社会背景。"我们当前的这个时代要变成一个不光是拥有完善的技术和经济、高尚的道德的社会，并且也应该有着良好审美的社会。"21世纪社会不断地进步与发展，越发印证了马克思揭示的"社会的进步就是人类对美的追求的结晶""人也按照美的规律来建造"的规律。随着教育事业的发展，越来越多的教育专家开始反思，并且逐步认识到关于教育进步的标志之一就是审美能力的培养。审美素养的培育也成为弘扬优秀的民族精神、提高人民素质、培养创新型人才的一个最基本的因素。

第二，审美素养培育研究的学校背景。对于当前工科大学教育，由于学校培养的人才方向问题，因此在培养学生时会向应试性和专业性偏向。出现注重专业教育、忽视素质教育，以及功利教育所占比重较大，人文教育缺失的问题。这就会造成工科大学的学生在素质教育方面、培养大学生健康的人格方面往往不受学校的重视，没有进行系统的培养，这些问题的出现，对学生的全面和谐发展存在一定的影响。

第三，审美素养培育研究的个体背景。目前我国大学生人数日益增长，已经成为社会发展的中流砥柱。其中工科大学的学生是大学生中一个非常重要的群体，当前社会竞争压力较大，如果不能对大学生进行良好的素质教育，人格上发展如果不健全，会产生比如自杀等十分可怕的后果。不同的大学会有不同的专业规划、专业分类、学习氛围等，工科大学学生因为其特殊的专业特点会与许多文科专业大学生有很大程度上的不同。工科大学生的思想跳度较大，思维比较活跃，更加具备创新思维能力，其理性思维逻辑更强，但相对而言，也存在一定的缺陷，工科大学生会在感性思维和情感表达方面较为欠缺，这其实也是造成工科大学在审美培育方面不足的重要因素之一。因此怎样才能加强各大高校审美培养的培育，就成了一个十分重要的话题。

总而言之，工科大学生的全面发展问题上，是一个动态的过程，是需要文化不断渗入的过程，要想培养出在专业知识方面和人格素养方面都十分优秀的大学生，我们就必须进行不断的探寻，积极地寻找各种在培育大学生审美素养上有效的途径和方法。因此，我们要认识到培养美育在我们的教育工作中已经成了一项长期的重要任务，只有培养好学生的审美素养，才能提高工科大学生的整体素质。

二、当代工科院校大学生审美培育的意义

从本质上来说，审美素养的培育是一种生命教育，即通过培养和加强人对美的感知力、欣赏力和创造力，使人由内而外得到升华和净化，可以使人格变得更加健全，从而使整个社会变得更加美好和谐。教育的根本目的也在于此，都想让这个社会变得更加和谐美好。因此应当认识到审美素养培育对教育而言是一条根本途径，也只有这样才能达到提高社会幸福度的根本目的。

（一）理论意义

为了适应社会和自身发展的需求，关于大学生审美素养的培育问题必须聚焦到与时代进步保持一致。社会、环境等客观因素以及个体心理等主观因素是审美培育的主要研究对象。不能固守本专业知识，要广泛地汲取借鉴其他学科的知识，不断发展进步，随着时代的发展，会出现很多新问题、新情况，要用发展的眼光看问题。既要在理论上做到吸收借鉴发展，又要不断地实践。

审美培育作为大学生人文素质教育的重要组成部分，审美素质的独特点就在于它会对人起到很长远的影响，所存在的意义就在于会创造每个人之后不同的人生。因而它具有帮助学生进一步提高审美、鉴赏美的能力，这充分说明了需要对大学生进行人文素质教育尤其是审美培养教育，不断丰富高校人文素质教育的内容。因此，把审美培育工作同人文素质教育这两者统一起来，对21世纪素质教育来说，是一个充满时代性的话题。

用整体的眼光来看当前局势，我国的社会经济发展取得了可喜

的成就,"十二五"期间,社会经济还将会继续保持稳定和持续发展。人们的物质生活水平得到了大幅度的提高,物质上的需求得到更高层次的满足。如何使人们的精神需求发生从量到质的改变,是今后社会关注的焦点。建设社会主义和谐社会的首要任务就是提升全民素质,对提升全民素质来说,提高大学生的审美素养是迫不及待的任务。

一是为构建和谐社会营造社会氛围。随着时代的发展,在当前社会的某些领域中,严重缺失审美眼光,甚至达到善恶不分或者以丑为美的境地。因此必须从基础做起,提高对大学生审美素养培养水平。接受过有目的的审美培育,会营造出文明和谐、自由公正的社会氛围,也会提高人的素质,从而会在很大程度上改善社会的不良风气,更好地构建社会主义和谐社会。

二是为构建和谐社会提供精神动力。先进文化是人类文明进步的结晶,是引导人们积极向上、推动人类社会前进的强大动力。在当代中国,先进文化就是建设中国特色的社会主义文化,以先进文化作为审美的重要内容,加强大学生树立健康的思想观念、价值取向,使社会主义审美文化得到充分发展,为构建和谐社会提供强大的精神动力。

三是为构建和谐社会输送优秀人才。我国教育发展的关键理念是促进学生德、智、体、美全面发展,因此,要促进大学生健康成长,必须认识到这一理念。要以马克思主义理论为指导,以人的内在需要为根本,对教育者、受教育者、教育过程、教育内容、教育环境等问题进行充分的分析和探究。关于人才培养,不能静止地对待,要紧紧跟随历史发展的长河,培养大量无论在专业知识还是审美素养方面都很优秀的人才,更好地支撑构建社会主义和谐社会。

(二)现实意义

如何加强审美培育、如何提高审美培育的针对性和有效性,一直以来都是亟待解决的问题,同样也是近些年来备受教育部门关注的现实问题。

以往的审美培育,虽然对如何提高其有效性进行了一些探索,但主要还是由外向内的一种维度,强调的是审美培育对包括德育在内的其他教育的辅助作用,还没有从审美培育的内在规律性方面予以高度关注,难以改变其有效性不足的现状。

提高大学生的审美素养,一直是高校教育工作者苦苦思索的问题。客观地讲,对于审美培育,人们并不都持排斥态度。当今,信息化与各个行业的融合日趋加深,大学生审美素养的培养既有有利因素,又有不利因素。有利因素体现在,人们获取各种审美培育资源的渠道极大地拓展了,眼界更加开阔,审美批判精神不断增强。不利因素是指在开放的环境中,审美培育面临来自各种渠道,甚至各种与主流审美意识不一致的思想信息的冲击。随着网络信息时代的到来,各种复杂繁多的信息资源充斥着社会,并且这些似乎没有一个确定的衡量标准,人们往往只能从自身的想法出发,对这些信息进行一些分析和选择,因此对美的判断也都因人而异,各有不同。审美培育难度可想而知。

二是在人们思想意识的转变上起导向作用。"审美的重要性已经不在客体,而在主体,说明人已经有了一个固定的而且是能动的审美心理结构,他可以运用这个结构去看待一切对象。"审美培育的根本,是在人们观念、意识的培养,特别是事关社会进步和发展的审美意识、审美标准的转变上。如普及环保知识,就需要充分利用审美培育中内涵丰富的精神资源部分,教化人们自觉、自律地保护、珍惜自然生态环境。审美素养的提高,能够帮助长期处在与自然隔离、与社会分离、与艺术远离的日益机械化的现代人中回归自然、回归生活,从自然的美景、社会的场景、艺术的魅力中获得开阔的心胸和自由洒脱的精神。

大学生审美素养的培养,要着眼于以人为本和促进人的全面发展,必须从人的需要出发,把握好最基本的几个要素,即主体、客体、介体及其相互关系,在充分发挥以人为本的亲和力、人格魅力的感召力、和谐环境的浸染力方面下功夫。教育者要从社会责任出发,由审美素养培养的宣讲者转变为美的发现与创造者,从受教育者的特点和诉求来选取教育内容、寻找途径、选择方法。

长期以来,在审美培育的内容和方法上,工科院校所做的努力显然是不够的，没有充分地认识到审美培育的作用和功能，从而使工科大学生关于审美培育方面的知识储备量较少，审美素质不高。因此，要理解感悟审美培育"不用之用"的特点，了解审美培育的功能，着眼于提高当前工科大学生的审美素质，这具有十分重要的理论和现实意义。

三、当代工科院校大学生审美培育的现状

美育这项任务具有系统性，工科院校在提高学生审美素养时，应考虑到全方位、多渠道、高效能的综合性效果。但当前因为各种问题，审美培育工作在工科院校的教育教学中地位不高，仍没有受到重视。在一些工科大学中可以经常看到：工科大学的学生会把精力更多地放在考级、考证和各种实习工作上，自己本身就对人文知识不感兴趣，没有积极性；有些大学生比起那些古今中外的优秀经典曲目，更加喜欢或是沉迷于一些毫无美感的网络粗俗歌曲；大学生陶醉于网络上的视频资源，对近在身边的艺术展览、摄影展等充耳不闻；许多大学生过于倾向于与自己专业课程相关的或者是比较实用的课程，对一些培育审美素养的课程视而不见。

（一）工科院校大学生审美素养现状

21世纪以来，我国教育在高等教育方面高速发展，高等教育的受众越来越广泛，不再像以前高等教育只是精英教育。在这个发展变化的过程中，我国各大高校已经逐渐认识到人文素质教育尤其是审美素养培育严重不足。当前工科院校的学生的审美素养现状，有如下几个特点：

1. 美学知识缺乏，审美能力和审美趣味不高

俗话说"爱美之心，人皆有之"，步入大学的学生正处于身心发展的黄金时期，正在经历着成长和成才的过程，这一时间的学生，个性极度张扬，正是追求自由和自我的时候，对美的东西更是有着自己的追求。但是有"爱美之心"的学生，并不代表有着健康的审美素养。由于很大一部分的工科院校中并没有专门设立一些关于审

美素养培育的课程，这些工科院校还没有清晰地认知到人文素养和审美素养培育的重要性，从而使工科大学的学生普遍缺少美学知识，他们的审美素养不高甚至没有审美趣味。这些大学生所喜欢的文化娱乐也仅是唱一些网络流行歌曲，看几本武侠玄幻小说；放假休息时多是逛街、泡网吧、聚餐喝酒；对中外古典音乐和名画了解的大学生很少，更别说去参观博物馆或艺术展。这种现象应引起我们足够的重视，工科院校培养的是高技术人才，不懂艺术和审美，这对当前的教育而言是一种巨大的遗憾。

2.知识结构不完整，缺乏人文精神和人文关怀

相当一部分的工科大学过于重视专业课程方面的教育，对学生审美素养的培育意识不强，使学生除了参加一些自身感兴趣的社团活动外，很少受到人文知识和中外优秀经典知识的教育，这样就会导致学生缺少这一部分的教育，知识储备量不是很充足，接受的教育也过于狭窄，长此以往学生会形成固定的思维方式，无法提高人文素养。在大学中有一部分学生会因为这一教育的缺失，使人格朝着不健全的方向发展，出现一些极端问题，如考试作弊、打架，甚至是自杀。根据调查，有25%的大学生存在着不同程度的心理疾病，这些心理问题集中表现为孤独症、抑郁症、忧虑症和冷漠症，患有心理疾病的学生往往会不善于和其他人交往，出现独自活动的行为。前几年，震惊全国的马加爵事件值得我们反思，马加爵的心理问题如果及早被发现解决，事情也许不会发展到不可收拾的地步。这件事情也反映了当代有些大学生对生命的轻视，缺乏人文精神和人文关怀。

3.社会责任感差，人格境界不高，急功近利

由于当前对审美培育的不重视，使有些学生达到善恶不分或者以丑为美的境地。物质上的极大丰富，使部分学生出现了拜金主义思想，不再把心思单纯地放在学习上，而是过度享受生活；一些大学生总是以自我为中心，出现极端利己主义的心理，缺少对社会和他人的责任感；还有许多大学生在校园学习时，态度并不端正，认为学习专业知识，只是为了找工作，这就是极端的实用主义思维。

相当一部分大学生在学校学习过程中,过度放任自我,不再追寻人生的理想,变得毫无目标,随波逐流,缺乏对真理的探寻精神,更缺乏对真善美的追求。这一切与审美素养培育不足有关,使目前大学教育中面临很严重并且急需解决的问题。有学者曾经概括当代大学生:"有智商没智慧,有前途没壮志,有文化没教养,有知识没思想,有青春没热血,有个性没品行,有理论没实践。"这些话听起来虽然很严重,但细细想来,却并不是空口白话,有一定的道理,值得反思。

(二)工科大学生审美素养薄弱原因分析

1. 主观原因

主观原因即工科大学生思想上有误区,审美觉悟程度不高。工科大学学生存在一定的通病,那就是在接受专业知识时,过分地重视其专业知识,认为学习自然科学才是"科学",过度积累专业知识,却对专业知识以外的知识充耳不闻,采取轻视的态度。有近一半的工科院校的学生认为对于他们来说,学习好意味着专业知识、计算机和外语掌握得好。学生往往忽略了除了这些以外的其他知识,尤其是审美素养方面的知识。对这方面知识的缺失,会导致学生审美素养无法提高,在某些行为和思想上出现自以为是的错误意识,比如,很多学生在追求个性的同时,完全偏离了个性,以怪异的方向发展为美,他们认为美就是新、奇、怪;还有部分学生出现享乐主义,深深被物质社会所吸引,认为花钱多就是厉害,就是一种"美";许多学生沉迷于网络游戏,在网络游戏上花费大量的时间和金钱,大部分学生是只知道"Internet",却不懂"Aesthetic",对诗歌、舞蹈、音乐、建筑、影视等艺术表现出冷漠的态度。在工科大学生中有些学生虽然有正确的审美观和健康的审美趣味,但却没有培养自己审美素养的意识,没有意识到将看到的美培养成一种自己的意识,在之后的审美活动中有自己的想法,这也是一种缺憾。

2. 客观原因

客观原因即客观上国家在改革开放的"转型期",社会大环境的错综复杂和工科教育举措的失调所促成的。

  对于人的审美素养来说，除了自身的原因外，不得不提到社会环境对人的影响。当前无论是国内还是国外，在经济、社会等各个方面都在经历深刻的变革、新旧体系的交替、物质的极大丰富，许多人在社会的浪潮里随波逐流。这种情形下，大学生也难免受到一定的影响，学生对物质生活追求的积极性提高，开始享受这个社会带来的生活上的便利和物质的满足。当然学生如果出现过度追求的情况，就势必会造成学生审美素养下降的现象。同时必须认识到，审美培育不同于大众文化，虽然表面上看相似，但是大众文化对人们的思想会产生很多的负面影响。

  值得注意的是，与审美培育表面上相似的大众文化对学生造成的严重冲击，对学生产生了负面的影响，这些文化教导学生只顾当下，不考虑未来，教导学生没有了社会责任感，一味地利己，从而使学生不再追求真善美，只是玩物丧志，审美素养得不到提高。

  我国传统的教育模式是偏向于应试教育的，以分数来作为评判学生的标准，以升学率作为判断是不是好学校的唯一标准，这一情况无论是小学还是高中都是如此，在这种应试教育下，学校过多地注重如何提高学生的成绩，而对学生的审美培育方面一片空白，这在很大程度上对学生的全面发展埋下了隐患。进入大学阶段的学生，身心发展处于黄金时期，审美素养的提高也处于黄金时期，但是一直以来，我国工科院校的审美素养培育方面并没有做出大的改变，仍然没有过多重视，关于审美培育方面只是依附于思想政治等其他教育，并未单独培育。在我国工科院校办学理念出现功利主义和实用主义倾向时，更加助长了学生之间不良的风气，使学生产生浮躁的心理，再加上社会上一些不健康的影视作品、书籍、报纸杂志等误导了学生，使学生审美能力严重不足，审美素养无法提高。学生的功利主义和实用主义思想盛行，这些都是在提高学生审美素养时出现的问题，值得人们思考。根据一系列的调查，一些工科院校对审美培育的不重视集中表现在对审美培育课程设置得不合理或是不设置、培育审美素养师资力量不足等方面。

四、当代工科院校大学生审美培育的使命

当代人的人格发展遭遇着诸多困境,存在不少问题。那么,人格的发展和完善应当指向何方?我们建构人格应当从何处着手?答案是:审美人格。审美人格是当代人格建构的必然选择。

(一)人格发展:时代关注的主题

自从有人类开始,人们对自身的思考和探索就没有停止过。在当前这个时代,人们对这个问题的关注度不断上升,甚至已经开始关注到人格这个深层领域。当代社会的发展和人们的关注产生了契合,而这个契合点就是个体的生存与发展、人类的困境与前景。

美国人类文化和社会心理学家英格尔斯在论述人与现代化的关系时曾经指出:"先进的科学制度要获得成功,取得预期的效果,就必须使运用它们的人具有现代人格、现代品质。在整个国家现代化发展的过程中,人是一个基本因素。他并不是现代化过程结束后的副产品,而是现代化制度与经济长期赖以发展并取得成功的先决条件。"[①] 罗马俱乐部(Club of Rome)也认为:"从今后,对于人类的每一件重要事情来说,精髓是人的素质和能力,决定人的命运的最重要因素是人的素质,不仅是某些社会中坚的素质,而且是几十亿地球居民的一般素质。"[②]

毋庸置疑,只有人类人格得到普遍的提高,人类社会和世界文明才能得到发展进步。当前人格存在的问题已经出现弊端,如果放任其发展,势必会造成不好的结果。因此,很多社会学家、哲学家、心理学家、精神病学家等都十分关注人格发展的问题,也进行过许多方面的探索,形成了不少有意义的关于人格的理论成果。值得一提的是,在人格研究方面成果较为丰富的还是心理学。心理学上关于人格问题的研究主要集中在两个方面:一是变态心理学(或叫变态人格心理学),主要研究在人格形成和发展的过程中出现的

---

① 英格尔斯. 人的现代化 [M]. 成都:四川人民出版社,1985.
② 许金声. 走向人格的新大陆 [M]. 北京:工人出版社,1988.

一些负心理现象，如精神分裂症、精神病、神经官能症（含神经衰弱、焦虑症、强迫症、恐惧症等），其实这就是在探究一些人为何会出现不适应社会发展的问题，以及为何会形成不健康的人格；二是人格心理学（或叫健康人格心理学），主要研究方向是健康或者正常的人格形成、变化发展的规律，实际上也就是研究怎样形成正常的人格的问题。具体展开就是，目前最具典型代表性的人格理论主要有以马斯洛（A. H. Maslow）、罗杰斯（C. R. Rogers）为代表的人本主义人格理论，以华生（J. B. Watson）和斯金纳（B. F. Skinnier）为代表的行为主义人格理论，以弗洛伊德（Sigmund Freud）、沙利文（H. S. Sullivan）、弗洛姆为代表的精神分析人格学说，以奥尔波特（G. W. Allport）、卡特尔（R. B. Cattell）、艾森克（H. J. Eysenck）等为代表的人格特质与人格维度学说，以凯利（G. A. Kelly）为代表的人格认知理论。除这些理论以外，还有超个人心理学，这是建立在人本主义心理学上的，以及心身心理学，主要是研究人的精神健康和身躯健康相互关系等。总而言之，当下人们对人格发展问题十分关注。

（二）人格的审美走向

美是人类的生活理想，又是人类的重要力量源泉。"人只有在美的追求中，才能把自己的灵性呈现出来，使我们的世界笼罩上一个虔诚的、富有柔情的、充满韵味的光环。"① 对于人类生活而言，审美是一种不可缺少的精神活动，是人类天然的自发追求。在人们的生活中美虽然不是生活必需品，但是如果缺少美，人们的生活会不愉快和圆满。因此，人类的日常生活中审美是十分必要的，有了审美能力，才会使人们的生活更加美好，更加充满幸福感。

马克思在《1844年经济学哲学手稿》中指出："人也按照美的规律来构造。"② 苏联美学家布洛夫也说过："人直接需要美，因此审美因素渗透到他的整个生活中，人不仅按照物质必然性，而且也

---

① 张应航等.人生的美学境界[M].杭州：杭州人民出版社，1990.
② 马克思.1844年经济学哲学手稿[M].北京：人民出版社，2000.

按照美的规律进行创造。"① 无论是马克思所说的要"按照美的规律来构造",还是布洛夫所说的"按照美的规律来创造",都不仅要看到物质层面,更应该关注到主体本身。要看到人格发展总体是趋向乐观,人的本质实现是毋庸置疑的。因此,我们要坚定信念,明确方向,不断地前进,主体人格一定会呈现出美的特征、迈向美的境界。

(三)建构审美人格:教育的重要使命

对人而言,培养健康的人格是一个带有基础性的问题,这个问题关系到教育方针的制定,更关系到教育要把人们培养成什么样的人。本书认为,审美人格即当代教育应该培养的人格特征,虽然学校教育在审美人格建构中起到一定的作用,但并不代表审美人格的建构只与学校教育方面有关。并且,审美人格的建构并不是短时间一蹴而就的事情,它会贯穿人的一生,学校教育是不能完全承担培养和发展审美人格的任务的,它只是在某一个阶段影响人。因此,我们不能过分地夸大学校教育在审美人格建构中产生的影响。不过我们也应明确,学校教育在审美人格的建构中确实有着无法替代的作用。

从总体上来说,人性是值得人们相信的,但这种人性只是一种潜在的东西,是一种萌芽。必须依靠主体后天的努力才能真正出现,也需要依靠教育的努力。奥地利心理学家阿德勒说过:"学校是每个儿童在其精神发展过程中所必然要经历的一个场景。因此,它必须能够满足健康的精神成长的要求。只有当学校与健康的精神发展的必要性保持和谐,我们才说这是一个好的学校。只有这样的学校才能被认作是社会生活所必不可少的学校。"我们应该努力理解阿德勒所提出的这种"好的学校",为审美人格的建构发挥积极的作用。用教育的力量使人格中的审美特征不断地得到丰富、充实、增长和提升,从而达到一个人可能达到的最高境界,这就是审美人格建构的目的。

---

① 布洛夫.美学:问题与争论[M].上海:上海译文出版社,1987.

第一章 工科院校大学生审美培育概述

第一节 工科院校大学生审美培育的概念厘清

审美培育是我国教育的重要组成部分,与德育、智育、体育等构成我国教育的完整体系。在培养21世纪现代化建设人才的今天,审美培育作用是十分重要又独特的,是不能用其他形式的教育所代替的。

一、美、审美与审美价值观

(一)何谓美

"美"是人类永恒的追求。从客观的角度来说,美不仅是人们脑子里的精神活动产物,它更是人们对客观事物本质的探寻,而这种思想也规定了整个西方美学的研究对象、研究内容及方法论。西方美学史上有许多人物都具有这种思维逻辑,将美归结为事物的自然属性或外在的形式是从客观存在方面去探索美的。在早期的希腊,有很多哲学家把"美"定义为宇宙的自然之美。毕达哥拉斯学派认为,宇宙的"本原"是数,数之间和谐的比例便是"美",因而美表现在合理的数量关系。柏拉图在毕达哥拉斯学派理论的基础上,主张美在于"理式"（或"理念"），并对"现象之美"和"本质之美"这两者进行了区分，得出"现象之美"是对"本质之美"的"分有"和"模仿"的结论。

那么什么是本质之美？柏拉图给出的回答是"加到任何一件事物上面，就使那件事物成为美"①，柏拉图提出"美本身"就是"本质之美"。柏拉图是第一个将美进行区分的学者，现象之美相较而言只是个别的现象，而美或美本身表现为一般的、本质的。就柏拉图理论进行分析，建立他的本体论美学是因为个别事物之美在于分享或模仿了美的"理念"。"如果有人告诉我，一个东西之所以是美的，乃是因为它有美丽的色彩或形式等，我将置之不理。一个东西之所以是美的，乃是因为美本身出现于它之上或者为它所'分有'，尽管它是怎样出现的或者是怎样被'分有'的……美的东西是由美本身使它成为美的。"②柏拉图为了反对智者学派认为的"快感之美"，提出了"美是理念"，柏拉图认为真正的美并不存在于现实生活世界，但是这一理论并不代表他不承认物质世界具体事物之美，也不代表很多美好的事物不能通过快感而引起人们的视听感受，他只是提出具体事物之美是源于"理念之美"，而具体事物本身没有美，或者说并不是本真之美。柏拉图到了晚年，变得更加倾向于"形式之美"，然而这一思想主要源自毕达哥拉斯学派的"数之和谐美"，将"形式之美"看作"秩序、比例、和谐"。柏拉图虽然从"本体论"的角度出发，对美的本质进行了界定，认为美的本质就是指美的"理念"，对于美的"理念"究竟是什么，似乎他并没有给出明确的定义，但"理念"之美是分等级的，在柏拉图的思想视界中，最高等级的"理念"之美就是神本体之美，人之美要次于神之美，动物之美次于人之美，以此类推，相应地，现实生活也按照这个等级划分。尽管这个思想有唯心主义作为根基，但在美学史上做出了巨大的贡献，柏拉图最早创立了本体论的美学理论，将美本身高于平庸和感觉之美揭示给世人，加强了人对美的认识。

---

①②[古希腊]柏拉图. 柏拉图全集[M]. 王晓朝译. 北京：人民出版社，2001.

亚里士多德在批判"理念之美"的基础上，提出了自己关于美的理论思想。亚里士多德在吸收了晚年柏拉图"形式之美"的基础上，倾向于注重美和善的关系，他将美看作一种自身具有的价值，并且将美看作令人愉快、向往和赞美的东西，在他看来，由于美是一种善，所以美能引起人的快感。因此，亚里士多德认为，美和善在一定意义上是可以画等号的。由此可以得出，西方的美学在发展过程中，有一种潜在的道德因素在起重要作用，或者可以说，"美"的先决条件是道德上的"善"。

从道德哲学的角度出发，"美"是具有一种价值关系的，这种价值之美一直存在于中国的传统思想中。在《论语》中，"美"和"善"几乎是同义词。子曰："君子成人之美，不成人之恶。小人反是。"子张曰"何谓五美？"子曰："君子惠而不费，劳而不怨，欲而不贪，泰而不骄，威而不猛。"这些美都是属于道德范畴的，具有典型的伦理道德之美。

当然，中国传统之美并不仅表示在"道德价值之美"或"内在价值的德行之美"，它还代表外在事物之美，比如日常生活中的"肉之美""鱼之美""菜之美""饭之美""果之美"，主要指的是人对外在事物的感觉之美和体验之美。中国的壁画和山水画之美，最主要是寻求对象中的"气韵之美"，"画山水贵于气韵。气韵者，非云烟雾霭也，是天地间之真气也。凡物，无气不生……然有气则有韵，无气则板呆矣"①。中国传统的文化之中，美真正的本质是指外在对象之美和内在道德价值之美两者之间的契合，由于中国的传统文化一直以来追求的都是"天人合一"思想，准确地说是"天人合一"的道德境界。毋庸置疑，中国的传统文化是"礼仪之邦"的文化，而"仁治"作为其内在的法则，统治传统的中国，因此"道德治国"要优先于"法治"。从这个角度出发，外在的对象之美逊色于内在道德价值之美。目前，这样的思想还深深地刻在每一个中国人的脑海当中，因此，我们评判一个人的时候往往是以内在心灵之美为标准，评价物时，关注的也是它的内在价值之美，

---

① (唐) 唐岱，绘事发微[M].周元赋译[M].济南：山东画报出版社，2012.

但这样并不代表不追求内在之美和外在之美相融合的"理想状态之美"。这种"理想状态之美"恰恰是当前中国马克思主义美学所要探寻和追求的目标。比如,马克思所提出的"自然的人化"和"人化的自然"之美。实际上,中国传统的"天人合一"思想是未经过"主—客"分化的"人和自然"融合之美,这样看来,它是一种"原始的混沌之美";然而经过"主—客"分化的"自然的人化"和"人化的自然"之美则会超越前者。那么,这种高层次的"美"又是通过什么途径去实现的呢?

马克思给出了确切的回答,即通过"实践"创造了"美","劳动创造了美"。这是马克思以"自然的人化"和"人化的自然"为思维基础对"美"的本质界定。因此,美的本质就是以劳动实践为基础,将人的内在之美和对象的外在之美相统一,从这个角度来看,马克思对"美"的本质的界定,意味着美学观的革命性变革。"美"的根本在于和谐,从本质上来说,"美"是人与自然、人与他人、人与自身本性、感性与理性、物的外在尺度与人的内在尺度、自由与必然、对象化与自我确证、实践活动的合规律性与对象世界的合规律性的和谐统一。

(二)审美

如果想要界定什么是美,就要说到审美问题。我国古代的"羊大为美"和"羊人为美"是统一的,因此能看出这离不开人的存在。前者是离不开客观事物以及自然属性,"羊人为美"则离不开人,由此可见,美与审美是不可分割的、相互关联的。审美是一种主观心理活动,这种活动是人对客观事物产生的,也是人对客观事物的某些属性进行观照,从而获得各种不同层次上的心理愉悦。

"审美"是有意识地对象性存在物——人的独有特性,审美意识是依靠有美的对象的存在而产生的。那么,什么是审美呢?一般来看,审美指的是一种过程,这个过程包括对美的对象的关照、考察和鉴别,经常表现为审美知觉、审美判断、审美趣味、审美理想等方面的内容,当然也包含与审美心理因素相关的审美价值观的内容。在涉及具体的审美教化的意义时,审美真正的意义是指人类基于完整、"自在圆成"的生命经验而表现出的一种身心洽适、灵肉协调、情理交融、天人合一的自由和谐的心理活动、行为方式和生存状态。

考察中西方美学史，审美概念的发展与变化都与"审美体验"或"审美经验"密不可分。最开始是由德国哲学家鲍姆嘉通提出关于"审美"的概念。之后，黑格尔也做出了自己的理解，在调和主客体关系意义上，黑格尔认为，审美经验是主客体自由、和谐的审美经验，建立在感性的、形象的审美经验基础之上的美才是其本质，经过很长时间的发展，体现主客体统一的"绝对理念"达到"绝对精神"的最高阶段，它包括艺术、宗教和哲学。

在中国，王国维最早将外文"审美"概念翻译成汉语的"审美"。他在对日本牧獭五一郎所著的《教育学教科书》和桑木严翼著的《哲学概论》两本书进行翻译时，用到了"审美"这个词，但并没有过多解释。之后蔡元培的探讨审美之观念、梁启超研究的审美趣味和朱光潜探究的审美心理，都可以看成是一种审美体验。李泽厚先生认为，"美学"严格意义上来说应该称为"审美学"，即人们认识美和感知美的学科，并认为其是美的哲学、审美心理学和艺术社会学三者某种程度上的融合。

从这个角度来说，审美融合了知、意、行，是一种既超越了功利又将功利融和为一体的价值追求。当前社会提倡"日常生活审美化"，审美和生活、艺术与商品密不可分，几乎所有的商品都要被审美。这使人们深深地感受到了审美在不断地被功利化的思想牵制着，它越来越变得低俗化，所以在当今社会进行高雅的价值、高尚的审美培育是非常必要的。

美与审美，实际情况中审美客体与主体是互相依存的，这种互相依存的关系叫作审美关系。在这种关系中，客观事物成了"美"，而审美则是主体的心理活动。审美关系是主体和客体间精神上的联系，是在主体与客体毫无利害关系的基础上建立的，并且在和客体的交往过程中有着精神享受。不仅客体的丰富多样的自然和社会的性质和联系会影响审美，而且对主体的审美能力的发展程度、主体进入社会关系体系的深度也会有所影响，甚至是客观与主观在审美意义上联系起来的审美价值判断都会有所影响。由于客观事物对于主体具有审美价值，所以主客体会建立起审美关系。价值一般而言是客观的，但主体会对客体进行评价，其价值观和审美价值观的体现表现在主体所依据的价值方面。

（三）审美价值观

人们对客观事物和现象的审美价值把握就是审美价值观，从审美角度来说，它体现在人们做出的判断、评价和行为倾向方面。它其实就是一种美丑观，也就是人们喜爱什么、厌恶什么，人们分辨美丑时的基本观点。审美价值观表现为主体内心所持有的审美判断尺度，这把尺度包括审美需要、动机、趣味、理想等审美倾向，和审美认识、审美情感、审美信念等。人作为审美主体，有了成熟的审美价值观之后，会对审美活动方向或多或少有所制约和规范。

审美价值观明显且生动地呈现了人生观，在职业、婚恋、政治等方面对人生的价值观产生了深刻的影响。在教育目标、内容、形式上，审美培育和人生价值观教育保持高度一致。寻求美好的、使自己产生美感的生活是人的最高价值，审美表示为对人生经历的一切进行审美。这就是为什么审美价值观在各种价值观中最具泛化色彩和渗透力。在整个人生价值观中，审美价值观有着特殊地位，因而审美价值观的教育会有效地影响人们建立总体人生价值观以及各方面价值观。审美培育所发出的审美信息与人生价值息息相关，并且包含利他、利我双向性，自然美、艺术美、科学美、优美、壮美、悲剧、喜剧等，包括了人生的一切，表明了人生所有的美好，和谐美好事物构成的规律也被揭示。只有愿意接受，才能主动地接受，也才能产生良好的积极效果。审美培育的内容中蕴含一定的价值取向，到一定时期受教育者会形成怎样的审美价值观，要看其主要接受和积累的是哪种价值取向的审美知识。因此，从根本上表明相应的审美培育就是相应的审美价值观教育。

二、审美教育的概念界定

在人类文化历史上,"审美教育"已有数千年的历史。在中国春秋时期就早有文字记载,在古希腊城邦制国家时代西方也有相对系统的描述。

1795年,德国最伟大的作家和古典美学家最重要的代表人物席勒发表《美育书简》一书,《美育书简》以书信体形式,第一次提出了"审美教育"的概念——是通过人们对美的形象的观照,培养对美的情感,纯洁人的心灵,以达到人的全面自由、和谐的发展。[①] 席勒强调了提高人的道德水平时审美教育的作用,也就是所谓道德的人只能由审美的人发展过来。由此可知,席勒不单从教育的角度,更是从改造社会出发,以广阔的范围——实现人性"复归"来论述审美教育。在中国近代,首次提出审美教育的学者是清代的王国维。在《论教育之宗旨》中他提出:"美育者,一面使人之感情发达,以达完美之域;一面又为德育与智育之手段。此为教育者所不可不留意也。"

审美教育作为一种重要手段,指引人类从愚昧走向文明,从低级向高级发展,是运用人类实践中创造的一切的美来对其进行自身美化的教育。审美教育是对审美对象进行的形象直观和情感体验,采用完全自由、毫无强制的方式,不知不觉中愉悦地完成教育。通过人们对自然和社会(特别是文学艺术)的鉴赏力和创造力的培养和提高,对人的情操进行陶冶,使人的心灵得到美化,提高人的素质。它不仅可以使人类自身美化、完善人格塑造,也可以使人类认识世界、改造世界。形象性和感染性是审美教育特征。它主要依靠美的形象使人动容,将道德教育放在感性形象的审美教育之中,使人们不知不觉中有了心灵共鸣、陶冶情操、净化思想、完善品格,完成道德的教化作用。当一切伦理条例和道德规范成为人们心灵的信仰和要求后,会在实践中实施起来。人的内心律令会反映在行为动机上。道德教育依托于理性,使人们意识到如何去做。人们从内

---

① [德]席勒. 美育书简[M]. 徐恒醇译. 北京:中国文联出版社,1984.

心情感上乐意这么做就是审美教育的作用。因此，道德教育的情感基础是审美教育。古今中外的优秀文学作品都是因为审美教育激发了人们高尚的道德情感，所以才激励人们奋发向上、勇于献身、追求真理。

审美教育的内涵是显而易见的：审美教育简称美育，顾名思义是对受教育对象进行美的教育，使其具有关于美的一般知识，能够发现美、欣赏美和创造美，也能进行审美活动和产生审美体验。这个定义看似明确但细细考究却有许多难以解释的地方。尤其是我国的教育观念和体制随着改革开放的深入发生了翻天覆地的变化。这就急需从时代发展的角度重新对审美教育进行界定。

将百年来对审美教育这一学科的几十余种概念界定从总体上归结为以下几大类：

(1) 从功能的角度对审美教育进行定位，把审美教育视为德育的辅助手段和人才全面培养内容之一的"附属论""工具论"观点。这种观点指出，审美教育是德育的一部分，是进行道德教育的一种手段和方法。实际上这种观点仍然在传统的伦理主义和道德主义教育观的范围内。这种观点中，培养学生德、智、体三方面发展是学校教育的目的，而审美教育、情感教育、劳动教育等都围绕这三个目标，为这三个目标所服务。因此，审美教育只作为道德教育的一个有效的辅助手段和途径。

(2) 从教育内容的角度对审美教育进行定位，把审美教育视为美学知识、艺术教育的"知识论"和"技能论"观点。这种观点充分表明了美学与审美教育密不可分的关系，意识到美学原理指导着审美教育。从这个方面出发，毋庸置疑这种观点是正确的。这种观点将美学知识作为审美教育来源，把审美教育当作智育的一部分，使审美教育从根本上没有了独立性，如果只是把审美教育作为一般美学知识的普及教育，就降低了审美教育的意义，达不到审美教育的目的。

(3) 从教育手段的角度对审美教育进行定位，把审美教育视为情感教育、美感教育、审美能力教育的"陶冶论"观点。具体地讲，就是培养人对自然美、社会美和艺术美的审美观念和欣赏能力的教育,也是培养人具有创造美的能力的教育。这种观点由来已久,美学史和教育史上很多哲学家、审美教育家都持这种观点。这突出了在情感中审美教育的重要作用,也符合审美教育思想发展的历史,但有其合理的地方。不能将审美教育仅理解为陶冶情操,它还反映了审美教育的本质特征,将审美教育看作个人修身养性的一种手段是不全面的,审美教育确实有陶冶人的情操的作用,但全面地培养人、塑造完善的理想人格才是其根本目的。

(4) 从教育理念的角度对审美教育进行定位,审美教育就是艺术教育,而艺术教育就是传授艺术知识和培训艺术技巧。这种观点明确了在审美教育中艺术教育的突出作用是毋庸置疑的。但这种观念也有两方面不足。第一,将审美教育局限于艺术教育,使审美教育的范围缩小,审美教育的视野被局限。作为一种教育形式,审美教育范围宽广、弹性较强,有着多种多样的途径,艺术教育只是其中之一。第二,将艺术教育与艺术知识和技巧教育画等号。从根本上来说,艺术教育是要对授教对象的艺术心灵和人格进行培养,消除名利心,保持赤子之心,使感受力与想象力得到培养和发展,而艺术教育仅注重艺术知识和技巧培训,忽视了这一点。

这四种概念阐释基于不同的视角,是一直以来人们对审美教育这一特殊教育本质发展的认识。研究发现,审美教育是一种教育人和人自我教育的方式,提高人的生存质量是其中心和目的,使包括感受力、鉴赏力、想象力、创造力等在内的人的感性能力得到培养和发展,并且塑造和改造人性。换言之,培养高尚的人格、塑造完美的人性、创造合理美好的人生是审美教育的目的。其实这也是所有教育的最终目标,但这一目标最直接的途径是审美教育。

因此,本书认为,审美教育是指通过对各种美的事物,比如社会美、自然美、艺术美的审美活动,使受教育者得到教育,培养受教育者的审美欣赏、审美表现和审美创造能力,本质上是一种生命教育。

三、审美素养与审美教育的关系

人们在长期的社会实践中会创造出美,在长期的审美教育活动中培养了审美素养。一直以来,都是通过审美教育提高审美素养,审美教育在既提高审美素养的同时，又促进了人的全面发展。审美教育是提高审美素养的必要途径。

爱美之心，人皆有之。爱美是人的本性。从原始时代开始，人类就存在审美要求与活动。北京人和山顶洞人用磨光了的石器、钻孔刻纹的骨器以及穿孔的海蚌壳等做成装饰品，然后用赤铁矿染成红色。欧洲的洞穴壁画和石刻像和原始的音乐、舞蹈都展现了原始人类的审美要求与情感。随着生产力的不断发展和社会的进步，人类不断提高的审美要求、审美能力、审美趣味，使审美教育早和人类生活密不可分。

缪斯教育很早就出现在西方古希腊的学校中，缪斯教育即音乐、戏剧等艺术教育。柏拉图提出：为了防止"罪恶、放荡、卑鄙和淫秽"对青年的影响，就"应该寻找一些有本领的艺术家，把自然的优美方面描述出来……使他们不知不觉地从小就培养起对于美的爱好，并且培养融美于心灵的习惯"。①他提出音乐是最好的教育方式，受到良好音乐教育的人对丑陋和美时很敏捷，厌恶丑陋而喜欢美，净化心灵，使性格变得高尚。在文艺复兴时期的人文教育家维多诺·戴脱尔所创办的"快乐之家"学校，除了艺术教育之外，还重视自然环境对学生的影响，在校内墙上绘上壁画，文学课阅读优秀的文艺作品，他提出美育是可以陶冶心灵、培养道德的。18世纪资产阶级启蒙思想家卢梭、瑞士的裴斯泰洛齐等都提出：教育必须"遵循自然""回到自然"，使人们在大自然中感受美，对事物产生兴趣，不腐蚀其自然素质。德国著名的教育家福禄培尔提出，艺术属于教育科目之一，但学习艺术不是让人们变成艺术家，而是让他们懂得艺术不但可以欣赏艺术作品，还可以获得充分的全面发展。斯宾塞认为，人生会因美育而有更美好的意义。

审美教育是美学研究中一个独立的学科领域，在18世纪末由德国哲学家席勒最早提出。他提出人要想精神解放和人格完全，首先要做的是变成审美的人。他将美育问题上升到了改造社会、改造全人类的高度。虽然美育学科体系的形成仅仅有200年的历史，但与

---

① 柏拉图.柏拉图文艺对话集【M】.朱光潜译.北京：人民文学出版社，1959.

美育相关的思想和实践，可以追溯到几千年前。不管是我国春秋时期的孔、孟、荀等诸子百家，还是古希腊的亚里士多德、柏拉图等哲学家，他们的著述中都有记载。

自夏、商、周开始，审美教育就作为教育中的重要内容。虽然夏朝的学校教育中没有直接表明，但相关古籍中有所记载，根据《尚书·舜典》与《尚书·虞书》中记载，虞舜时期已经有专门的学官管理教育，其中"典乐"由夔负责，专门掌管乐教。商朝的生产力不断提高，有机构和科目专门进行礼乐教育，"五学"中的"南学"和"东学"都是"乐"与"舞"之学。虽然夏商朝时期的礼乐教育与近现代意义上的审美教育不同，但可以将它看作中国审美教育的开端。春秋战国时期，官学的衰落和私学的兴起，成为中国教育发展史上一个重要的阶段。私学打破了"天子命之教，然后为学"的传统，学校从王宫官府中得到解放，教育过程和政治活动相分离，教育对象范围得到扩大，教育内容逐渐丰富，从而实现了中国古代教育从奴隶制社会向封建制社会的过渡，奠定了2000余年封建社会教育。孔子在充实和改造教育时继承了前代的教育内容，提出了自己在教育内容方面的主张，孔子极力推崇"礼、乐、射、御、书、数"六艺，他提出"兴于诗、立于礼、成于乐"，对"乐"十分重视。严格来说，"乐"与当今我们所说的"音乐"并不一样，它是集文学、音乐、舞蹈、道德、政治等内容为一体的综合性教育科目。一统六国的秦，治理天下时用法家的思想，由于法家敌视审美和艺术，因此美育没有得到发展。到了唐代，美育得到恢复。除儒学经典的《诗经》外，审美教育也出现在其他职业性的教育中。到了宋朝，除官学和私学中儒学的美育，中央官学的专科学校设立了绘画课程，艺术教育的内容得到丰富。清代时出现"康乾盛世"，审美教育得到了再度发展，教育界涌入民主思潮，审美教育得到自由、宽松的发展，提高了人们的审美素养。

20世纪初，王国维、蔡元培等积极努力倡导美育，我国大力提倡美育作为专门的学问和事业，使美育变成全面素质教育的重要组成部分。新中国成立后，国家教育方针中明确写道"美育"，将美育与德育、智育、体育作为全面教育的四个基本要素，在九届全国人大二次会议上的《政府工作报告》中也曾出现，注重美育对提高审美素养、培育完整人格、促进人的全面发展的重要作用。美育已经被我国的最高决策层放到了重要的位置上，同时也表明我们的教育方针更加充实与全面。

21世纪需要的是具备较高审美素养的人才。因此，今天人们审美素养的提升仍要依靠审美教育，将对美的鉴赏和创造作为人类的文化素质之一，创造主体的心智中心逐渐渗透，这也是杨振宁所提出的高价值的具有美学或鉴赏力的精神结构。这种"精神结构"具有价值定向，针对人们改造客观世界和完善自身的能力和素质。这也是马克思所提出的"人也按照美的规律来建造"的真正含义。

由此可知，审美素养与审美教育的关系也就是目的与手段的关系。

四、工科院校大学生审美培育

工科院校大学生审美培育是指各级各类高等工科院校借助社会美、自然美、艺术美以及各种美的事物的审美活动，净化工科大学生情感、陶冶其情操，提高他们感受、鉴赏和创造美的能力，培养他们良好的审美观念、审美情趣、审美理想的教育。对工科大学生进行审美素养培育的必要性主要体现在以下三方面：

（一）促进学生个体的全面发展，为构建和谐社会做出积极贡献

现代科学源于西方，建立在学科细分的基础之上，由人为进行细分，培养了许多专业人才，认识自然、改造自然的能力得到提高。因此，科学技术现代化的必要途径就是专业化。在现代高等教育中，最重要的特征之一就是专业化。从20世纪50年代开始，我国模仿苏联的高等教育制度建立了单一的工程教育，这种教育制度突出的特点也是专业化。在这种教育制度下，学生从入学就属于某一专业，通常要终身从事这一专业。而过于重视专业化的教育体制也有很多问题，培养的人才几乎不能做到全面发展。爱因斯坦曾说："只用专业知识教育人是不够的。通过专业教育，他可以成为一种

有用的机器,但不能成为一个和谐发展的人。要使学生对价值有所理解并且产生热烈的感情,那是最基本的。他必须获得对美和善的鲜明的辨别能力。"因为人类所处的自然环境与社会环境的相关性和复杂性,人类对它的认识尚浅。尚且不论社会问题,就算是工程技术问题,大学生四年所学的几十门课程中并不能得到完整明确的答案。按我们课堂上的专业课程来对学生进行培养,会使学生在认识论上产生机械化的倾向。后果往往是,就算学生学习成绩优秀,毕业后也会有很多专业工作完成不了,并且会产生很多困惑,比如校园环境进入社会环境过程中遇到的人与人的关系、人与环境的关系。调查显示,很多大学生有或深或浅的心理疾病,集中表现为孤独、压抑、沮丧和冷漠,不善与人交往,不能很好地处理师生、同学之间的关系,反映出许多大学生之间关系不好,缺少人文精神和关怀。古代中国的教育中,总是重视人文教育而不重视工程教育。这也是造成我国近代科技水平落后于西方的主要原因,但现在恰恰相反。人文教育中的审美培育可以显著弥补单纯工程教育的缺点。一个人想得到更高的发展必须有审美品位,必须与人、与所处的环境和谐相处。对人而言,自身修身养性对整个社会的影响甚微,就国家的教育体系来说,培养很多全面的、具有人文精神的青年学子,对整个社会的和谐健康发展有着深远的影响。

(二)加强历史、艺术教育,培养高尚情操,抵制不良的习惯

由于我国工科大学教育沿用苏联的教育模式的原因,使许多高等院校仅强调专业教育,而忽略人文教育。学生除了在课余时间参加一些社团活动,甚少接受关于人文知识的教育。许多教师和学生觉得,学工科的人不懂历史、绘画、书法、音乐等艺术很正常。却没认识到这样培养出来的学生,会知识面不宽,有着机械的思维方式,人文素质较低。简而言之,不了解美术就不会对摄影、书法感兴趣;不懂乐理,就会对唱歌没兴趣。没有一些健康高雅的喜好,很容易形成低级趣味、不良风气,如赌博、酗酒、打架等。随着网络技术的不断发展,网络游戏迅速普及,许多大学生沉溺于网络游戏。如何拒绝网瘾成为一个社会问题,许多专家学者提出了一些有效的方

法和建议。本书认为，根本的途径是要培养学生健康高尚的情操，使学生站在更高的思想层次去看待上网与游戏，而不是单纯地用硬性规则去限制学生或用亲情去感化他们。

（三）适当加强审美培育可以促进学生专业知识的掌握，提高知识掌握的兴趣

科学本质是美的，学习科学的同时也享受着美，但对许多工科大学生来说，四年学习中的大部分课程枯燥无味。很多学生对专业课程没兴趣，经常逃课、迟到、考试作弊，十分令人遗憾。一些学生的学习是为了应付考试和毕业拿学位证，已经失去了学习的本质意义。就这个问题，学校和教师也有一部分责任。假如教师在讲课时将所讲课程与相关的文化艺术、生活知识结合起来，不是一味就事论事、逻辑推理，会提高学生对所学课程的积极性，其教学效果也会很好。实际中，科学与艺术在本质上是相通的，与其他艺术一样都有学习性、实践性和欣赏性。工程技术也是这样，大部分的工程设计对审美是有要求的，工程师也应具有美学的基础知识。这就要求学生具有一定的审美素养，以达到触类旁通的作用。

第二节 工科院校大学生审美培育的对象特征

审美培育是大学生素质教育的重要内容，有自己的培养目标、模式和特色，与其他类型的教育既有联系又有区别，既有共同的教育教学规律，又有自己独有的特点。

一、审美培育自身的特点

审美培育自身的特点主要表现在四个方面：情感性、形象性、趣味性、丰富性。这也是由审美培育自身的本质特征决定的。

（一）寓理于情的情感性

有人提出，审美培育便是艺术教育，这种理解不是全面的。一

方面，审美培育虽以艺术作为教育的基本手段，但又不仅仅局限于艺术，审美培育的手段也有现实美，也能产生"陶冶感情"的作用；另一方面，假如运用艺术进行教育时，仅仅去讲一些艺术理论、艺术史知识，或只是探究艺术作品中的思想含义，没有启发人的情感，那这属于智育或德育，不是审美培育。只有通过艺术活动使受教育者有情感的共鸣，震撼或抚慰其心灵，产生审美愉悦，那才是审美培育。

实际上，情感是人独有的，更是人对认识对象的一种体验和态度，是主体对客体的感受形式之一。审美情感与一般的情感不同，它被美的形象引起，美的形象因为体现了人的本质力量，凝结着人的创造智慧与理性，所以能引起人的审美情感，因此也最容易沟通人的情感，带给人欢乐和鼓舞。审美情感不再局限于狭隘的功利主义。人们在审美活动中只有冲破个人的欲念才能获得真正美的享受。这种享受不仅使人精神愉悦，还能满足人的心理与理智，激励人们热爱生命与生活，为了创造更加美好的生活而奋斗。

席勒很早就认识到审美培育具有完善人生、完善人性、完善情感的作用。审美培育自身就是情感的教育，所以，在实施审美培育时要重视以情动人。这一点与伦理学很相似，不同的是审美培育的情感教育不是说教形式，而是不自觉的情感积淀。有心理学研究证明，如果人的一生中正常情感不能得到满足，那他的人格发展就会遇到障碍。在人的心理活动中情感有着十分重要的动力作用。完善人的情感，培养对假、恶、丑的憎恶感，对真、善、美的同情感、亲近感、共鸣感就是审美培育的作用。整体审美培育过程有着生动的形象、道德情感，净化精神境界，功利性和实用性不明显。美感使人不局限于世俗情感，将人的整个心灵融入到审美境界中，从而达到天人合一的境界。

（二）寓教于美的形象性

以审美形象为手段来实现审美培育的以情动人。无论是自然美、社会美或是艺术美都与特定的形象密不可分。我们所说的个人的心灵美，不是一个抽象的概念，而是同他的言行所构成的形象相关联的，借助这种外在形象使人更具体感知某个人的心灵美。美感的基础是审美形象,美感的产生是有依据的,是和审美形象相连的。审美欣赏的对象应该是具体可感的,而审美感受的极致又是只可意会不可言传的。中国美学中的"不着一字,尽得风流"和"羚羊挂角,无迹可求"等都生动地表达了艺术美的形象性、非概念性特征。黑格尔曾认为,"美只能在形象中见出",是我们"可观照,可用感官接受的东西"[①]。车尔尼雪夫斯基也认为,"形象在美的领域中占有统治地位"[②]。审美的形象性要求高校审美培育过程从教材到活动、从教师的指导到活动环境都具有形象性的特征。

但是,审美培育的形象性不仅代表审美培育实施过程中有感性形象,还代表体验与领悟形象的情感意蕴。席勒将美界定为"活的形象",也就是"生命形象",车尔尼雪夫斯基认为"美是生活",指美是生命的形象,观点虽然都不完善,但都充分明确了审美对象的生命本质。所以说,审美对象的感性形象性是表面特征,其本质特征是寓生命活动于形象之中。从主体方面来看,概念不能表现个性的情感生命,必须在形象中得到升华。由此可见,审美培育本质功能的具体表现在寓教于美的形象性方面。

(三)寓趣于美的趣味性

审美培育的感性形象性影响审美培育的趣味性。在审美培育的过程中不断地有生动可感的形象,体验着生命形象。因此审美培育的趣味性是指审美培育吸引着受教育者,对审美的创作与欣赏有着浓厚的兴趣。从主体方面上看,审美培育的趣味性来自审美培育过程中充分尊重个性差异。在这里,"尊重"不是一种消极的意义,也不是一种礼遇,更不意味着放纵或容忍,而是一种积极的意义。它代表所有受教育者的个人情感生活需要得到满足,并且鼓励学生充分发展独创性。审美培育的趣味性还意味着活动中个性的尝试性。大学生的兴趣一般来自自觉对新奇事物的探索,没有探索和尝试就没有兴趣。审美培育过程受自发性影响后会充满活力、充满趣味,

---

① 美学[M]. 北京:商务印书馆,1979.
② 北京大学哲学系美学教研室. 西方美学家论美和美感[M]. 北京:商务印书馆,1980.

投入全身心，达到一种忘我的地步。但是，这一境界不是靠外在的强制或控制，而是在自由、安全的环境下依靠个性化的探索和尝试达到的。审美培育过程的探索性和尝试性是由审美活动的高度个性化特征决定的，审美培育的功能和目的只能在不断创造的探索和尝试过程中得以实现。对创作来说，需要不断探索掌握和运用媒介来达到与内心冲动相适应的形式。在欣赏活动中，把感性材料创造为一种有意义的对象并达到领悟，也是一种探索和尝试。创作和欣赏没有一个明确或统一的规则和答案，也没有固定的程序，也就是所谓的"一千个观众就有一千个哈姆雷特"。正是因为鼓励这种有差异的探索和尝试审美培育才显得趣味盎然，使受教育者自觉主动地接受教育，并乐此不疲。有个性差异的、注重过程本身的探索和自由的尝试等，很类似于"游戏"，审美培育的趣味性正与审美的类似游戏的特征密切相连。虽然席勒、斯宾塞等的审美游戏说有严重的缺陷，但是它却极鲜明地揭示了审美与劳作的不同之处。肯定了审美培育的趣味性，并不代表着审美培育本身严肃的教育价值被抹杀，恰好相反，审美培育的趣味性正好体现了自身具有的那种严肃的人身价值。

（四）寓多于一的丰富性

席勒在讲到关于审美培育的特点时表明，审美培育是"通过自由去给予自由，这就是审美王国的基本法律"。这表明在方式上，审美培育是自由的，人得到更多的自由是审美培育的目的，成为更完美的全方面发展的人。审美的自由指的是审美主体的一种审美精神状态，即人在审美活动中没有狭隘的物质欲念，全身心沉浸于观照审美对象中，精神得到愉悦与满足，解放了心灵。审美培育行为的自由性是由审美的目的性所决定的。这也就是说审美培育对受教育者完全出于本身的自觉自愿，不是强迫的，不需要灌输，依靠自身的魅力吸引人。审美培育的主体根据自己的兴趣爱好、内心需要和对美的渴望自觉参与。因此，审美主体的审美培育行为是从自身出发，自觉自愿地接受美的洗礼。主要表现在：第一，审美主体在审美过程中的积极主动性。审美培育通过生动具体的感性形象感染和打动人。美的形象会让人赏心悦目、心旷神怡，使审美主体"现身"投入、"痴情"追求。第二，审美主体在审美效应上获得的精神和个性的自由舒展性。在审美中，审美主体不受任何关系限制，没有狭隘的物质欲望，完全沉浸在美的世界，精神是一种自由解放的状态。这种状态就像庄子所说的"心斋""坐忘"，也就是保持一种澄明的心境，从内心彻底排除利害观念，达到"无己"的"至美至乐"的境界。审美主体体验美时以一种超然的心态，遨游在美的世界里，在美的洗礼中不断地进行精神上的自由再创造，使情感和个性得到自由舒展。

审美培育实效行为的自由性，不仅创造了一个宽松的教育氛围，使受教育者在轻松愉快中接受知识，又让其充分展现自己的才华，发挥创造性才能。俗话说："会玩的人才会学习。"席勒也提出，人要想达到完美或成为具有充分意义的人必须通过游戏。总而言之，人的创造性思维要靠审美培育的自由性促进。对培养新型人才而言，大力开展审美培育有着重要的现实意义。

二、审美培育的对象及其特征

工科院校审美培育的对象主要是工科大学生群体，所以研究整个工科院校大学生审美活动，就必须认识其审美培育对象，即大学生群体的审美心理特征。

从人类学意义上说，大学阶段是人生的一个重要阶段；从生理、心理学意义上说，大学阶段是身体、智力发育的高峰阶段，是独立自主意识逐渐形成并日趋强烈的阶段；从社会学意义上说，大学生又是参与意向强烈、社会化区域完成的一个社会群体。大学生审美是人类审美的一个特殊组成部分，是人类审美意识系统形成，且正趋于成熟、稳定的这个阶段的特定表现，是作为人生过渡时期的活跃、自主、进取的大学生群体对环境（自然与社会）的一种情感价值评判。也可以说，在现实生活的观照、体验、欣赏、创造过程中，大学生群体的审美是对与自身观念、特点吻合的诸多现象、事物、情景、特质等所发生的情感共鸣与心理协调。它既是一种有目的、有意识的社会追求，又是一种心理、生理上的本能需要；既体现着大学生独特的审美心理特点,又有人类审美共同具有的愉悦感。这种特征具体可从以下几方面予以说明。

(一)审美意识的敏感性

大学生有活跃、敏捷的思维,有活力和激情,渴望新鲜、美好的事物,被美的事物所吸引、所感动,其审美意识具有很强的敏感性。认识能力的加强、文化修养的提高和自我意识的增强决定这种敏感性。

大学生正处在脑细胞建立联系的时期,经过教育训练,特别是专业课学习,皮层细胞活动的数量迅速增加,大脑皮层的发育在一定程度上呈现出"飞跃"的状态,具体表现为视觉、听觉的高度敏感,这就使他们能从普遍存在的、司空见惯的事物中很快捕捉到美的意象。

而内分泌旺盛又使大学生的情绪波动大,容易兴奋,对来自外界的感官刺激,常常会做出迅速的反应。在他们的眼里,任何平常的自然景色都充满生机,容易使他们心旷神怡,产生美感。由于认识能力的提高,他们往往愿意透过客观事物的外在形式而领悟它们内涵的生命意义,这种探索进一步增强了他们审美的敏感性。

高校大学生都有较高的文化艺术修养,他们的审美视野开阔,在古今中外的优秀文化艺术作品中吸取了较多的审美经验,增强了比一般大学生更多的艺术感受,因此他们对艺术作品比较敏感,审美理解也比较深刻。在审美过程中,能从自然世界中发现容易被其他人所忽略的对象,或在对象中发现不易被人注意的某些美的特征。一片黄叶翩然落地,有些人也许根本不在意,但对读过泰戈尔诗句"生如夏花之烂漫,死如秋叶之静美"的高校大学生来说,那一片黄叶是一个生命体,可以从秋叶的飘落联想到人生的意义。

随着文化修养的提高,大学生的自我意识日益增强。兴趣、能力、性格、情感、意志、道德和行为都在自我意识觉醒的基础上趋向成熟。他们不断地了解自己,不断地进行自我评价和自我教育。像"我是谁?我从哪里来?我到哪里去?"这样的问题,只有在自我意识特别强烈的个体中才会进行追问。他们时时刻刻带着问题,并将它放置到一个客观事物中去观照。面对美的对象，他们总是将自己丰富的情感和意识渗透其中，去探索人生的秘密。所以他们的内心感受要清晰得多、敏感得多。

在审美意识方面，大学生的敏感性一般表现在对新鲜事物的好奇感和惊奇感上，这种好奇感与惊奇感不只局限于审美方面，它还包括世间万物。这种新奇感是最难能可贵的。美的创造需要这种惊奇感，科学的发现也需要这种惊奇感。古往今来，正是在这种惊奇感的推动下，许许多多大学生执着地去探究问题、解决问题，为创造美好的生活、为人类做出了贡献。

（二）审美意识的憧憬性

审美意识的憧憬性主要体现在对未来的展望中。对未来充满好奇和希望是大学生的一个根本属性。因为他们不能在现实生活中获得满足感，只能寄希望于未来。只有对未来的展望是完完全全属于他们自己的，这是人类意识的一种本能。朦胧不确定而又扑朔迷离的未来使他们对其憧憬，怀揣着希望，引起他们的热烈追求，并在追求的过程中获得了满足感。

在大学生审美的憧憬中，他们主要对未来神秘莫测的不可知的事物感兴趣。越是难以捉摸，越是能引起他们的好奇心。神秘感越强，大学生的审美期望值就越高，追逐的愿望就越大。相反，成年人对此就往往显得勇气不足，不敢轻易尝试。他们的审美需求往往被使用需求所代替。所以一旦审美实践中出现冒险性的未知因素，便望而却步，当然也就难以获得那种通过拼搏奋斗和努力而取得成功的喜悦，以及由此带来的视觉和审美享受。

另外，想象力也为憧憬性提供了有利的条件。想象给憧憬提供了依据。现实一定是不完美的，一定会有美中不足的缺陷。但是在人们的想象中，生活是美丽和可爱的。特别是在艺术和创作方面，想象力是他们在创作方面必备的一个东西，想象力越丰富，越能引起他们的追求，带来审美享受。而过于拘泥于写实的作品，即便技艺高超，惟妙惟肖也难免受到冷落。这在文化理论层次较高的高校青年学生中更是如此。不论是在文学、绘画还是雕塑方面，成年人更偏向于现实主义与古典主义的作品。而大学生群体则显然偏爱现实主义、浪漫主义的作品。变形、抽象、荒诞、立体、超现实、魔幻……成为现代青年普遍流行的时髦名词,并且成为指导他们审美实践的重要标准。这其中一个很重要的原因,就是他们都突出体现了想象的自由。想象最能代表大学生个性,体现他们对自由的渴求,对未来的期望,对生活美好的向往。

当然,大学生群体审美的憧憬性由于缺乏现实条件的制约,缺少世俗经验,因此,在天马行空的想象中,容易导致学生们活在虚无缥缈的世界里,带来不真实感,被生活的表面所蒙骗,被空洞的哲理所折服,世界观被颠倒,美丑的标准被混淆。使他们不能健康茁壮地成长,心灵畸形化。因其形式的"新异""陌生"也会引起他们的好奇和审美共鸣,进而盲目模仿。这需要引起我们的警觉,对大学生群体的审美现象进行辩证分析,进行有针对性的切实而富有成效的审美指导,提高他们的文化素养。

文化素养对审美活动的影响是显而易见的,在审美活动中,审美主体运用自己对世俗的审美经验,通过大脑信息传递,带来审美感受和情绪波动。从大脑传达到各个肢体,从身体的反应方面观察审美能力的强弱。头脑中所存审美经验的多少与审美观念的强弱是正相关关系。高校有藏书丰富的图书馆,正在处于学习阶段的大学生们有着得天独厚的审美培育设施,有各式各样丰富多彩的活动。通过参加活动来加强对美的认知,在活动的过程中,他们积累了审美经验,开阔了视野,加强了对美的认知,提高了想象力的丰富性,加深了想象空间的深度。阅读模式的大量开展,使同学们丰富了知识。在音乐、舞蹈、戏剧、绘画等方面,有了更加深刻的认识,在阅读过程中积累阅读经验,审美观念越深化,当学生们遇到审美对象时,脑子会本能地调出这些世俗经验,在想象力的基础上,创造出生动形象的对象。

(三)审美意识的丰富性

大学时期是人生精力最充沛、最活跃的时期。生理机能中的蓬勃生机、感觉的灵敏细致、思维的高度活跃、情绪的变化多端,以及对未来的憧憬追求，使大学生对世界的探索充满着好奇心，对客观事物的探索有着浓厚的趣味，在审美的丰富性表现方面体现得淋漓尽致。

丰富性体现在两个方面，一是审美兴趣的广泛性，二是审美方式的多元性。一方面，因为大学生正值青春时期，正当年少，意气风发，因而有着足够的体力和精力去探索各种事物。在探索的过程中积累知识和经验，磨炼意志，为他们独立尝试探索提供条件，因而审美视野十分自由广阔。另一方面，由于对未来充满着迫切的追求，还有缺乏足够的生活经验，以至于他们想尽一切办法来充实自己，以达到自己的想法和愿望。从而表现出审美情趣的广泛性。大学生正是在这种广泛的审美实践和追求中，经过比较、鉴别，获得一定的审美经验积累，并逐步确立符合自己特点的审美方式，形成比较稳定的审美兴趣，为进入成年审美时期做好准备。

这种审美的丰富性还表现在其审美空间的复杂性上，如果一件事情过于单一直白，反而不会引起学生们的兴趣。而对于复杂曲折，不容易看懂的事情，更会引人注意，令人回味。这也符合大学生们探险的心理。他们追求刺激，喜欢创新，讨厌因循守旧，反对顽固传统。比如在其艺术的欣赏中，纯正、单一型的艺术样式受到冷落，而那种互相掺杂、你中有我、我中有你的复合交叉型艺术一旦问世，就在大学生中备受欢迎。那种融散文、哲理、新闻于一体的，介于文艺与新闻之间的似真非真的传奇、纪实小说，那种将现场采访与艺术虚构巧妙结合的电视剧，将历史、现实、梦幻、诗情、舞蹈有机融合的戏剧……总是格外受大学生们的垂青。其原因不仅在于其形式之新，更在于其内涵之杂。这种融多种元素于一体的"杂多"，成了更高层次上的"新"，更符合纷纭复杂的现实状况，更得到大学生丰富多彩的内心世界的客观青睐，也更能激起大学生对五彩缤纷的未来憧憬。

（四）审美意识的独创性

大学生的自我创新精神、独特的意志品质、追求冒险刺激的品格，决定了审美意识的独创性。

他们进入大学，普遍有了强烈的"成人感"，随着自尊心的增强，以及独立思考能力的提高，他们对周围的一切有了自己的看法。他们用怀疑的眼光去看待一切事物。不轻信盲从，运用批判的思想，坚持自己的见解，抒发自己的感想。当自己的一些想法得到周围的人支持、赏识时，他们就会信心百倍地去将自己的想法付诸实践。高校学生这种思维的独立性，表现在审美活动中，就是他们审美的独特性。在现实社会中，我们可以看到，一种新的艺术形式，高校大学生往往最先接受；当一种新潮的服装款式流行时，往往最先穿在高校青年学生的身上；一种新的样式的出现和发展，往往与大学生的喜爱与否有很大的关系。"迪斯科""摇滚乐""朦胧诗"等的流行，大学生在其中起着摇旗呐喊的作用，"标新立异"是大学生们追求的行为。这种独特性是可贵的，它能够引起大学生去探索、发现科学的奥秘，去创造独特的艺术形象。

这种独特性很多时候表现在他们的冒险精神上。如西班牙拉斯克斯附近的地下洞穴，如果没有几个青年人的勇敢探索，也就不会有人发现该洞穴壁上绚丽的、散发着远古气息的壁画了。正是他们冒险精神的驱使，人类艺术史才能再一次提前，这一发现当然有偶然性，但其中包含着必然性。

总之，如果没有美的探索活动，美是永远都不会被发现的。这种独特性很多时候也表现在高校学生大胆的想象方面。就拿广为流传的《女神》一诗来说，也是由于当时正在高校学习的郭沫若正处在自信心最强、想象力最丰富的大学生时期，有着奇特而大胆的想象，使他有了与他人不同的审美感受，才能创作出不朽的艺术珍品。当我们了解了大学生群体审美感受的特殊性之后，我们就应该思考，如何使大学生自觉地扬长避短，培养其灵敏的审美感知能力，训练其感受美的眼睛和欣赏音乐的耳朵，积累其审美经验，提高其审美能力，使其成为一个审美的人。

第三节 工科院校大学生审美培育的意义研究

大学生的审美素养与大学生的综合素质有着紧密的联系。它对于大学生的形象自我完善有着很重要的意义，也在大学生全面发展中占有举足轻重的地位。概括来说，审美素养的高低，直接决定了发现什么是美以及美的程度是多少。马克思在《1844年经济学哲学手稿》中提出："对于不能发现美的耳朵来说，就算再美的音乐也无济于事，因为音乐对他来说毫无意义，就像吃饭洗澡一样普通，甚至不异于平常的说话。因为他不是对象，不是以自我感觉所能感知的程度为限的对象。"由此可知，一个大学生如果没有审美素养，就像没有音乐细胞的耳朵，就算这个世界再如何美丽、再如何五彩缤纷，他也会反应平淡，毫无感觉。特别是在目前的情况下，加强大学生审美素养培育现实意义十分重要。

一、有利于塑造大学生健全的人格

性格是一个人的性格、气质、能力、兴趣、爱好等稳定心理特征的总和。一个人的人格魅力不是与生俱来的，主要是在教育、社会实践和良好环境的影响下形成的。蔡元培在《通识教育与职业教育》中写道，所谓健全人格可分为四个方面，即①体育教育；②智力教育；③道德教育；④审美教育。他还说："美育的目的是培养活泼敏锐的头脑，培养高尚纯洁的人格。"他认为，美育是一个人一生从家庭、学校到社会必不可少的，是提高一个人的个性的唯一途径。

审美栽培是教育的重中之重，也是培育人的每一个回合的开发项目。"在重要的时候，没有钱，没有阶级，更富的力量，没有人类生存就死了。这是知识和教养的结果，与知识和教养的结果是审美教育的结果。"苏联教育工作者史洪林进一步指出："美是一种心灵的体操，它使我们的精神高度高洁，良心、感情和信仰得到了准确的体现。"健康、肯定、高贵的审美情趣有助于形成深刻的道德情感。消极、低俗的审美情趣，只能是低俗或受损的人的道德情感。

二、有利于提高大学生的审美能力

提高审美能力是提高大学生对美的感觉、体验、认识和鉴赏能力，培养善于辨别真善美与假恶丑，正确评价事物之美的能力。要辨别真正美丽的对象，需要做正确和健康的活动。但是，当一个人总是庸俗的时候，他接触到另一个人，使丑满足于美，丑就成为美，从而就走上了犯罪的道路。

因此，我们不能让教育者停留在他们的位置上，必须有效地引导他们，审美鼓励是一个信息丰富的、有导向的、示范性的学习过程。审美发展是社会主义精神文明建设的重要组成部分，是高等教育的重要组成部分。要把学生培养成中国特色社会主义的建设者和接班人，必须鼓励学生，提高学生的审美水平。美育的根本出发点是要形成新的社会主义，形成具有崇高的审美理想和优秀的审美能力的新一代。

总之，审美发展工程可以帮助学生建立正确的和高贵的美学设计，开发健康和积极的审美口味，建立高尚的审美理想，让学生按照美的规律创造美。最后，我们要以真理为基础，以善为基础，以真、善、美的统一为最高境界，这也是新社会主义形成的一项十分重要的战略任务。

三、有利于和谐校园的构建

健康教育、意识教育、道德教育、审美教育。这个最新教育的目标是给予我们感官的精神力量，以达到和谐的境界。伦理可以形成感情，打破人与人之间的偏见，创造新的思想境界。只有审美的发展才能形成社会的和谐，因为它给个人带来了和谐。和谐是动态的平衡、差异的协调、复杂的秩序、统一的多样性。和谐发展不是没有差异，而是以构建和谐校园为目标，正如孔子所说："和而不同。""和"是指学校必须遵守国家的教育政策，遵守教育发展的规律。

高校走在我国教育体系的前列，对整个教育体系起着引导和支撑作用，校园的建设与和谐是高素质人才培训的必要条件，在培养合格的社会主义事业的建设者和可靠的接班人,保证社会主义和谐社会的建设和领导下,示范和促进和谐社会的建设起到了很大的作用。很明显,大学的和谐与稳定是社会和谐与稳定的晴雨表。

  高校审美素质的提升必须创造丰富的载体,创造动态的环境,加强文化建设,弘扬和谐理念。推动科学发展观,促进和谐学校科学发展,和谐和动员更多的积极因素,这有利于教育的发展,使所有的想法和支持发展的资源完全解放。对于工科学生来说,要注重群体的长期利益而不是眼前的短期利益,注重个人的社会责任,注重团队合作,注重知识、情感和意义的均衡发展。审美文化的终极目标正是培养"和谐"的人,从而实现校园的和谐。

第二章 工科院校大学生审美培育的本质与功能

第一节 工科院校大学生审美培育的原则

一、思想性与科学性相结合的原则

思想性与科学性相结合的原则是培养工科学生审美素质的首要和根本。

思想性主要是指一种对当代先进思想或政治思想体系的自觉信仰，它在社会生活中被用来指导自己的言行。因此，这种思想在人们的社会和精神生活的各个方面都表现出来。但这种思想不是孤立的、抽象的，它必然渗透于特定的学科知识和人类行为的不同活动中。审美素质教育主要是通过各种文学作品、通过社会生活和自然界事物现象的美来进行的。除了自然美这一特殊现象导致其智力特征不明显的现象外，大多数文学和社会作品的美都是意识形态美，符合美的规律。

科学性本质上是一种知识体系，它反映了人类发现或认识客观规律和自然、社会和思想的客观真理。科学也可以被看作一种理论系统的客观知识。这些知识的有效性在社会实践过程中得到了检验。

科学是对现实世界正确描述基础知识的总和，它既受到社会生产实践的推动，也受到社会发展进程的影响。因此，科学知识的可信性和权威性来源于科学知识的普遍性、必要性和客观真实性。

关于思想科学结合原则在审美文化中的实现，美学教育的实施本身要求思想科学结合原则。工程学院通过发展美学知识来教育学生，使他们能够以健康、积极的人生观和价值观来辨别社会生活中的善与恶。

二、审美理论与实践相结合的原则

审美理论与审美实践相结合的原则，也可以看作审美发展的知识统一原则和审美发展路线统一原则。审美文化理论是人们对现象、审美经验和审美实践认识的综合。也就是说，它是一种知识体系，是对美的事物的知识活动和审美发展实践的结果的总结。对于审美文化的实践，我们不能把它仅仅看作一种个人感性的主观审美体验，也不能把它仅仅看作一种基于个人主观动机而发生的审美活动。这主要是物质生产和精神生产的客观过程中不可避免的社会现象，是人们生活的基础，也是人们推动社会活动的一种形式，不可避免地改变了社会的面貌。就一般哲学范畴而言，理论与实践的关系既不同又统一。理论不同于实践，因为它是客观现实的精神反映，是对这些方面或现实方面的普遍认识。它是再现事物客观逻辑的相对独立的知识体系。理论与实践是不可分离的，二者经常相互作用。这种互动的基础是实践。这种理论关系同样适用于以哲学为基础的美育教育和以自身为基础的美育教育。在人类历史的开端，对美育现象的认识还没有形成统一的普遍意识。但在社会发展的每一个阶段，人们都自觉或不自觉地以这样或那样的方式遇到、理解和认识美育现象。虽然在这些实践中，人们不一定直接符合某一系统的美学理论，但他们的审美活动往往受到某种审美的影响或指导，或有形或无形。

三、思想政治教育与审美培育相结合的原则

工程院校思想政治教育和审美发展是大学生德智体全面发展的重要因素。新时期工科学生的综合素质得到了全面提高。审美发展

和思想政治教育，一般是感性与理性、情感与理性相适应，但在具体的教育形式上有不同的教育。伦理学非常重视敏感性和情感。对于美学的基本理论和形态规律来说，它当然是可望而不可即的，但它更注重对美的体验和对美的欣赏。思想政治教育十分重视理性教育、思想教育、道德教育和心理教育，是政治思想的核心和中心。二者使用的手段和方法也不同。美育强调教育者的能动性和自由性，使教育者处于自觉的审美主体和情感状态。相反地，思想政治教育的灌输是在政治上重要的手段和方法，美育是自主与指导的结合，思想政治教育是灌输与接受的结合。

将二者有机结合，不仅可以提高工科学生的思想政治素质，而且可以提高他们的审美素质，可以说是一石二鸟。因为世界观、人生观、价值观决定和影响着人的审美理想，人的政治理想和道德理想对人的审美理想、审美观念、审美情趣都有重大影响。道德情操高尚的人也必须是审美情趣高尚的人，"不耻下问的人也能同时爱上狄更斯"。纯洁善良的精神和高尚的精神会使人与自然、人与社会、人与人之间的关系更加和谐。

四、正确引导与积极接受相结合的原则

美体是工科学生必须具备的素质，美体训练是教育的重要组成部分，是教育的主体和接受者共同参与的过程。审美文化包含的教育元素提出了审美教育提高审美素质的目标和要求。工科院校的审美发展必须自觉培养学生良好的审美情趣，帮助他们树立审美规范和正确的审美观点，提高审美素质。评价美的客观标准不仅是由个人喜好决定的，而且除了对美的基本要求之外，还受到社会、民族、阶级和历史因素的影响。美育必须帮助工科学生树立良好的美学观，培养和提高学生感受美、欣赏美、创造美的能力。现实生活本身是丰富多彩的，学生在接受美好事物或文学作品的美方面有广泛的选择自由。此外，由于工科学生的审美兴趣在培养过程中表现出明显的个性差异，不可能消除这些差异。大多数学生都有强烈的求知和爱美的欲望，以满足自己的精神需求。

在人们发挥驱动作用之前，必须通过训练或激发人们心中的期

望动机来实施外部激励。但是，如果人们没有动力去追求自己的欲望，再好的外部条件也是没用的。因此，更重要的是，学生自己要有一种自觉的、主动的欲望去认识和追求美。学生是否受益于美是由教育者自身的条件决定的。如果此时学生在求知的过程中得到了良好的引导和培养，他就促进了求知的发展，促进了爱美的欲望的激发和提高。

上述提高工科学生审美素质的四个基本原则是一个统一的、相互联系的、相辅相成的整体。其中，"思想与科学相结合的原则"是指导思想；"审美文化理论与审美文化实践相结合的原则"是中心和根本；"渗透思想政治教育和审美促进的原则，以及良好行为和积极接受的原则"是手段和方法。在实施这些原则的过程中，必须创造性地运用这些原则，不能孤立地运用而不考虑他人，更使之相辅相成，相互促进，提高工科学生的审美素质。但是，工科学生审美素质形成的原则并没有固化，它还会根据新形势、新需求和美的规律知识的深化而得到丰富、补充，甚至突出。

第二节 工科院校大学生审美培育的本质

我们所说的审美发展，就是美与美的教育。因此，审美文化的本质是由教育和美的本质所决定的。当前关于审美文化本质的不同观点之所以最终未能揭示其本质，从方法论的角度看，原因过于简单，是没有解决教育的美与教育的本质的结合问题。教育的本质是教育界公认的一种育人活动。在教育的语境中，美育的目的是什么？首先必须了解美的本质。

一、美的本质

（一）西方美学界的观点

西方美学史上关于美的本质问题的观点很多，这些观点大致可以分为以下几类：

1. 主观唯心主义

这一范畴把美的本质归结为一种精神现象或一种精神属性。根据休谟的理论,"美不是事物本身的本质,它只存在于观察者的心中,每个人都能看到不同的美"。有人提出美学是独立科学的"美学之父"——根据德国的鲍姆基顿的说法:"完美的形式,或对明显的完美的广义理解,就是美。"根据叔本华的观点,"纯粹空间现象的适当客观性的意志就是美,客观意义的美""纯粹空间现象的美是公共意志的适当表达"。康德认为:"美是主观的,它与利害无关,它不依赖于概念,它有一种客观的形式。""美是客观的乐趣。""直觉告诉我们的是表演,"克罗齐耶在意大利说。或者更好的是,把美看作一种没有形容词的表现。

2. 客观唯心主义

柏拉图认为美是一种理念:"美是永恒的,没有开始,没有结束,没有生命,没有增加或减少……它只以一种和它自己一样的形式永生。"一切美的事物都是源泉,在他看来,一切美的事物都是美的。"为什么事物是美丽的?""让他们美丽的是他们分享的逻辑……这些物品的美是通过分享神的逻辑公式而获得的。"奥古斯丁还认为美的根源是上帝。黑格尔提出:"美是思想的感性表现。"

3. 机械唯物主义

根据毕达哥拉斯的理论,"物理美确实在于各部分之间的比例对称","所有形式的立体中最美的是球形,所有平面中最美的是圆形"。在赫拉克利特看来,美存在于和谐之中,和谐存在于对立的统一之中。"最漂亮的猿猴和人一样丑……"与上帝相比,最聪明的人在智慧、美貌和其他方面都像猴子。因为神是最和谐的。亚里士多德认为,"一个美丽的东西(一个有生命的东西或由某些部分组成的东西)不仅要对它的部分有某种配置,而且它的体积有一定的大小;因为美依赖于体积和排列,美和非美、艺术作品和现实,它们分别存在于物体和艺术作品中,在那里,原始的元素在一个整体中结合"。"我们所说的美是一种自然,或者是物体的某种自然,它能唤起爱或类似的情感。"

4. 美在于与善的统一，或者在于内容、在于合目的性

"身体的美，如果不与智力相结合，就是一种动物性的东西，"德雷利特说。苏格拉底说："你认为美和善是两个不同的东西吗？难道你不明白，从同一角度看，一切美好的事物都是美好的吗？"亚里士多德还说过："美是善的，它带来快乐，因为它是善的。"歌德认为美是一种起源的现象，事物的建构只有符合其目的时才显得美。例如："一个女孩到了结婚年龄，她的天性是生孩子和哺乳，如果骨盆不够宽，乳房太大，就不会显得美丽。"但是骨盆太大，乳房太丰满，她仍然不漂亮，因为她超出了目标的界限。"现实本身是美丽的，但它的本质、成分或内容是美丽的，而不是形式。"切尔尼科夫斯基提出了著名的"美即生命"定义，他断言："我们在今生看到的一切，正如我们所理解的，都是美；一切展现生命或提醒我们生命的事物都是美。"

西方古代美学是一种本体论美学，它认为美学的首要问题是发现美的本质，从而创造一种美学理论体系。在美的本质问题中，我们常常从主体性、客观性或二者之间的关系中寻求答案。但是经过两千多年的发展，仍然没有答案。

康德与人们以往对"美是什么"问题的研究相反，他将美学的基本问题从"美是什么"转变为"美学是什么"。这是一场哥白尼式的革命。他对判断、判断和批评的鉴赏，实际上是在寻找审美判断的标准。自康德以来，西方美学（美哲学）转向了审美心理学。黑格尔把"美"变成了"艺术"，把美学变成了艺术哲学。这样，西方传统意义上的美学就结束了。近现代西方美学"实际上是一个走向'非美学'和'反美学'的过程，是一个理论多元化、流派泛滥、变化迅速的'解体'和'崩溃'的过程"。直到今天，西方已经很少有人研究"美"这个词，而是研究美学问题，如审美媒介、审美主体、审美关系、审美对象、审美感受、审美效果等。西方现当代美学的转向与其哲学的转向密切相关。以二元分裂和理性教条主义为特征的现代西方哲学，从文艺复兴时期发展到黑格尔时代，并在取得一系列重大成就后走向终结。在批判传统哲学的过程中，出现

了许多新的哲学流派，大致可以概括为科学主义、人文主义、宗教主义和思辨唯心主义。

（二）中国美学史对美的本质的探讨

1. 老子、庄子的美学观

老子所追求的美是"自然"和"简单"的非人工美。他其实是在寻找一种伟大的精神美、一种心灵的美、一种精神状态。真、善、美的王国就是道。庄子时代的社会揭示了统治阶级自私、阴险、狡诈、野蛮、傲慢的本质。庄子公开反对人的异化，反对人的自由，反对人的美，反对人的自由的审美生活。他说："古代的地方是伟大的，黄帝尧舜的地方是美丽的。"创天地是美丽的，并不言语。四次是清洁的，也不言语。万物是公平的，也不言语。那些有天地之美，有万物之理的圣徒，不要为圣徒行事，不要为大圣徒行事，也不要看天地。最美丽的是天空和大地。人要追求美，就必须追求伟大的美，用自己的生命去理解天地的美，去达到天的境界，去实现人与天的统一。

2. 结合善来研究美

《国语·楚语上》中记载了"伍举论美"，美与善、美与功利主义之间的关系在早期就已经很清楚了。吴菊认为美是功利的，美与善密不可分。孔子也相信美与善是密不可分的，他提出："李伦的美是美"，"成人之美"等。"一切都很好，但不太好。"最高层次的美是与善的和谐。孟子继承并发展了孔子的"仁慈"，并提出了"富足是美丽"的观点，即丰富善良、正义、礼貌和智慧等品质是美的。荀子说："一个知道自己丈夫不是完全不重要的绅士，也不能考虑美丽。"只有掌握"一切"和"民粹"的知识和文化才是美。

3. 结合艺术来研究美

先秦结束后，有几部作品系统地研究了哲学或美学，在艺术的创造和感谢的同时谈论美，主要是审美领域、审美成就、审美经验、艺术判断等不同的问题，但是关于美的本质却很少。

（三）中国现代美学的观点

中国现代美学起源于20世纪初王维、蔡元培对西方美学的引进。在这些翻译引介活动中，朱光潜所取得的成就和影响最为广泛。但朱光潜的审美观基本上是理想化的。因此，中华人民共和国成立后，与马克思主义者的争论是不可避免的。这场辩论始于1956年，一直持续到1966年。关于美的本质的辩论吸引了近100名参与者和300多篇文章，这是一个前所未有的数字。"文化大革命"结束后，争论仍在继续。主要有以下几种观点：

(1) 美是主观的。高尔特认为，"人的心灵是美的源泉"。如果感觉不到，它就不存在。卢颖认为，"美是人的观念""美是事物在人的主体性和观念中的反映"。后来，陆莹将这句话改为"美是人的社会意识"。

(2) 美是客观的。蔡毅认为，"美的本质是事物的典型性，即事物的个性显著地表现出其本质、规律或共性"。

(3) 美是客观与主观的结合。朱光潜认为美是主观意识作用于客观事物而形成的"物象"。

(4) 美是客观性与社会性的统一。李泽厚认为，美是一种客观存在的社会属性，而不是一种自然属性。美是人类社会生活的产物，没有人类社会就没有美。美是一种具有具体而感性形式的现实生活现象，包括社会发展的本质、规律和理想。总之，美是一种生活现象（包括社会现象和自然现象），它包含着真实的社会深度和生活的真实性。

此外，20世纪80年代，马克思的实践观点应该用于构建审美本体，叫作实践美学。在这种保护伞下，关于美的本质有很多观点，主要有以下几点：

(1) 李泽厚：美是自由的形式。美作为自由的一种形式，首先是指实践和过程本身，它是由合目的性(善)和规律性(真)统一起来的。

(2) 姜孔阳：美是人类本质力量的物化。"美离不开人。"是人创造了美，是人的本质决定了美的本质。人总是通过实践活动在客观现实中实现自己的本质性力量，使现实"成为自己本质性力量的现实，一切对他而言的客体都成为自己的客体化"。从这个意义上说：美是人的本质力量的客观化。后来又发展出"美是自由的形象"。

这种马克思主义实践美学在20世纪80年代占据了主流地位，至今仍是正统美学教科书中的观点。然而，20世纪90年代以来，对实践美学的质疑逐渐增多。一个方向是修复它，另一个方向是从根本上推翻它。总之，这些观点令人眼花缭乱。代表性的观点有：

(1)周翔：美即和谐。他认为美是人与自然的和谐，是主体与客体的和谐，是理性与感性的和谐，是自由与必然的和谐，是实践活动的目的性与客观世界的规律性的和谐。

(2)叶朗：美的形象。"美(广义上)是一种审美形象(而非客观现实)，审美形象是审美活动(经验)的产物。"

(3)叶秀山：美存在于人与人之间的互动中。"在漫长的历史中，'我'与'他人'在'同一个世界'。"通过具体的交往——通过各种形式的斗争，通过我与他人的和谐——这就是美，这就是诗。

(4)邓小平：美是一种物化的情感。客观化的情感就是美。

(5)杨春石：美是超越一切的。提出了超越实践美学的后实践美学。超越实践美学的观点很多，如生存美学、生命美学、本体论美学和修辞学美学。这些观点深受西方近现代哲学和美学的影响。

（四）本书关于美的本质的观点

本书对于美的本质的观点，主要是基于对以下学者的观点进行总结、归纳而来。

(1)马克思："劳动创造美。"在1844年的《经济学和哲学手稿》中，马克思提出了一个著名的论断："劳动创造美。"劳动为什么能创造美？因为劳动是人的体力、智力、想象力、创造力的表现，是生活的展示，是生活对劳动产物的物化。马克思指出：工人的劳动是工人"把自己的生命投入到劳动中的对象"。因此，在共产主义社会，"劳动是人的第一需要"。

(2)李其全的观点。李其全在分析马克思、恩格斯的美学观后，提出"在艺术审美创造活动中，审美主体表现出生命的整体活力"。那么，审美创造的客体就是审美主体生命活力的对象化、物化和确证。因此，美是一个人的全面、丰富和完整的生命和活力的形象表达。简而言之，美是一个人活力的自由表达。自然之美是一种可以肯定人的自由生活的自然生命力。

(3) 杨爱琪的观点。杨爱琪提出："美的本质是活力，活力就是美。"美是运动中的事物的光辉；运动物体发出的光和热；它是物体在运动中产生的能量和力。总之，美就是活力。广义的生命是指哲学意义上的生命或物理意义上的生命，而不仅是生物意义上的生命。运动是生命，或者说生命是运动的物体的质量。

从以上观点我们不难看出，美不是一个抽象的概念，不是一个名字，也不是一个普遍的概念。美是具体的、直观的、生动的。那么，美在哪里呢？是主观存在于主体中，还是客观存在于主体中？人们常说："多美的花啊！"这幅画真漂亮！西施、貂蝉、杨贵妃、王昭君都是大美人！这片广阔的草地真美！我们看到我们所谓的美，也就是我们常说的客体的美，而客体并不存在于主体之中。对于一个给定的物体，有些人认为美与非美不存在，有些人则认为美存在于主体而不存在于客体中，这是在混淆美与美。我认为一个物体是美丽的，因为我觉得美在我的心里。你觉得那个东西不美，只是因为你心里没有美感。似乎要理解美的本质，就必须对美与不美进行严肃的区分。

美是存在于主体之外的事物的美，而美与世界上的美的事物千差万别，这给我们探索美的本质带来了极大的困难。大自然、人类社会中数以百万计的美丽事物，它们都是美丽的，必然有共同之处。什么可以被数百万不同的事物分享？"美是事物的生命，美是事物生命力的感性表现。"美是万物的生命力……事物逃避障碍的生命力，努力表现它的生命力，它表现出一种活泼，这难道不是美吗？

本书赞同以上对美的本质的解析，即美是在人的本质力量的对象化活动中形成的主客观的统一，美是事物自然地或自由地表现出来的。美是客观的，是客观事物生命的表现，即生命力，是一种脱离于客观事物生命而自然存在的状态。美是一种生命存在的状态，而不是某种属性、某种性质的事物。客观美学派之所以没有在客体中发现美，是因为它往往把美看作事物的某种属性和某种性质，例如，颜色、形状、比例、大小等。

二、审美培育的本质

对于审美教养的本质，从审美教育、教育意识和情感教育、完善人格、灵魂形成等方面进行了论述。下面是对一些关键观点的基本评论。

（一）情感教育说

这一观点是由康有为、梁启超、王国维、蔡元培等提出的。这些思想，用蔡元培的话说，就是运用教育美学理论的审美种植者和情感的种植者。今天倡导审美文化本质的情感教育理论是山东大学前校长曾凤仁的理论。

他认为，"培养以高尚情感为目的而被积淀的形象（包括自然美、社会性、励志性）"，即在事物的外部有一种积极的情感体验，也就是说在某种程度上，它的审美即它的美。这种审美体验是人类艺术对现实的一种特殊的把握能力、是对情感的判断能力、是对美的判断能力。我们所说的审美发展，就是这种情感判断能力的发展。

无论是王国维、蔡元培还是曾凤岩的情感教育伦理理论，都直接或间接地受到西方现代哲学和美学思想的影响。现代西方哲学家和伦理学家认为，人类心理的知识、情感和感觉分别建立在对真、美、善的理想目标的追求之上。自从它在20世纪初在我国提出以来，这一概念一直得到很好的支持。这一理论的不足主要表现在，认为知识、感觉和意义分别对应真、美和善是不够准确的。一方面，有一个努力的意志力和认知活动的情感体验，也有理性的监管（情商）的情感经历，而独立的活动将是不存在的，美的活动总是伴随着认知活动或情绪调节和三不能截然不同；另一方面，在审美和道德活动中存在着心理认知活动，在科学真理的研究活动中存在着情感体验和意志努力等。综上所述，知识、情感、意义与真理、善与美之间的对应不是简单的对应，而是一种交叉对应。

此外，有积极和积极的情绪，以及消极和消极的情绪。在人类的高级情感中，存在着理性感、道德感、美感。因此，说审美修养的本质是情感教育，显然不符合心理学的基本理论。

（二）美感教育论

既然情感的范畴是众多的，审美文化是不能包括在内的，那么把情感的本质看作一种审美教育是否正确呢？正如周扬所说，审美发展也叫美育。在《美育研究》一书中，王建中也提出，"美育即美育"。也有人把美育称为"情感美育"。

关于审美文化本质的美学教育学在西方有着悠久的历史，它始于古希腊学派。在中国，也出现了捍卫者，首先是倡导"趣味教育"的梁启超。事实上，这种观点并没有在理论上得到深入的发展，而是局限于形成观点，集中于审美或审美能力的发展。美育正确地揭示了审美发展在人的审美能力发展中的重大责任，强调了审美能力的重要性。但这种对审美文化的定义是错误的。审美文化的任务与审美文化的本质之间存在着逻辑上的联系，但二者并不统一，前者受后者的指导和制约，而后者并不完全外包审美文化。

（三）美学教育说

审美发展的本质是审美理论在教育实践中的应用。根据工人阶级在英国关于贫困的调查报告，说无产阶级，特别是在学校或社会主义者，常常谈论与自然科学、美学和政治经济问题，以审美的角度去说话，而"审美教育"正是这种"审美教育"的培养，审美、审美教育的准备形式得以充实，也就是说什么都可以得到规范的回答。因此，李甜提出，"审美文化就是审美教育"，即审美是对审美文化的内容和方式的规制，教育是对审美文化实践和环境条件方面的规制。或者说，审美发展是一种审美的教育实践；它也可以总结为："审美文化就是审美教育。"当然，作者所唤起的"审美方面"不仅是审美知识的理论方面，而且是所有的审美方面、艺术方面等。

问题在于，恩格斯的"审美培育是什么的规范回答，即审美培养特定本质的正义形式的表现"的推论和判断是不符合恩格斯原意的。很久以前，恩格斯的这句话就已经成为审美培养、美学、教育三层次关系的缩影了。如何认定审美是培养特定本质的正义形式的表现?

(四)感性教育说

"美学"和"审美培育"的英文分别是"Aesthetics"和"Aesthetic Education",其原意是感性学习与情感教育。在这里,"感性"相对于"理性"。因此,杜威提出审美修养的本质是感性教育:其目的是保持人的感性自发性,保护生命的活力和原创性,保持人与自然的、物质的联系;它的原意是感性教育,即在理性教育的同时,对人的感性方面,如知觉、想象、情感甚至无意识的教育。

这种观点的不足之处在于,在思想道德教育中存在着知觉、想象、情感、经验等知觉因素。"感性"是西方哲学中的一个词,它具有一般意义,没有特定的心理意义。换句话说,这个词是推测性的,缺乏特定的科学意义。

(五)完美人格说、灵魂塑造说

审美文化的目的,席勒和黑格尔都说得很清楚了,所以我们说审美文化是人类理解世界的一种方式,是人类根据美的规律改造客观世界和主观世界的一种方式。其最终目的不仅在于发展人的审美能力,而且在于塑造完美的人格,美化人性本身。"审美文化就是利用人类社会创造的一切美,陶冶情操,赋予人丰富饱满的精神境界,渗透人的内心世界和生活,形成一种自由人格的力量。"

因此,其本质在于全面地培养人,这也可以说是审美培育的灵魂。审美培育"在于给人的心灵以本质的定性","在于塑造人的完善的个性,提高人的自我意识,使个体的智慧与力量,得到最充分的发展……着重于人的审美心理的建构,才是抓住了审美培育的实质"。

这类观点往往是从审美培育的功能、价值、目的等角度来界定审美培育,而又强调得过分,把审美培育的功能、目的上升到了整个教育的功能和目的,因此,就使审美培育与全面发展教育没有本质的差别,从而也使审美培育失去了自己的独特性。

综上所述，本书认为，审美培育是"人性和人道教育"，就是"做人的教育"，是"使人作为人而成为人"的教育。具体而言，审美培育是一种以美学理论为基础，以艺术教育、情感教育等为手段，通过对美的事物的欣赏和鉴赏，来提高受教育者的鉴赏能力、接受能力以及创造能力，来提高自己的审美观、审美素养，最终完成人生的整个升华。

第三节 工科院校大学生审美培育的功能

审美培育的功能，即其对培养人有什么样的价值、作用、意义，我们的教育是培养学生在德、智、体、美等方面全面发展，那么审美培育的功能就可以从三个方面来看：一是审美培育的社会功能；二是审美培育的个体性功能；三是审美培育的教育功能。

一、审美培育的社会性功能

随着社会的发展，审美培育占有越来越重要的社会地位。大学生的审美素养对于推动社会发展具有一定的意义。审美培育是可持续发展的依托，可以弥补当代社会发展中人文精神的失落，平衡与柔化高科技的理性与机械性。审美培育的社会性功能指的是它能够在何种程度上对社会具有什么性质的意义。

(1) 审美文化是当代社会发展的动力，是社会发展的方向。21世纪，知识是经济的动力，掌握知识的人的素质是社会的动力。人的素质是指导我们为了社会的利益应用知识的指导和指南针。审美素质是人的最重要的素质之一。具有审美素质的人往往有一颗善良的心、丰富的情感和较高的精神境界。它向往美好，向往理想，憎恨恐怖，反对虚伪，既要真理，又要公德。审美培育的任务就是将文化知识内化为良好的审美素养，使之有利于人的品德修养和境界提升。

(2) 审美培育能够使科学与人文、感性与理性、真与善和谐统一。审美文化是科学与人文融合的重要途径。它在理论和实践上都找到了全球素质教育中科学思维与人类精神的契合点，即理性与情感、逻辑思维与视觉思维的结合。审美意识虽然是以直观感受的形式存在的，但它本身就是一种感官知识与理性知识相统一的意识形态。在审美直觉的背后，往往是理性思维和逻辑推理。审美发展可以看作是理性与感性之间的桥梁。审美文化既允许受过教育的人从美中追求真理，又训练他们以尽可能抽象的形式表达感性自由的内容。培养他们探索真理的意义、培养他们的责任感，使他们表面的感官愉悦转化为一种深刻而惊人的理性美。虽然真与善不是美，但真、善与美是三位一体的。

(3) 学生的审美素质是当代社会人才竞争的关键，审美的发展使学生的心理潜能得到发展。在当代社会人才竞争中，存在智力因素与非智力因素的竞争。审美发展是指培养学生的审美能力，开发学生的一切心理潜能，如感官能力、判断能力、评价能力、分析能力、创造能力等，使学生的一切才能、一切特长得到充分发挥，为社会服务。审美发展的目的是人的全面发展，包括情感的释放和人的潜能的开发，发展人的独特个性的社会关系。审美活动具有优化人才的本质特征和功能。

(4) 审美培育可以弥补当代社会发展中的人文精神的失落，制衡当代社会的非人文的负面影响。在当代社会，现代技术一直在经历着快速的发展，以科学精神、科学技术为目标的全球不平衡导致了一系列的人性失衡。具有审美能力的人不仅懂得如何运用科学技术知识，而且能够利用这些知识去追求符合人类的价值，去消除现代高科技对人类生存具有破坏性和破坏性的方面，使其对人类更加有用。

(5) 审美培育的社会文化功能。审美培育的社会文化功能主要体现在，影响社会文化的生成和国民精神的塑造。文化承载精神，精神体现文化，是社会意识形态的重要组成部分，首先，审美文化包含一个积极的选择和消极的选择，即文化因素与审美文化的吸收和融合的方式使审美文化的一个有机组成部分系统排斥和美学发展的文化因素的内容，抵制与清除劣性文化对学生的侵害，借以使审美培育获得反推力。高校是文化的发源地和传播场所，其审美培育具有文化传播功能，在目前社会文化多元化、全球化的情况下，要引领社会先进文化，就要通过审美培育进行广泛的宣传，对文化有着正确的认识，能够清晰地辨别优秀文化以及落后文化。提高辨别能力，弘扬先进文化。可见，审美培育在文化的选择和传播上的功能是显然的。审美培育在某些方面来说具有文化氛围，并且在这种氛围中有着很强大的动力。它通过传播审美情趣、审美判断标准、审美理想等，使教育对象完成社会化，并使之具有审美文化的创新能力。审美培育对校园文化和学校精神的构建具有重要作用，且本身也是文化积淀的重要内容，潜移默化地影响着大学生的思想生成和精神风范。

这里需要注意的是，审美培育的社会性功能实现需要间接性和潜在性。审美培育社会功能的实现，绝不意味着高校审美培育要对学校与社会的发展起完全的和直接参与的作用，也不意味着会对文化的发展起什么直接作用，社会性功能实现的首要中介环节在于学校通过教育系统本身去影响、提升大学生的审美素养，通过高素质的"产品"去影响社会的方方面面。

二、审美培育的个体性功能

审美培育的社会性功能是指它对于社会发展所能发挥的客观作用；审美培育的个体性功能则是指教育对象所产生的影响与作用。审美培育具有两个功能，一是社会性功能，二是个体性功能。功能发挥时，与机制是互为前提的，社会性功能的实现实际上是个体审美素养的外化，社会性功能的发挥，要以个体性功能的实现为前提。没有审美培育对个体的培养，任何审美培育的社会性功能都会成为一句空话。同时，审美培育个体性功能的发挥，又以其社会性功能的实现为前提。也就是说，个体性功能的实现，离不了社会性功能。社会性功能也离不了个体性功能。两个功能互为中介、互为前提。在中国，因为受到传统观念的影响，社会为本位，在考虑社会性功能时，往往不顾及个体发展的需要，这是大学生审美培育中要特别注意的问题。

大学生的审美培育是素质教育的重要组成部分，对提升大学生的全面素质、促进大学生的全面而自由的发展,起着重要作用。它的个体性功能内涵丰富,可以概括为对于个体的生存性和个体的发展性两大功能,生存性功能主要是适应和改造性功能;发展性功能主要是塑造和提升功能。

（一）个体生存性功能

个体生产性功能,主要是指通过改造使个体审美素养结构适应社会的功能。通过赋予个体以正确的审美情趣、审美需要、审美判断标准以及审美理想等,使教育对象的审美素养与社会发展相适应。因为人类个体要生存,首先要服从生存的原则,服从客观规律。虽然这些审美观念、审美行为规范超出了传统的理念,是一种排除异己的,但正是因为这种特性,才能使个体社会化在现实的生活中生存下去。由于这种个体化存在一定的社会性,个体也会受到社会的最大帮助,才能最大限度地得到自身的发展。

大学生是在中国社会转型期成长起来的一代,受到社会转型期所出现的负面因素影响较大,其审美素养结构有两大不足:一是部分内容要素的谬误性;二是结构功能的缺失性,需要进行改造和塑造。当今社会多元化的传播度、透明度越来越高,对大学生审美素养结构的同行和顺应能力提出更高的要求。然而,他们最缺乏的恰恰就是价值判断和选择能力,其部分审美认识带有很大的片面性,有的甚至是极端错误的。我们的审美培育,就是要通过各种方式,把大学生的审美素养和审美思想引导到正确的发展道路上,从而推动社会的发展。具体来说,就是要通过一系列的教育措施,促进大学生的知行转化。所谓知行转化有两个过程:教育者先要把外在的社会审美要求转化为受教育者的内在个人审美意识;再由受教育者将个人审美意识、审美动机转化为外在行为和行为习惯。

（二）个体发展性功能

个体发展性功能,主要是指对个体审美素养结构的发展起作用的功能。个人的社会人格的形成和文化缺失的个人审美能力的结构,导致个性的发展和个人的精神完美,因此导致了个人作为一个整体的健康发展。马克思指出,共产主义是一种"各方面的全面发展是根本原则"的社会形态。马克思的"人的全面发展"必须包括两个特定级别:一是可能唤醒的自然历史过程的不同品质赋予人的审美能力是一个重要的元素,尤其是人类潜能开发尽可能全面。这种素质潜能是人内在的一种沉睡的力量,它在没有被唤醒的情况下表现为缺失和消失。二是人的客观关系的完整形成和个人社会关系的丰富,即人的社会化。人的客观关系的完全形成,是指人通过包括审美活动在内的行为,建立与世界的多种多样的关系,全面地展示自己的本质的完满性。

有关审美心理学理论告诉我们,人的审美观是一个自我组织系统,人的审美观念的发展是其内部矛盾运动的结果。个体的审美素养是一个结构系统,它包括内容、形式、能力三个维度,每一维度之中又包括若干因素。内容中含有审美价值准则、审美判断标准、审美行为规范等;形式表现为对美的认知程度、审美行为等;能力指审美的判断与选择能力、践行能力等。审美培育要促进个体人格与精神的完善,除了前面提到的使教育对象原有的审美观念与社会发展相适应,还包含着丰富人的审美需要体系和上述结构中缺失性要素的培养。审美培育在于丰富大学生的精神需要和社会需要,尤其是完善大学生的人格方面起着重要作用。促进全面了解学生的需求的动机、审美标准、审美理想的深入研究,分析他们的目标结构的文化,以更有目的的激励方式提高人格的有效性。

三、审美培育的教育功能

审美文化的教育功能主要有两个方面:一是审美文化的导向性功能,二是审美文化的开发创新功能。

(一)审美培育的导向性功能

审美培育的导向功能,表现为根据国家或社会的一定需要而对受教育者的审美意识进行引导,并对偏离设定目标的意识和行为进行纠正的功能。导向功能集中体现了审美培育的目的性、超越性的根本属性,是审美培育的根本功能,具有其他任何专业教育无法替代的功能。导向功能具体表现在对于审美价值观的引导。审美价值是一种审美判断的衡量标准,它由许多心理因素组成,包括审美需求、动机、品位和理想,以及审美感知、审美感觉和相关的审美信仰。审美价值观的三个层次是紧密结合、不断深化的。随着人的审美经验的不断发展和丰富,审美需求也在不断增长,其审美趣味、审美情感、审美理性、审美理想等也得到发展,人只有在能感受一切新的和更高的审美价值时才能在审美判断上得到发展并且总是表现出一定的理想。反过来,作为审美价值观核心层次的审美判断与评价以及作为高层次的审美理想,也必然反过来决定着人对审美的选择和倾向,决定或制约着审美需要与趣味。

审美培育的审美价值观导向,就是指通过审美培育,帮助大学生确立社会主义审美价值观,形成正确的审美理想,并通过这种审美价值原则、审美理想来观察和认识社会,从而指导他们的审美实践活动。

(二)审美培育的开发创新功能

审美培育具有开发创新功能,是指通过审美发展,可以最大限度地发挥学生的主观创造力,最大限度地发挥人的内在潜能,激发学生的创新能力。

创新是社会进步和发展的源泉,创新能力的强弱是人类能力高度发展的重要标志。知识经济时代的高校应把培养学生的创新能力作为教学的重要目标。审美发展作为一种富有成效的教学模式,尊重和鼓励学生、重视调动和激发学生的积极情绪,对创新人才的形成具有独特的作用。

首先,审美培育有利于大学生创新意识的培养。创新的实现就是要敢于创新,要有创新的信心、毅力等,特别是要有研究和肯定真理的精神。审美本质上是发展的审美理想,培养学生的创新人格,使其具有良好的心态和更大的自我控制能力、强烈的责任感和使命感。一个宽松、民主、自由的环境,可以使创新主体敢于挑战困难、克服羞涩、放开嘴巴、放开双手,把潜在的创新能力转化为真正的创新能力。

其次，审美文化支撑着高校创新人才培养的目标价值。人生来就有把美好的生活作为目标的欲望。这种追求决定了创新主体的生活水平和个性。崇高的目标可以给创新以无限的动力，使创新主体能够克服困难、努力工作，不断增强意志品质，赋予自己高尚的道德力量、人格品质，愿意鼓励人们前进，从事创新活动。审美发展除了为创新提供客观支撑外，还为创新提供了宝贵的支撑。创新不仅要以真、善、恶作为识别真理的价值标准，而且要以美、丑作为衡量重要价值的标尺。虽然创新本身是一种求真求新的研究活动，但人类的创新不应局限于不考虑价值、有用性、伦理等社会因素的创新，而应使创新成为一种德、善、美、活的创新。

这种求真、求善、求美的创新，也是一种超越知识和技术层面、以精神层面为目标的创新的更高要求。因此，创新所包含的情感因素、智力因素和价值因素都可以通过审美发展来实现。其中，价值取向是调节创造动机、创新个体创造自我和实现自我的需要、创新群体在人类社会发展中进步的需要的定性因素。这种以真、善、美的价值为基础的创新本质，赋予了审美与创新同样的同一性。

三、审美培育的促进功能

上面所说的审美培育的导向功能、开发创新功能，都是审美培育本身的教育价值属性，现在所说的促进功能，是指它的第二种教育性功能——对德育、智育等的促进作用，也是第一种教育性功能的体现和落实。

首先，通过审美培育，能够提高高校德育教学的成效。德育和精神教育的主要要素是向受过教育的人传递关于人生美好价值的信息，帮助他们在头脑中建立正确的人生价值尺度。德育的最高要求和最大成功只能是树立人生的美好价值观和改造人生的不良价值观。因此，在现代社会发展的新条件下，寻求一种实用而有益的教育方式和方法来实现人的生命价值，已成为现代或人的精神道德教育的必然要求。众所周知，生活是由一个已经抽象的概念和口号来解释的，它属于一种"自上而下"的教育。然而，生命的价值和意义只能在具体的、活生生的感觉中得到升华。因此，德育也必须是"自下而上"

的，即富有形象、情感和理性的教育，从丰富的生活走向普遍的生活。为使生活充分感受到受教育者的存在，其本质影响着个人的发展，使其感受到了社会、生活和人类相互依存、相互关心、相互帮助的价值，从而使受教育者逐渐从中获得对社会发展有益的积极价值。具有这种特点的教育是审美发展。因此，审美发展不仅有利于提高道德意识，激发道德情操，而且有利于加强教育者的道德行为，主动采取有利于"道德自由"的行动。所以，鲁迅说"伦理可以是道德的支撑"。

大量的教育事实和一些教育经验也表明，审美文化具有教育生命价值的功能，即审美文化产生生命的价值效应。有一项关于这一课题的实验研究，实验对象为18~23岁的学生和少年犯，分为两个实验组和两个对照组，为"审美"实验组织审美文化课程。在此之后，研究人员使用一份适应生活价值观的问卷和一份关于审美倾向的自编问卷对这些研究对象进行了访谈。实验的统计结果表明，无论是对青年学生还是对青年在押人员来说，审美文化不仅能够有效地提高他们的审美能力，而且对他们的人生价值观产生了积极的影响。研究的结论是：

(1) 审美发展可以对青少年创造美好的生活愿景产生积极影响，而"生活态度"是最敏感的。

(2) 由于文化、心理和生活环境的多样性以及同一审美文化对不同对象的影响，体现生命价值的重要性。

(3) 短期美育课程掩盖了影响人生价值观的某些因素，长期教育可以对人的价值观产生全球性影响，改变人的行为。

(4) 审美鼓励可以使年轻人保持积极的心理状态，使他们能够接受教育。

其次，审美发展可以提高高校智力教育的效率。美国哈佛大学教育研究生院经过多年的研究，创建了"零点"项目，该项目认为科学思维是逻辑思维，艺术思维是基于逻辑的。科学是发现、分析、解决问题的过程，艺术的过程也需要发现、分析、解决问题。大脑的工作没有区别，逻辑思维和视觉思维有很多共同之处，它们可以互相追赶和帮助。审美过程中审美文化特征是视觉思维，它可以刺激和调动左脑的积极性和动态视觉思维"右脑",使这两个半球发展平衡和协调,充分利用大脑的潜能,发展学生的智力。

因此,审美发展不仅成为不同类型教育交流的桥梁,而且成为不同类型教育融合的因素。也正是在这个基础上,党中央、国务院把审美文化纳入我们的教育活动中来。明确这一点有助于我们进一步明确学生审美激励的价值和任务。可以说,审美促进在教育由考试向素质教育的转变中具有不可低估的作用。重视学生的审美文化,在高校实施审美文化,是全面实施我国教育政策的基本要素之一。要充分发挥学生的潜能,就必须促进学生的审美发展;要提高学生的综合素质,就不能忽视培养学生良好的审美素质;学生道德素质、心理素质和人文素质的提高也是审美提升不可缺少的环节。

21世纪是知识经济的时代,知识对于经济社会的发展越来越起到决定性的作用。但我们不能只看到知识的作用,在知识的背后还有人的审美素养。审美培育对其他教育子系统的促进作用不可忽视。大学生的任务不仅要学习科学文化知识,而且还要有高雅的审美情趣;不仅要学会生活,而且要学会审美的生存。审美培育就是要引导大学生学会如何审美,以此来促进大学生的全面发展。由此可见,审美培育的教育性功能实际上是指它在完成教人做人和促进德、智、体全面发展这两个方面的实际作用。

第三章 工科院校大学生审美培育的目标

第一节 目标内容意义

审美培育的目标是实施审美培育活动所要达到的预期结果，它规定了审美培育的内容及其发展方向，在相对程度上体现着一个国家、民族以及社会的要求与期望，反映出了受教育者以及教育者的追求，对于审美体系的构建有着积极的指导和制约作用。审美培育的有效性还表现在目标的实现上。因此，审美培育中教育目标有着重要的地位。要加强和改进审美培育，必须以正确的目标为导向。

一、审美培育目标的含义

目标，指的是在主观想象与客观实际的基础之上，人们活动的预想结果，这代表的是一种期望。审美培育目标就是从受教育者所要形成的审美素养的角度，来说明审美培育的作用和预期价值，即要把教育对象塑造成什么样子，其审美素养达到什么程度或境界。也就是期望作用对象在素养审美等层面需要实现的规格与标准。因此，审美培育目标是构成高校教育目标的重要一分子，是教育目标在审美层面的实际表现，是对高校审美培育结果的具体要求，也是对审美培育质和量的具体规定，它是整个审美培育活动的前提，决定着审美培育内容与各个步骤的方向度，制约着整个过程的进行。

目标是纲领，纲举才能目张。审美培育目标的提出，是教育活动的起点，而目标的实现，又是一定的教育活动的终点。整个审美培育过程就是在其目标价值枢纽作用的观照下进行的，是以实现目标为导向来组织、协调和调整主客体全部行动的过程。也就是说，审美培育主客体的全部活动都是服从和服务于审美培育的目标的。确定了一个坚定的目标，人们才会选择、设计以及构建相应的活动，目标是整个审美培育过程的首要因素，指导着这之后的每一步。为了实现预期目标，我们会努力寻找最佳途径，精心设计教育内容，积极探索各种方法，目标指导着审美培育活动的实施和深入。目标是活动的前提，目标不同，教育活动的规模和具体操作的程序也会不同。所以，正确、合理的审美培育目标，是贯穿整个教育活动和实现其价值的中心环节。

高校审美培育目标的提出是从客观实际出发的，它反映了不同社会历史条件和社会实践的要求，反映了教育对象的审美素养现状和发展的需要，是基于社会对大学生的审美素养要求和大学生自身全面发展的需要而提出来的。也就是说，它是客观现实的反映，反映了一定社会发展阶段的经济、文化对教育对象达到的审美素养方面的标准，表述出人才培养在这方面的具体规格，体现出鲜明的社会性、国家性、民族性、时代性和前瞻性特征。

二、构建大学生审美培育目标体系的意义

大学生审美培育目标体系的构建，对整个教育过程的实施有着重要意义。

（一）方向与标准

加强和改进审美培育，首先必须确保其具有正确的方向性。审美培育目标的制定，要以我国的传统文化以及现阶段的社会经济、文化、生活条件为基础，依据大学生的审美现状及发展需要来制定。一旦制定，就是工作的纲领，它规定了整个审美培育的向度和程度、

内容和方法的方向，也就是确定了育人的方向和标准。如果目标正确、科学又恰当，就能使我们的审美培育工作充分体现中国特色社会主义社会的性质和发展需要，就能为教育对象审美素养的提高和全面健康发展起到导向作用。高校的审美培育就可以在总目标的指引下，通过具体目标去支配、调节、指导和控制整个教育过程，就会有标准可依，科学地选择相应的教育内容和方法，提高审美培育课程编制和教学的科学性与针对性，通过各种显性与隐性的教育活动，使学生达到教育目标所期望的目的，避免审美培育过程中的随意性和形式主义。

（二）科学与统一

审美培育是一个系统工程，需要加强教育工作的整体性和统一性，将教育目标贯穿于整个教育过程当中，散布在审美培育的每一个环节和每一个阶段。过程的整体性和统一性，是体现审美培育是否科学的一个方面。高校应在审美培育总体目标的指导下有一个整体与科学的规划，即推进审美培育目标管理的实施，制定出具体目标并贯穿于教育的始终，以此来确定审美培育活动的内容、方法、载体和途径等的选择和设计，这是审美培育的起步。在活动的践行过程中，没有办法不受到各种客观条件和主观条件的影响和制约，只有时刻注意围绕教育目标，注意各层次、各方面的分目标之间的协调一致，才能避免和整体行进路线有较大的偏差，进而避免因此引起的损失、混乱以及内耗等，从而确保审美培育活动开展的整体性和科学性。

（三）实效与激励

以审美培育目标体系为导向来开展工作，可以增强工作的实效性，而这正是我们加强和改进审美培育要达到的根本目的。目标是出发点，是我们工作的导向，也是审美培育工作的归宿。审美培育是否有效，着重看工作的实际效果，其依据就是审美培育的预定目标是否有效。我们若能以审美培育的目标体系为向导来安排活动，将活动目标体现在每一个步骤、每一个环节的制定和部署中，然后以目标为标准来调节教育的内容和方式，就能较好地保证目标的有效实现。另外，从教育者的角度看，只有明确了工作目标，才能有明确的工作方向，才能调动起潜在的积极性；只有在达到了工作目标后，才会产生成就感和满足感，从而激发出高昂的工作热情。所以，审美培育目标对于教育者来说，既具有挑战性又具有激励作用。

（四）评价与考核

审美培育目标一旦确定，便成为一定时期内评价、考核审美培育整体工作、考核教育工作者绩效的客观标准。审美培育的效果究竟怎样，要根据预定目标实现的向度、程度方能确定，即要视目标的最终实现而定。大学生审美培育应实行目标管理，不仅要制定出具体目标，并要有一套为实现目标而进行的组织、激励、控制、检查、评价的管理方法与制度。由于目标可以分解、落实到人，所以不仅可以对学校审美培育的总体目标实施情况进行考核，还可将个人完成的实绩对照目标来考核。教师也可以根据具体的学习目标来评价督促每一个学生，从而架构起一个完整的审美培育体系。构建评价能够提高评价与考核的清晰度、准确性和层次性，使每个部门、单位和个人的教育绩效易于考察与评价。

第二节 目标体系解构

从系统论的角度看，审美培育的目标体系是构建一个多方面、多层次以及统一的体系。因为很多种的培育目标都是相互干扰、相互关联的，所以要统筹好各个种类、各个层次的目标，将这些目标协调统一，关注每个目标的支撑与搭建，区分清楚顺序与主次，从而使每一个具体目标都可以为整体目标服务。如果只有一个最终的全面要求即总目标，而没能使其分成层次、形成序列，对审美培育的过程就起不到具体的导向、监督、检查和评估作用，以至于不能收到预期的效果。我们必须正视这个问题，对整个审美培育目标体系进行分解，以充分发挥目标体系的作用，提高教育的实效性。

一、大学生审美培育目标体系层次结构的界定

大学生审美培育的总目标是一致的，是"努力培养学生的审美能力、审美情操、审美理想，它以艺术美和现实美为教学资源，以培养美的感受力、审美力、创造力为教育手段，以塑造自由、健全的人格为最终目的"。审美培育的总目标，是对大学生进行审美培育的基本方针，指引了教育的大方向。总目标必须要有前瞻性，要放眼于未来，要比当代大学生的审美素养水平高出一大截，真实地体现出对于大学生的需求与期望；同时总目标要具有现实性，是为现实服务的，要满足教育对象以及现实社会提出的对于审美素养的要求，然后具体落实这些要求，充分发挥其功效。实施教育的核心其实就是审美培育的总目标，它还是整个审美培育的总方向以及出发点。可是，因为总目标的笼统性、抽象性以及概括性，造成审美培育实践中不易把握其内涵，不便于直接操作。所以，总目标应该划分成几个分目标，通过努力达成分目标来实现总目标。分目标其实就是一个包括对象、时限、使命、数量以及指标等在内的子系统，表现出了教育工作的期望结果，实现了教育目标的具象化。

所谓审美培育目标的层次，主要是指在教育活动中，根据受教育者的特性和相对应的要求而提出的不同标准。比如审美培育的总目标是第一层次；培养正确、健康的审美价值观，培养较强的审美能力，塑造健全的审美心理结构等是第二层次；审美价值观目标中的审美理想教育目标、审美能力目标中的鉴赏力培养的目标、审美心理目标中心理论认知品质的培养等为第三层次目标。第三层次的教育目标，就是可以操作的具体目标。所以说，审美培育目标表现出来的就是教育目标的纵向划分。

第三层次的目标虽然是比较具体、可操作的子系统，但在实施过程中仍有一个认识由浅入深、要求由低到高的问题。这些通俗易懂的教育目标，相互联系起来，就形成了审美培育的各个层次。序列式审美培育目标在教育目标的实现过程中有着举足轻重的地位。

大学生审美培育目标体系结构如表3-1所示。

表 3-1 大学生审美培育目标体系结构

第一层次	总目标：培养学生的审美能力、审美情操、审美理想，塑造自由、健全的人格（能力的培养和人格的塑造）		
第二层次	审美价值观目标	审美能力目标	心理结构目标
第三层次	审美需要、审美趣味、审美标准、审美判断、审美理想等	审美感受力、审美想象力、审美鉴赏力、审美创造力等	心理知识、开发心理潜能、增强自我心理保健、心理调控能力等

这个目标体系的特点是：克服了审美培育总目标的空泛性，能使教育者明确每个具体教育目标的价值取向，使整个审美培育体系结构清楚、环环相扣，从而有可能针对不同素质水平，确定相应的教育起点和发展的目标方向。审美培育的具体实施，要在总目标的指引下，从第三层次的子目标入手操作，按照大学生的实际情况，制定近期、中期、远期目标分序列实施。

二、大学生审美培育目标分解的依据

大学生审美培育目标体系分层的主要依据有：

（一）审美培育目标自身结构与实施过程的需要

目标是目的的具体化和规范化，审美培育目标本身就是一个多维度、多层面的复杂体系，仅仅抓住总目标是无法落到实处的，必须考虑如何把总目标进行分解与细化，也就是目标本身客观地有着分目标。总目标和分目标之间是从属关系，总目标对于分目标有着指示的作用。审美培育的总目标代表了实践的总要求与总方向，一旦总目标明确了，就说明教育方法、教育步骤、教育措施以及教育内容也被明确了下来，总目标有着高层次的抽象性和概括性。在实践过程中，将总目标划分成为有标准的、具体的、分层次的以及可操作的，整个目标才可能得以实现。可见，目标体系的分解与细化是必要的，但又需要构建在对于整体目标进行深层次的理解与掌握之上，而且自始至终要将教育目标当作整个行动的灵魂与核心，那些分目标也只有将整体目标当作核心，才能发挥出自身的价值。在具体操作的过程中，分目标又会变成实践的指向标，切实地表现出整体目标在某一阶段、某一方面以及某一水平上的实际需求。因此，审美培育的各项分目标都是围绕着总目标的。大学生审美培育的实践，要尽可能地搭建起整个体系，重中之重是制定能够动手操作、符合实际情况的分目标，这样整体目标的实施才会有眉目，并顺利实现。也就是说，审美培育目标体系自身结构内部存在目标之间的从属层次关系，这是我们进行目标分解的重要依据。

从审美培育总目标提出的内容来看，审美培育的实施过程，就是通过各种方式和途径，把目标所要求的内容转化为受教育者的思想、观点，并形成其行为习惯。要想使各个不同内容层面的实施过程收到预期的效果，就必须使这些不同层次的实施过程有各自具体的活动目标。这也就需要对整个目标体系进行分解与细化，把它划分成若干个不同层次的子系统，构成目标实施序列。只有这个总系统中的各个组成部分在教育实践中都分别发挥各自独有的作用，才能使整个目标体系处于充分发挥效能的状态。审美培育实施过程的规律与实际需要也对其目标体系的分解提出了要求。

（二）大学生思想与心理的发展水平与接受能力

审美培育目标的分层，也是根据受教育者的思想、心理发展水平和接受能力提出来的。大学生的思想心理现状，直接影响着教育目标要求的广度和深度。过去，高校比较习惯把学生作为灌输、约束、督导的受教育对象，现在已越来越清楚地看到，学生作为审美主体乃是自己审美原则、观念的真正确立者和创造者，如果把他们的自主、自觉从教育过程中抽掉，就不可能真正达到教育目的。所以，审美培育目标的分层和序列，就应当根据大学生的思想认识水平和心理接受能力来编制。尽管大学生有了一定的知识水平，思想与心理的成长较之中学生要成熟许多，但仍处在进一步成长与发展的过程中，科学的审美价值观尚未确立或正在建构之中。而且其审美素养有上、中、下之分。所以审美培育目标不能笼而统之，而要分层实施，从基础性目标开始，再到成长性目标，最后到发展性目标。目标定高了，会使学生感到可望而不可即，就会丧失追求的信心与勇气；目标定低了，会使学生感到这些自己已经做到了，不必再追求，影响学生的进取心。因而，学生的思想心理发展水平与接受能力，及其具有的阶段性和序列性，也是大学生审美培育目标分解的重要依据。

第三节 目标体系建构

审美培育作为高等教育的重要组成部分，有自己的培养目标、模式和特点，我们必须针对其特点进行深入研究，不能停留于普适性的目标上，简单照搬一般的教育模式，应根据大学生的特点，调整和构建工科大学生审美培育目标体系，创新教育的内容与方法，从而落实审美培育的实效性。

一、构建大学生审美培育目标体系的依据

如前文所述，大学生审美培育目标是整个教育目标的组成部分，作为审美培育活动所要达到的预期结果，在形式上体现着教育者的主观愿望和要求，但实质上反映着国家、社会发展、素质教育以及大学生自身发展的客观要求。所以，满足社会发展需要、大学生发展需要并符合一定的教育思想观念，是构建大学生审美培育目标体系的依据。

（一）当今社会发展的需要

社会发展已进入了经济化、信息化、全球化的时代。社会的快速发展使人们的生活方式发生了翻天覆地的变化，审美培育目标的提出和确定，受社会发展所产生的制约因素的影响越来越多。我们必须考虑，如何使大学生形成合乎社会发展主流的审美观，以适应目前的日常生活以及审美化倾向。所以，满足当今社会发展的需要，是构建和确立大学生审美培育目标的重要依据。

在构建中国特色社会主义社会的过程中，政治建设构建起政治保障，经济建设构建起物质基础，文化建设构建起智力支持与精神动力。所以，在大学生审美培育目标确立的过程中，不仅要适应社会上层建筑和意识形态的需要，还要适应社会转型发展的需要。在具体确立审美培育目标时，一是要考虑国家和民族的特点，从国家

和民族的特点和传统出发提出要求。二是要考虑社会规范，即要维护和发展目前社会、生活秩序所必需的制度、规范和准则，因为人们在审美过程中，无一例外地需要一定准则、规范的指导和约束。三是要考虑与科学技术发展相适应，因为科学技术的新发展和市场经济的新发展，都给传统审美观带来了一系列新的问题与挑战，需要破旧立新。四是要考虑经济和社会发展对大学生提出的审美素养的新要求，比如要具有正确的审美价值取向和理性等。总之，要考虑到社会发展的多方面因素，不仅要立足现实，从实际出发，还要面向未来，超越现实，适应社会未来发展的需要。

（二）大学生自身发展的需要

审美培育不仅要促进社会的和谐发展，还要促进人的全面发展，所以要根据教育对象自身发展的需要和心理发展水平来制定教育目标。也就是说，适应和满足大学生自身发展的需要，是确定大学生审美培育目标的又一重要依据。

大学生正处于成长过程中，有自身发展的需要。这种需要有物质方面的，更有精神方面的。精神方面主要表现为自我价值的体现和自我完善的追求。需要是个体进取的内在动力和个性完善的力量源泉。在面对今后的人生道路时，他们追求自我价值的实现，追求人格的完善，有着强烈的自我发展需要。如果他们的精神追求得不到满足，内心就会失去平衡，就会产生消极情绪，影响学习的积极性。我们的审美培育目标应该真实反映大学生的这种精神需求，正视他们的心理状态，用发展的眼光去看待大学生的素质，激发他们的积极性，帮助他们树立自信心，帮助他们实现成才的愿望。所以，我们要根据大学生的实际情况来制定具体的审美培育目标，通过循序渐进的审美培育，切实提高他们的审美素养，使其人格进一步得到完善。

（三）一定的教育观念的影响

大学生审美培育目标的确立，还受一定的审美培育观念的影响和制约。

在教育史上，存在以社会为中心和以人为中心的两种不同的教育价值观。"社会本位说"以社会需要为根本标准，片面强调社会要求，置个人正当需要于不顾，不尊重个人、不关心个人，把个人当作实现社会目的的工具。这种教育价值观，是适应和服务于专制统治制度的。我国历史上的审美培育，就存在着以社会为中心，重社会需要、轻个人需要的倾向。教育的"个体本位说"则片面强调教育的个人价值，主张一切从个人出发，一切满足个人的需要。西方一些资产阶级的教育家，就不同程度地曲解了个人与社会的关系，把人抽象化、孤立化，一味主张"个人本位"，甚至宣传自我"具有至高无上的价值"。由于把个人与社会隔离开来，其教育就带有不同程度的反社会性。

我们认为，审美培育目标体系的构建和确立，既离不开一个国家、一个民族文化的传承，也离不开社会发展的需要，更离不开学生自我发展的需要和审美心理发展的规律。事实上，这些方面并不是相互对立的，而是相互联系的，有着很多相统一之处。所以要将这些因素综合起来，相互兼顾，力求达到目标的方向性与现实性、社会性与个体性的统一。

二、大学生审美培育目标体系构建中存在的问题

回顾我国高校审美培育的发展，在实施过程中存在不少问题，其办学质量、育人模式、育人理念等都有待提高和完善。不少院校缺少对大学生审美素养特点的研究，因而审美培育的目标定位不够准确。主要存在以下问题：

一是对于审美培育的本质，还存在着认识上的偏差，一些流行的观念，还未得到有力的纠正。有的人认为，审美培育构成了德育的一部分，并且是隶属于德育的，审美培育成了构建德育的途径、手段以及工具，人们持有的这种看法，过于强调审美培育与德育之间的联系，但忽视了审美培育与德育之间的区别，以致取消了审美培育的独立性，否认审美培育在目的、内容、功能、方式上的特殊性，不利于审美培育的展开。还有的人认为，审美培育也就是艺术教育，是关于音乐、绘画以及舞蹈等这些技能的培养。这种观点的不足，

在于将审美培育的功能缩小和降低了,仅仅局限于培养具体的技能、技巧的范围,而没有在塑造新型文化品格这一更高的层面上来认识审美培育的意义。还有一种观点认为,审美培育体现的是情感,这是将审美培育和体、智以及德分开而说的,也就是认为智育是知识、力量,德育是对行为品格的培养,体育是对身体、体魄的培育,和上面这些说法相比较,审美培育就是情感方面的培育,这种分析是有道理的,但又是不够的,因为审美培育的目标不仅在于情感教育,还在于人文品格的塑造,而人文品格的丰富内涵并非情感生活一端可以囊括的,故仅谈情感教育有以偏概全之弊。

二是教育目标缺乏层次,模式化、空泛化。不少高校的审美培育目标仅仅停留在普适性的总体目标上,而对切合大学生的审美培育目标和理念缺乏深入的思考,很少考虑大学生个体的特点和差异,缺乏必要的针对性。另外,还存在不同类型、不同层次学校的教育目标大同小异的问题。而且在制定审美培育目标时,往往以总目标代替分目标,没有对目标的分解层次研究,缺乏对过程的深化,也就是没有指定细化、具体、更具操作性的目标。所以说,目标过于单一与空泛、过于笼统,教育培育的审美素养并没有具体的标准,只具有高度而没有深度,这也使目标不能很好地落地,缺乏对实践的有效指导。

三是理论化,一味地重视理论知识的教育。这种崇尚"知识就是力量"的传统模式,在观念上不能与时俱进,在操作上只注重书本,在改革策略上,忽视了审美培育的复杂性,看轻了审美培育的艰巨性,更忘记了审美培育的实践性。这种只看重美学理论知识灌输的教育,其目的、本质都是"教"而不"育",甚至连智育也称不上;其结果,必然使审美培育走向应试教育的老路——把知识变成了一种僵死的贮存与摆设,其要害是在教育目标上用"美学知识"取代了"美质的人"。

这种对审美培育的目标定位,把审美培育仅仅归结为美学理论知识的讲授和传播,而看不到审美培育的活动过程本身是一种自由、创新的教育劳动与劳动教育,或者说是一种富于艺术魅力的活动过程和实践行为,这就决定了它在理论上要把美学和审美培育混为一谈,在实践上,也必然要以理论知识的授受代替能力的培养和人格的塑造。这就实际上取消了审美培育劳动创造的实践意义和育人价值。其实质是一种应试教育,在实践中必然给审美培育以误导。

在这种目标定位的影响下,现行的各种审美培育教材,绝大多数其实不过是各种美学理论知识的缩简本与通俗化。很多教师实际上也是把审美培育作为讲授美学知识来对待的。然而,审美培育作为"面向现代化、面向世界、面向未来"的开放系统,其目的远远不是获得一种单纯而又高度抽象的美学理论知识。无论是从审美培育的课程体系、教学要求,还是从人的智能结构、美质素养来看,审美培育和美质的人所需要的,都不仅仅是一门美学的常识。单纯美学理论知识的普及,显然不能完成审美培育艰巨的历史使命。总之,脱离社会实践和教育实践,脱离课程结构的优质化、教学过程的艺术化、人才的素质化和美质化,而只会照本宣科、死记硬背美学理论知识的教法和学法,其精神实质是与审美培育背道而驰的。这种"审美培育"其实依然走着应试教育的老路。

四是理想化、单一化,对所有学生都提出统一的不切实际的过高要求。逻辑学提出了这样的观点,即使同一所院校的大学生,就其审美素养状况而言,可分为好、中、差三个层次。我们应该因材施教,根据不同特点的学生,制定不同的教学目标和教学方式,这样才可以让学生获得真正的成长,才可以让审美培育进行得更为有效、有序。但比较多的情况是目标理想化、"一刀切",好像所有的学生都能成为艺术家、评论家、鉴定家,脱离了学生的现实水平,使目标成为空中楼阁。

总之,大学生审美培育目标体系的构建中还存在不少问题,直接影响到目标的作用和目标的实现。

三、大学生审美培育目标体系的内容要点

审美培育目标是根据社会发展和受教育者生存、成长的需要而提出的,反映着一定社会对其公民在审美需要、审美行为、审美心理等方面的基本要求和受教育者自身成长的需要与心理发展水平。

目前我国各级各类学校审美培育的目标:培养学生的审美理想、

审美情操以及审美能力，将现实美与艺术美作为教学上的资源，将创造力、审美力以及感受力作为教学上的手段，将构建健康、平等的人格作为最终目标。这个目标的提出，对于审美培育具有指导与制约作用。

同时，审美培育目标又是一个具有复杂性、多样性、层次性，覆盖面很宽的内容体系。为了指导具体的实施过程，需要在系统论指导下对其进行分解，在总目标下可分不同类型、不同层次的具体目标，这些具体目标是总目标系统中的子系统，是构成总目标的基本要素。各具体目标的内容如下：

（一）培养正确健康的审美价值观目标

审美价值观指的是人们对于客观现象以及客观事物的价值把握，体现在人们从审美的角度提出的评价倾向、行为倾向以及判断倾向。可以说，这是一个关系到人们讨厌什么、喜欢什么的价值观念，是人们辨别美丑时的依据。这是一种从主观角度进行评判的尺度，这把尺子包含了很多的心理元素，比如审美动机、审美理想、审美需要、审美趣味等审美倾向，还有和其相互联系的审美信念、审美情感以及审美认知等。从总体来看，这些又可分为下列不同的层次。一是审美价值观的基础层次：审美需要与审美趣味；二是审美价值观的核心层次：审美判断与审美标准；三是审美价值观的高级层次：审美理想。

审美价值观是构成世界观的重要组成部分，是世界观在审美实践中的具体体现。因此，帮助大学生树立健康、正确的审美价值观，使之在审美活动中做出科学的、客观的审美评价，就成为大学生审美培育的重要目标。马克思主义审美价值观是指导我们审美活动的灵魂，因此，在审美活动中，我们要以马克思主义审美价值观为指导，教育启迪大学生的心灵，形成与历史发展趋势相一致的社会心态，塑造全面和谐的人格。

审美观是人的世界观和人生观在审美实践中的体现，它是人们在审美实践活动中形成的对美、美感和美的创造等问题的基本观点，是对审美对象进行审美评判的原则体系。人们对真、善、美三个方面的认识分别构成了真理观、伦理观和审美观。这三者互相联系又互相区别,成为世界观的有机组成部分。审美观正确与否,直接影响对人生和世界的看法。所以,树立正确的审美观,对个人和社会都有巨大的影响,是审美培育的首要任务。人的审美观不是天生的,也不是一成不变的,而是建立在一定社会实践基础之上的,并随实践的发展而发展。人的审美观念是从实用观念发展而来的,"食必常饱,然后求美;衣必常暖,然后求丽;居必常安,然后求乐"(墨子),原始人只有获得了生存所需的最低生活资料,才可能进行包括审美在内的其他精神活动。审美观对人的社会实践起着极大的促进作用,因为人的实践活动是受一定的审美观所支配的,即使是出门前穿一件什么衣服,都会由审美观来衡量。文明的程度越高,人的审美自觉性也越强。不同的人对美有不同的理解,这就形成了不同的审美观,有的正确,有的不正确;有的高尚,有的低级。我们要结合自身的审美实践,不断提高审美能力,树立正确的审美观念。

目前,我们处在社会主义初级阶段,各种所有制方式并存,改革开放在打开窗户让新鲜空气进来的同时,也飞进了许多苍蝇,一些腐朽的思想、错误的审美观念大行其道。所以,大力开展审美培育,对抵制不良思想的侵蚀有重要的意义。树立正确的审美观是时代的需要、现实的必然。

树立正确的审美观,就是要树立马克思主义的审美观。马克思主义是人类文明发展的结晶、是严格的科学性和革命性的统一。为此,首先必须学习和掌握马克思主义美学理论以及马克思主义哲学观。马克思主义美学理论较为正确地展现了美的起源、美的产生与发展、美的本质和特征,使审美培育获得了科学的理论基础。没有科学的理论指导,就没有标准和方向,就无法对事物做出理性判断。审美作为一种情感活动,同样要有理论思维作指导,才能做出正确的审美判断。也只有具备较高的美学理论素养,才能在审美活动中真正地"看门道",获得更多的审美享受。必须积极参加实践活动,尤其是审美实践活动。人的审美意识的起源和发展都是来源于社会实践的,也只有通过社会实践的检验,正确的审美观才能树立。我们要在社会实践中学会观察和思考,注重体验和积累,特别要经常进行审美活动,如阅读优秀的作品、聆听世界名曲、饱览祖国的山河等,在实践中发现美、欣赏美和创造美,树立正确的审美观。此外,还要抵制和批判错误的审美观。正确的东西总是在与错误的东西进行斗争中发展的。在现实生活中,由于社会的复杂性,各种观念并存,需要我们去分辨和判断。因此,我们要应用马克思主义的基本原理去分析和鉴别,与错误的观念进行不懈的斗争,消除错误审美观的影响,在与错误斗争的实践中增强自身的免疫力,提高审美水平,培育健康的审美趣味。

(二)培养较强的审美能力的目标

审美能力是指人们感受、鉴赏和创造美的能力。美处处都有,但能否感受和鉴赏却因人而异。欣赏精神美,需要相应的道德审美情操;欣赏形式美,需要"有音乐感的耳朵,能感受形式美的眼睛"。没有相应的审美能力,就不能对美有所感动。所以,审美培育的重要任务之一就是培养和提高人们的审美能力。

审美能力包含了审美创造力、审美想象力、审美鉴赏力。

审美感受力指的是审美主体对于对象的感受、体验。这是从审美活动出发的,包含了审美感觉能力和审美知觉能力两个方面。审美感觉是指审美主体对审美对象的外在形式特征,如线条、色彩、声音等的直观反映。它比较具体、直接,也更多地带有生理的成分,与人的生理机制有密切的联系,是对美的事物的个别属性的反映,如看到花的颜色、闻到花的香味。在改造客观世界的社会实践中,人的感觉器官逐渐脱离动物性而成为人的感觉、社会化的感觉。因此,人的感觉器官的生理反应常与人的社会生活相联系,超越了动物的功利性而具有了社会性。正因如此,人的感觉器官才具有了审美的能力。审美知觉指的是审美主体从一个较高的层次对于审美对象的整体把握。它是对美的事物的多种属性的反映。与审美感觉相比,审美知觉具有综合性和整体性的特点,它调动我们的多种感觉器官,对审美对象进行综合感受,形成系统的整体印象。如从花的颜色、味道、形状等各方面综合得出对花的知觉印象。审美感觉与审美知觉统称为审美感知。

培养审美能力，既要培养人对审美对象的外在形式的感知能力，更要培养人对审美对象的内在意蕴的体味能力，即观其形而体其神。如果缺乏对美的敏锐的感知能力，就不可能获得审美愉悦。因此，提高人们的审美感受能力，训练人们的感觉器官，让人们更好地发现美、感受美是审美培育的基本目标。

审美想象力是指审美主体在以往表象积累的基础上，通过各种审美方式在头脑中再现出客观事物的感性印象的能力。审美想象力是人们作为一个有意识、有知觉的个体的有力证据，这是包含在创造性劳动中不可或缺的，并且在审美心理中占据着重要的地位。审美想象力以记忆表象为基础。我们头脑中是否储备了丰富和精确的记忆表象，直接关系着审美想象力的丰富与否。因此，我们要观察和体验社会生活和大自然的美，存储足够多的记忆表象，为丰富的想象打下基础。同时也要有多方面的知识积累，为想象力的升华铺开理性之路。没有知识做后盾，想象力最终也会枯竭。此外，还应开展多姿多彩的艺术美的鉴赏。艺术美是审美想象力最集中的表现，通过鉴赏艺术美，广开想象之门，培养想象力。

审美鉴赏力是指审美主体对审美对象的鉴别和欣赏能力。它包括两个方面：一是对美丑的鉴别分析能力；二是对审美对象的领悟和评价能力。在复杂的现实生活中，美丑相杂，良莠并存，"丑就在美的旁边，畸形靠近着优美，粗俗藏在崇高的背后，恶与善并存，黑暗与光明相共"（雨果）。因此，如果缺乏美丑的鉴别分析能力，就无法理解和欣赏美，当然也得不到更多的审美享受，更不可能做出正确的评价。对美的事物不仅要感受其外在的形式，更要领略其内在意蕴，才能获得无穷的审美享受。要欣赏美，就必须具备相应的能力。即使是最美的音乐，对于没有音乐感的耳朵也是对牛弹琴。

在鉴赏美和感知美层次之上，根据美的规律获得创造性实践活动的能力就叫作审美创造力。审美培育不仅是培养人们发现美、欣赏美、热爱美的能力，更重要的还在于培养人们创造美的能力。审美创造能力是人的本质力量的充分发挥。它包括物质的审美创造和精神的审美创造。物质的审美创造包括自然美、科技美和社会生活美的创造，具体如改造山河、美化环境和科学发明等。物质的审美创造是功利的,又是审美的,而精神的审美创造主要是艺术美的创造,它是超功利性的。物质的审美创造与精神的审美创造相互联系、相互促进。

人的审美创造能力因人而异,有的平庸,有的非凡。审美培育的任务就是开发创造潜能,开启智慧之门,发掘和提高人的审美创造能力,使平凡的人变得非凡,使平庸的人变得卓越。要达到这个目标,一是要迸发创造审美的欲望。让人们更加深入地探索生活,在实践活动中找到美,激起心灵的冲动,充分引导自己发挥出想象力,构建起幸福美好的生活。二是要了解与把握美的规律,按照美的规律来创造美。美的规律决定着美的事物的性质,也决定着事物的发展过程和最终结果。只有认识和运用美的规律,才能更好地创造美。三是要看重创造意识的锻炼和培育。创造性思维的诞生是所有创造活动的根本。没有创新意识和创造性思维,一切科学发现和发明、一切艺术创造都不可能。所以,发展审美创造力,就是要培养创新意识和创造性思维能力。

(三)塑造健全的审美心理结构

审美心理结构是人的心理结构系统的一个子系统,是主体内部反映客观事物的审美特性及其相互联系的心理活动结构,构成主体与客体审美关系的中介。它包括感知、想象、情感、理解等因素。这些因素相互影响和作用就形成了人的审美心理活动,使人产生审美感受、审美体验和审美判断等。

审美心理结构的特征主要体现在:

(1)理性积淀在感性之中。审美结构中的理性因素并不是凭借逻辑的外形表达出来的,是慢慢融入和融化到感性中,慢慢渗透和沉积到情感中,需要感悟和意会才能领略,如"横看成岭侧成峰,远近高低各不同,不识庐山真面目,只缘身在此山中"。诗中所写是庐山之景,但其中蕴含的意味却远远超出了感性形象。

(2)超功利性。审美心理活动不以直接功利为目的,而要与审美对象保持一定的审美距离,对之采取观照和欣赏的态度。如欣赏画《虾》不是为了满足食欲,欣赏芭蕾舞不是为了满足色欲。人们通过对审美对象的欣赏，获得精神的享受，受到感奋和振作，能更好地投身到改造世界和创造美的社会实践中。从这个意义上说，审美的超功利性中又蕴含有功利的因素，即人类社会生活的功利和实用性。

(3)强烈的情感体验。情感在审美心理的结构中占到了关键的位置，审美主体一直处在一个情感饱满的状态中，有着非常强大的情感感受。这种情感体现审美主体的主观态度。审美情感是一种高级情感，它也不同于科学情感和道德情感。虽然都是高级情感，但科学情感不直接渗入认识过程，科学认识需要的是客观的观察和冷静的思考。审美情感直接渗入审美对象，贯穿于审美全过程，使审美过程成为情感体验过程。在这个过程中，甚至出现了"移情"现象，也就是将主观情感投注到审美对象中，使审美对象似乎也有情感，所谓"登山则情满于山，观海则意溢于海"。道德情感要求立即化为符合某种道德规范的现实行动。而审美情感并不要求立即付诸行动，只是采取观赏的态度，重在情感体验。如看《白毛女》中黄世仁打死杨白劳，不需要观众上台制止，只需看剧情发展，领悟其深层意蕴。

审美心理结构是人的健全心理结构的重要组成部分，是其他心理结构所无法替代的。它是培养感性与理性融合、情感与理智协调的健康人格的基础，可以培养人树立超越的人生态度，使人的个性和谐、全面发展。审美心理是个体在先天和后天共同作用下形成的、在心理过程与个体心理方面所具有的较稳定的基本特征、倾向和品质。这是大学生整体素质的一个关键部分，能够影响、制约甚至是促进其他素质的发展和进步。高校通过有目的、有计划的审美心理教育活动，使学生拥有一些审美心理知识，进而引导学生开发出自己的潜力，提升自己的心理保健能力，提高心理调适能力，使之具有鲜明的审美个性、健康的情感、高雅的审美情趣，形成健全的人格。审美培育是塑造健全的审美心理结构的最佳途径。

从上面论述的三个目标来看，每一个目标都有着自己的特色，但是各自之间又有着不可缺少的关系，构成了一个内在的、统一的机体。

实践优化篇

第四章 工科院校大学生审美培育的体系内容

第一节 体系构建

大学生的审美培育内容体系是指按照审美培育目标要求确定的、要求学生接受的审美观念及其审美行为规范的总和。具体来说，就是高校在开展审美培育活动时，用什么样的审美思想、审美判断准则及思想体系去教育、培养学生，它是教育目标的具体体现。审美培育内容体系的构建，直接关系到审美培育目标的实现和实效性的提高，也是我们要研究的重要内容。

一、大学生审美培育内容体系构建的原则

虽然这么多年来，人们在审美培育的内容上做了很多的探索和研究，并且获得了很大的进步，积攒了很多的教训和经验，可是，目前的培育内容在整个高校的教育体系中还只是冰山一角，还需要做出更多的努力，在实施过程中也存在着很多问题，并要亟待解决，在理论建设上也要跟随社会的发展、时代的进步以及教育事业的改革而不断地丰富发展。所以，新时代的学生审美培育并不是想想就能实现的一件事，这需要站在教育整体目标的角度，设计、选择以

及确立培育内容,然后将各项内容相互联系起来,搭建起一个系统性、科学性的培育体系。大学生审美培育内容体系的确立,与其目标体系的确立一样,不是由教育者主观任意选择的,而是有其科学的依据和原则。

(一)前瞻性与现实性相结合的原则

大学生审美培育活动是一项立足于现在但是又面朝未来的活动。审美培育内容应该和审美培育目标保持一致,应该同样具备超越性以及理想性,还应该摆脱实际生活,这样才可以做到真正的激励与指引。审美培育内容应该更加表现出大学生的价值观,应该更加注重大学生之后的发展,还要秉承更加先进、优秀的审美理论、审美评价标准和审美理念来指引学生,教育学生了解和掌握实际生活中优秀的审美行为与审美思想,不认可实际生活中那些没落、被淘汰的审美行为与审美思想,反射出一个社会人的发展前景。假如审美培育的内容并没有创新性的思维,就不可以充分发挥它的指引性功能,进而就没有办法更好地调动学生,然后就会失去审美培育的优势。假如审美培育内容不了解社会生活以及当代大学生的现状,没有考虑到当代大学生的需求,那么设计出来的内容就没有针对性,就是纸上谈兵,不会获得理想的效果。因此,审美培育内容的确立,一定要注重现实性。要将学生的认知与实际环境作为基础,从社会生活以及当代大学生的现状出发,不断提升大学生的认知水平和认知层次,从本质上看清社会文化,帮助当代大学生构建起一个健康成熟的审美理想。在当前社会中,社会文化具有网络化和全球化的特性,这就对当代大学生的审美培育提出了更多的需求,培育内容要与时俱进,要处于不断的发展、创新过程中,比如网络审美、生态审美等。从实际情况来看,审美培育体系的创建必须要从现实性、前瞻性这两个角度出发,才会获得更加有效的结果,也会更加具有生命力与说服力。

(二)导向性与主体性相结合的原则

我们在构建大学生审美培育体系时,不管培育内容有多繁杂和烦琐，都一定要坚持马克思主义理论，要坚持它的关键地位，采用马克思主义审美理念去教育、规范学生。在当今价值观快速变化的时代，更应该确保科学意识的主要地位，这样才可以确保大学生正确的审美价值导向。审美培育内容要确保关键的向导，应该主动出击，积极地去迎合学生们的需求，而不是被动地等学生提出了要求再去满足。除此之外，审美培育内容还应该充分关注大学生自身的发展，保证大学生在认知发展以及学习的过程中具备一定的创造能力与能动性。由于审美培育的对象是人的实践活动，所以大学生在审美培育过程中要主动地参与其中，如果忽略掉了学生们的主观作用，那么就会使审美培育处在一个片面、消极甚至是被动的局面。因此，审美培育应该将主体性、导向性相互结合起来，确保审美价值观的正确导向作用，而且要关注学生的主观性，充分调动起学生的能动性与创新性。

（三）整体性与层次性相结合的原则

大学生审美培育内容体系是一个包括多层次、多方面的美学知识、审美观念、判断标准、审美行为规范的有机整体，审美培育内容都应该以教育目标为核心，其中包含的每一个方面都应该是互相作用、密切相关以及互相配合的，这样才可以构建成一个成熟的系统，进而具备整体的功能。也可以这样说，审美培育内容的确定首先就是要确定整体的培育目标。可是审美培育的总体目标又是由好几个层次的目标组成的，因此审美培育的内容也有着几个层次的划分；除此之外，学生的审美价值观也是一个由低到高、由浅入深、从低级向高级发展的渐变过程，教育内容的安排和设计都应该顺从学生的审美价值观的程度，也就是前面说的由浅入深。审美培育内容的划分大都是相同的。这其中包含的层次性和整体性既是统一的，又是矛盾的。我们在确定审美培育内容体系时，一定要确保层次性和整体性能够互相结合，一是要站在整个审美培育体系的高度，充分考虑整个体系中各个层面内容的联系，以及各个层面内容之间是如何衔接的，确保整个体系的完整性，避免出现那些互相分离的层次，影响审美培育发挥出应有的作用；二是要从体系内部划分为不同的层次，也就是既要有符合较低层次的教育需求和标准，又要有高层次的教育需求和标准，要根据整个社会的发展方向以及大学生的实际需求，进行有步骤、有重点、有选择地安排，这样才可以充分提升审美培育的作用。

二、审美培育一般内容的基本类型

随着高校对素质教育认识的不断深化，审美培育获得了人们越来越多的关注，教育内容也获得了更深层次的发展和进步。很多的审美培育者开始着手去研究满足时代新需求、符合人们价值观念的新内容，而且更加关注审美培育从理论到实践的转变，注重审美培育的落地探索，这些努力对审美培育的发展都起到了关键的作用。审美培育的一般内容按照不同的标准分为以下两种类型：

（一）按照审美培育范围分类

一般可包括家庭审美培育、社会审美培育和学校审美培育三个方面。

1. 家庭审美培育

家庭审美培育是指父母对孩子进行的审美培育。这种培育方式指的是家长在日常生活中，通过各种小事来影响孩子的行为或者心理，目的是指引孩子构成自己的审美观念，学会欣赏美，具备创造美的能力。家庭是每一个人生活的起始点，也是人们接受审美培育的起始点。父亲和母亲是孩子的首个人生导师，父亲和母亲的教导对于孩子价值观的培养和阅历的增长有着很重要的影响。有关科学实验可以证明，孩子从受精卵变为胚胎时，就对外界环境有感觉了，他们能够对轻声的问候、温柔的抚摸以及优美的音乐产生相应的反应。所以，有很大一部分的父亲和母亲对孩子的培育提前到了胎教。家庭审美培育的有效性需要优雅的居室设计，其实更加起作用的是家庭关系的和睦、父母关系之间的融洽。孩子可以清晰地感受到自己的家中是不是充满温馨、和谐，自己的父母是不是爱护自己，自己是不是被呵护，这是一个小孩子体谅他人、尊重他人以及关心他人的起始点，当然也是家庭审美培育是否能够发挥作用的关键。从这个层面来说，从家庭审美培育当中诞生出来的是最为纯洁，也是坚持时间最长的审美培育。由于家庭审美培育是构建在亲情与血缘的基础之上的，是日常生活中各个琐碎的家事勾连起来的，所以家庭审美培育有着不可撼动的地位；日常生活的家事具体、广泛以及丰富，在这之中充满了亲情，对于孩子的成长有着至关重要的作用。

2. 社会审美培育

社会审美培育指的是在社会这个大舞台中进行的审美培育，在社会中进行审美培育要比学校审美培育以及家庭审美培育的范围更宽广、内容更丰富。社会审美培育指向的是社会的全体成员，而且能够进入人们生活的所有领域，能够适应每一个人的生活、学习以及工作。社会审美培育的目标就是构建一个良好的社会风气，进而促进人们审美价值观的提升和改变，给人们带去更多的生活乐趣，社会审美培育包含了社会日常生活、社会环境以及社会设施这三个层面的培育。采取各种各样的方式与方法，目的是创建一个良好的培育气氛，目的是将整个社会变成一个培育审美价值观念的社会，使所有的社会成员都可以接受审美培育。第一，是通过社会文化来进行审美培育，好的社会文化会干预大学生价值观念和人生观念的构建。当然现在的社会中还存在着很多不适合青少年发展的因素，这要依靠整个社会的力量，采取必要的手段，禁止那些需要禁止的，限制那些应该限制的，而且要根据整个社会的发展，做出更多的变化。近些年来，我国的信息产业也在和网络中的不良信息做斗争，开展了多次的专项打击行动，唯一的目标就是肃清互联网中流传的垃圾信息，给青少年的健康成长搭建一个良好的环境，营造一个良好的气氛。第二，利用整个社会的物质环境来进行审美培育。充分使用社会生活环境、社会设施以及社会活动，进行大学生的审美培育活动，让良好的社会氛围无处不在，进而有利于大学生发展生成自己的、健康的价值观念。

整个社会是一个非常宽广的世界，给审美培育的内容提供了很多的素材。社会审美培育的范围非常广泛，比如有音乐厅、图书馆、文化宫、展览馆、体育场、博物馆、游泳池、俱乐部以及电视节目、剧院演出等，还有名胜古迹的整修、路边广告的设计、生活环境的美化、商店橱窗的布置以及风景游览区的开发等这些都可以给社会审美培育提供场所与素材，是社会审美培育不可分割的一部分。人的精神世界的美，也可以说是人的内在世界的美是极具意义的美，是世界上最有光彩的美、是人类精髓的美，也是社会核心的美。

3. 学校审美培育

学校的审美培育可以给学生提供一个系统的环境，是一个学生可接受最有效、最全面以及最直接的审美培育的地方。学校通过审美培育课程的设立，向学生传授和普及审美理念、审美情感、审美体验、审美知识以及审美实践。通过有计划、有层次地开展美术、音乐以及文学等层面的审美培育课程，提升学生的审美能力与审美价值观，赋予学生新的审美理想。学校还可以开展各种各样的审美文化实践来给学生提供一个丰富多彩的环境，指引学生具备良好的审美意识和高层次的审美创造力。教师在学校扮演的是审美培育的传授者，和学生们每天都可以进行零距离的接触，进行言传身教，教师的能力以及知识水平会影响到学生对于审美培育的接受程度，教师对于学生的投入力度和学生的发展是有着重要联系的。一个师德高尚、富有责任感的教师肯定能够培育出一批有高超审美情趣和审美意识的学生。

除此之外，每一个学校都有自己的校训和教学特点，学校的行为文化、制度文化以及环境文化等校园文化，还有笃行、宽厚的校园氛围，都会在潜移默化中对学生的成长起到关键的作用，在学生的潜意识中推动学生成为一个具有良好品德的人。

学校审美培育能够给学生带来一个成体系的培训，有利于学生获得优秀的审美意识和审美情趣，由于学校是一个教书育人的场所，多年积淀下来的优秀校园文化和校园风气对于学生思想道德的提升以及人格魅力的培养有着关键的作用。

（二）按照内容性质分类

从审美培育内容性质的角度来看，审美培育可以分成自然审美培育、社会审美培育以及艺术审美培育三个层次。

1. 自然审美培育

自然审美培育指的是通过自然现象以及自然景物对人进行审美情趣和审美意识的培养和道德情操的提升。人们生存的客观环境就是自然环境，自然环境是由水、土、空气、阳光、无机物、动物、植物、微生物等元素构成的。自然环境是人们生活、工作、学习的场所，也给人们提供了维持生理平衡的物质条件。自然环境不仅可以满足人们的物质需求，还可以培育人们具备更高层次的审美意识和审美理想。自然环境和人们的生活习俗、道德素养以及精神心理都有着密切的联系。

自然环境给审美培育提供了一个宽阔的空间。自然环境中包含最丰富、最生动以及最基本的美。其中的美更加注重形式，通过质感、形状以及色彩等元素来激发人们的感受，这其中包含的理性认知大都是间接的、曲折的以及隐晦的，正是因为这个特点，人们和自然环境产生联系时，自然环境才会在理性认识的干扰之下，给人们带去更为深刻的感受，这是超脱于感性认知的感受，是人们精神世界的提升。我国古代有很多文人都将自己的情感托付在山水之间，通过对大自然的各个景观进行描述和感叹，让我们感受到生活的美好、祖国大好河山的壮美、生命存在的意义以及人性的真善美。就算是我们身处在稀疏平常的大自然之中，一片叶子、一束花，甚至是一汪清水都会让我们联想到世界的万物，让我们体会到生命的意义、生活的美好、世界的真实，让我们对于大自然充满无限的敬畏和崇拜。

2. 社会审美培育

(1) 社会美的内涵：社会美指的是社会生活之中存在的美，这种美涵盖了社会生活中的很多领域，比如科学实验、经济、政治以及人们之间的往来和衣、食、住、行等各个层面。社会生活的每一个领域都有美的存在，可是这并不代表每一个社会生活中的对象都是美的。车尔尼雪夫斯基认为，"美是生活"，但只有"理应如此的生活""我们所理解和希望的生活"（体现人类进步的理想和愿望）、"使人怀念的生活"才是美的。只有体现了合规律性、合目的性的生活才具有审美价值。基于此，社会美有三层意义：一是人们的根本愿望与理想被彰显出来，符合整个社会发展的大体趋势，顺从了实践规律的社会生活才能够具备美的特征；二是充分体现人的创造能力、人的本质特征以及个人特性的社会生活才能具备美的特征；三是能够给人们提供人生经验、人生哲理以及人生意义，能够让人们体会到生活的美好的社会生活才能够具备美的特征。

(2) 社会美的特征。社会美的特征主要可概括为以下三方面：

一是内容的美最为重要。和自然美中体现出来的形式美不一样，社会美更加注重内容美。社会美表现出了人们的创造能力，并且通过社会生活的主体体现出来。社会美主要体现在人的社会活动中，这种社会活动体现的是形式和内容的互相结合。我们所说的内容指的就是其中蕴藏的社会功利性，也就是我们平常所说的善。社会活动的表现形式是不能用来作为评判社会美丑的标准的，一个社会活动的内容好坏才是根本所在，社会活动是不是有利于社会的发展与进步才是我们应该关心的重点。

二是直接现实性。社会美从社会生活中诞生，并且一直存在于社会生活中，有着明显的直接现实性，是一个生动活泼的对象。直接现实性在一个层面上会表现出现实功利，另一个层面又会被时空所限制。所以应该讲究时效，还要注意其现实效应。

三是明显的功利性。社会美的功利性，突出地表现为它内容的善。突出善、侧重内容美，必然突出实用功能。但是，精神生活领域中的美的功能，并不直接表现为物质上的实用，而是精神上的实用，即直接具有树立先进的理想、积极的生活态度、高尚的道德品质等功能。从表现形式上看，自然美与艺术美侧重于陶冶情操、怡情养性的精神性功利，对社会发展产生间接作用。社会美的作用主要表现在物质的实用功利以及精神的实用功利两个方面。不管是从表现形式的角度还是从公立性质的角度，社会美更加注重的是实际利益以及使用功效，表现出来的效果是直接而且强烈的。

(3) 社会美的表现形式：社会美有多种表现，在这里，我们将其概括为内在美与外在美。

第一，内在美。柏拉图认为，身体美与心灵美的和谐一致，是最美的境界。柏拉图所说的心灵美，就是人的内在美的核心内容。

从某种意义上来说，内在美其实就是心灵美。心灵美主要表现在对于社会进步的追求以及对于一定时代、一定社会公认乃至一定阶级的进步的肯定。主要表现在节操美、思想美、智慧美以及情感美等这些层面。

第二，外在美。从人们的举止表现中就可以体现出人们的善、恶、美、丑。人们一切内在的美，都是通过外在言行仪表显现出来的。外在美主要体现为语言美、行为美、仪表美、饮食美等方面。

3. 艺术审美培育

(1) 艺术美的内涵：艺术美指的就是艺术创作中表现出来的美。艺术美是美的一种形式，是艺术创作者们进行劳动创造的结果。艺术创作者的工作就是一种精神活动，从更深层次的角度来说，可以说是人们的定向活动。所以，艺术美就是在艺术创作当中将人的本性借着艺术对象而表现出来。指的是任意艺术创作中的美，是艺术创作者根据某些特定的审美目的，通过审美理想的引导以及审美实践的需求，按照美的内在规律创作出来的一类美。艺术美从现实美中诞生，又超脱于现实美。现实美的汇聚构成了审美培育，包含文学艺术美、美术艺术美、环境艺术美、影视艺术美以及音乐艺术美等内容。

(2) 艺术美的特征：艺术美的创作对象并不是随意产生的，它扎根于现实生活。没有现实生活就没有艺术美的创作对象，也就没有艺术美的出现。艺术美包含了以下几个特性：

一是直观性。我们所说的直观性指的是直接可感性以及具体生动性，可以直接地表现在人的各种感官之上，进而在大脑之中出现表象、感觉以及知觉，然后产生想象以及联想。这是由于艺术创作对象构成了艺术美，而所有的创作对象又都是直观表现出来的。

二是协调性。我们所说的协调性从根本上表现出来的是外在形式和内在内容的互相关联，可以说是通过美的形式来体现美的内容。艺术作品中的美将外在形式和内在内容紧密地关联到一起，而且形式是由内容来决定的，内容只能存在于形式之中。

三是典型性。我们所说的典型性指的是艺术创作中的形象具有独立的特性，而且可以反映出社会的某些本质，在这之中还寄托着艺术创作者们的审美情趣与理想。恩格斯曾经提出，艺术创作者要构建出典型性的性格。艺术美的典型性特性是由艺术美的内容决定的，表达的是人们对于美的不懈追求。

四是民族性。我们所说的民族性指的是各个民族在长久的社会生活中构建起来的具有特性的艺术形式与审美理想。从另一个层面来说，所有的艺术创作都是必然涵盖各个民族的民族特性的。这是因为艺术创作者们一定隶属于某一民族，他所创造出的作品也一定是涵盖在他的民族历史当中的。

虽然审美培育不等于艺术教育，但艺术教育是审美培育的主要方法和中心内容。审美培育的种种性质、功能、特点在艺术教育中得到最充分的体现。在审美培育中，艺术美占据了非常重要的地位。

艺术审美培育作为一种教育形式，必须遵循教学规律，有实施目标，按教学程序，在教育环境中进行施教。不过，艺术美培育过程中充满了愉悦，所以和其他的教育方式来比较，受教育者需要有更高的自发性以及更积极的主动性。这样受教育者在审美体验之中就可以自行进入这一种空前的审美境界当中。所以，绝大多数人总是主动地欣赏艺术，自觉地接受审美培育。艺术审美培育的效能在审美培育的三个层次——爱美教育、审美培育、创美教育中都能得到体现，具体表现在怡情、养性、启智和育美四个方面。

三、大学生审美培育内容的确定

大学生审美培育的内容，应将人格的完善作为最根本的落脚点，从大学生审美培育的规律来看，应该着力进行大学生的审美价值观教育、健康审美心理教育、审美认知教育以及审美实践教育等这些层面的架构。

（一）审美认知教育

要想理解审美认知教育的含义，应该首先搞清楚下面这些概念。

一是心理学家描绘人们的认知能力用的是认知这一概念，认知包含一种静态的内容还包含一种动态的过程。各个学者之间对于认知的感受可能有着略微的差别。作为代表的观点大致有以下几个：认知的发展过程其实就是认知结构的发展过程，是认知结构的螺旋前进和不断发展。张春兴提出，认知指的就是学习和认识，指的是个体从意识活动发展出来的对于事物的理解。从静态的层面来看，认知就是信念和知识。认知包含从低级的感受发展到复杂的言语这一过程，是将知识积累作为审美培训的前提，个体在认知发展的过程中会不断获取新的认知形式和认知结构，进而将这些形式和结构变成自身的经验，而且这些经验还构成了个体人格的一部分。

二是审美这个概念是从古希腊来的，最初的意思是感性。对于审美培育的内涵，学术界有着很多不同的意见，主要包含了下面几种看法：审美是个人的人性结构中关于情感的那一部分；审美是一个非现实的非功利关系，可以使人们在直观感觉中获得精神上的快感。审美还是一种认知方面的活动，审美认知指的是在既定的模式之下，对于审美主体以及审美情境产生一种客观的审美认识，其中包含推测、感知、评价以及判断等心理活动，不只是局限在或者存在于某一个极端。从心理学的层次，审美认知的教育可以帮助受教育者产生一个成熟的架构，这一个架构是审美个体在活动之中自然而然产生的，对于之后的活动有着指导性的作用。审美培育之中，包含了对于审美信息的处理、对于审美理论的掌握以及审美心理机制的把控。审美认知的教育活动是受教育者从事审美活动的必经之路，有助于受教育者获取参与审美活动的内部心理，形成合适的审美意识和审美情趣。

（二）审美价值观教育

审美价值观是一种判断个体审美意识的价值尺度，这种尺度包含了很多的心理元素，比如审美动机、审美需要、审美理想以及审美趣味等，还有和这些心理元素有联系的审美认知，比如审美信念和审美情感等。大体上，这些成分又可分为下列不同的层次。

1. 审美价值观的基础层次：审美需要和审美趣味

在审美价值尺度中最为根本的元素就是审美价值尺度，这当然也是审美价值观中和人的本体动力最为接近与最为基本的元素。一个极其简单而常见的事实是，人们对于那些合乎自己需要的事情就会感到愉悦、满意，相反地，就会感到不愉悦与不满意。而人总是倾向于体验满意和愉悦情感的，因此，在生活中，许多人实际上就是以具体需要作为具体价值尺度的。也就是说，不管人生价值观有多么复杂，具体到大众的日常生活中，需要就是价值尺度。而满足实用的需要和追求精神快慰的审美需要，在需要体系中又存在很微妙的关系。诸多事实表明，一旦人们的实用需要得到最基本的满足，稍有可能，审美需要就会明显上涨。人本主义心理学家也强调，审美需要既是高级需要，也同时具有似本能性，也是一种似本能需要，它是人们具有的族类性，它的满足能够产生有益的、健康的和自我实现的效应，受到挫折则会导致精神疾病，因此，审美需要应该受到保护、促进和鼓励。审美需要又位于整个需要结构的最高层，人本主义心理学家称其为"发展的需要""超级性需要"和"后动机"，表现为秩序、对称性、闭合性以及结构的需要。在这个意义上，审美需要兼有认知需要和行动需要的性质，它所产生的满足不是一般的愉快，而是与存在价值相融合时的最高愉悦，这种愉悦是复杂的、难以言喻和永无止境的，它是人在自我实现的创造性过程中所产生的最激动的时刻，是人最和谐、完美的状态，是一种欣喜若狂、如痴如醉、销魂落魄的感觉，审美需要的满足是一种高峰体验。

审美趣味是一种现实因素和审美需要互相联系的因素，当然也是审美价值观中凸显个体审美倾向的一种外在表现形式，指人们在审美活动中对多种多样事物做出审美选择的稳定倾向或指向。尽管审美趣味突出直觉和情感机能，但仍与理性紧密联系，故也常被看成一种"鉴赏力"。审美趣味绝不同于生理趣味。生理趣味不分高下优劣，不要求普通有效性、必然性；而审美趣味尽管有差异，但它又是一种社会性的文化心理现象，是隐含着理性的那种感性选择与偏爱。因此，审美趣味的特性可以用两种对立的概念来加以规定，这就是稳定性与变异性、个性与共性。

而就当代大学生的审美趣味进一步分析，可知当代大学生的审美情趣和传统的审美是非常不同的，当今的审美实践中包含着未来艺术发展的方向。就好比现在每年的央视春晚节目会更加向网络贴近，有更多的边缘文化和青春声音出现，这之中就映射出了一些微妙的信息：当今的网络在逐渐影响中国艺术的传播，促进中国艺术快速地发展，拉动中国艺术前进的步伐。通过很多的案例分析和情景再现，人们发现更多的"90后"和"00后"会更加热衷于网络新势力与新的艺术形式，"90后"和"00后"在网络环境中表现出了与众不同的审美情趣。从艺术发展史序列的层面来看，交往互动、虚拟真实以及狂欢等词语才可以表现出他们的特点，其实在这种狂热文化背后暗含着崭新的价值诉求、文化断裂的群体以及新质的艺术景观等含义。"90后"和"00后"的艺术实践意味着某种新的东西将会出现，预示生成意义，他们所代表的新一代群体的审美意识有着划时代的意义，对于未来的审美情趣发展和艺术创新有着引领和指导的作用，他们在网络之中表现出来的审美趣味直接导致"网络青年亚文化"现象的出现，弹幕文化、表情包文化、二次元文化等都是其审美趣味嬗变的表现。

2. 审美价值观的核心层次：审美判断与审美标准

审美判断指的是在审美情趣和审美需求之上，构建在审美认识等审美因素和审美体验之上，对审美对象进行否认或者确认。简单地说，审美判断是一种对于美丑的认知，是对世间的各个事物是不是满足自己的审美需要、审美动机、审美倾向、审美理想以及审美情趣等进行的判断和评判。审美判断又有三个层次。一是审美形象（直觉）判断。审美首先基于对形象的直觉，因此，有普遍看法认定，审美判断的出发点乃是人对他周围的事物，以及对具有一定审美属性的艺术作品的直观感知。审美评价正确或错误，取决于一个人的审美趣味、世界观和文化的修养程度。二是审美情感判断。所有心理活动都以感情为主动力，审美活动不只将情感作为依托，还会经常把审美情感体验作为美丑判断的标准，审美判断之中涵盖着欣赏者的感情。三是审美评价和审美理性判断。审美理性判断是审美判断的最高层次。审美理性判断与一般理性活动不同的地方在于它一定是以直觉判断和情感判断两个层次为基础的。审美评价特指在审美理性判断中运用概念、判断、推理等对审美对象做出的美丑及美丑原因的评说，如表现在文艺美学活动中的审美判断就是文艺批评。

审美标准在审美理性判断中具有重要意义、明确的审美标准，也是审美理性判断质量和水平的体现。社会发展过程中具有审美意义的事物范围在扩大，审美价值观念在发生变化，审美标准也在不断更新与修正。直觉趣味判断和情感判断有很强的个人独特性，但这些判断与评价仍然与一个人相对稳定又有所更新的美学哲学观念和理性标准有机联系在一起，并且归根结底是受人们所有错综复杂的社会利益和社会关系制约的。

3. 审美价值观的高级层次：审美理性

审美理想是构建在一定的审美趣味、审美需求、审美判断以及审美评价之上的、和审美信念互相联系的一个高级审美价值形态。所以，审美理想表现出了一种这样的审美关系：它好像处在审美趣味为一方和审美观点为另一方之间。故康德称"美的理想"是趣味的最高范例和原型。反过来看，高尚的审美情趣的基础和必要的前提是高度发达的审美感以及尺度感，善于根据社会现象作品中所蕴含的审美理想的性质，发现社会现象和艺术作品的审美价值。而审美趣味的养成是与一个人的整个文化水平密切相关的。广阔的文化视野是对现实生活中各种现象全面的审美评价的先决条件，这也是判断趣味是否最全面和最完美，亦即使趣味与对周围事物的客观审美价值相符合的必不可少的条件。在美学意义上，审美理想被理解为表现审美对象的完善程度；在社会学意义上，审美理想被理解为艺术对历史发展趋势的揭示和对社会发展前途的遇见、追求和展现。这里，我们把上述两种看法结合起来确定审美价值观意义上的审美理想的内涵，则其实质是以反映真、符合善、表现美的完美形象展现出来的昭示社会发展前途的审美价值观体现。审美理想，一方面具有经验性的形象尺度、标准；另一方面又体现着一定时代的历史必然性的理性要素，可以说，它是理性观念与经验性的形象标准的交融统一，也是审美价值观作为一种审美意向的最高追求目标。审美理想通过审美关系获得从内心对个性发出绝对命令的意义。伴随着审美关系而来的满足感（不满足感），使审美关系具有充分刺激行动的性质。总之，"审美理想是审美关系的一种样式，它是应有的和想有的审美价值的形象。审美理想是审美评价的最高标准，这种审美评价要求有意识或无意识地把这些或那些现象同审美理想加以对比"。

审美价值观的三个层次是紧密结合、逐级深化的。随着人们的审美经验的不断发展和丰富,审美需求也在不断增长,其审美趣味、审美情感、审美理性、审美理想等也得到发展,人只有在能感受一切新的和更高的审美价值时才能在审美判断上得到发展并且总是表现出一定的理想。作为审美价值观核心层次的审美判断与评价及高层次的审美理想,也必然反过来决定着人对审美的选择和行为。

(三) 审美实践教育

审美实践教育能够促进感性认知的发展,进而完成情感教育,实现审美培育的目的,促使大学生具备美好的人生价值观念。感性一边是指向现实的,另一边又是指向艺术的,审美培育将感性作为基础,从而生成人生价值。在现在的社会中,人们被图像和数据包裹起来,审美感知变得越来越不敏锐,感知的对象也变得越来越抽象,这成了干扰人们全方位发展的一个障碍。审美培育的主要任务就是培育人们对于社会的认知素养,也就是主体和世界客体的互相融合。这种教育目的从表面上看很低级,可是对于人的全面培养是非常重要的。

感性发展涵盖了两种层面,一是意识感性的塑造和提升,二是感性的解放和满足。审美培育中也对应地包含了审美创造与审美体验这两个阶段。审美培育内容是由审美创造与审美体验等阶段构成的。审美实践指的是人们的自主实践,逐步感受人的自主行为,将审美最为集中、直接地表现出来。审美培育将功利和超功利巧妙地融合在了一起,既指向了功利性目标,又指向了非功利性目标。

审美实践中还有一个重要的环节就是社会美。从一般人来看,人的生命力是自然的力量,人所具备的自然需求来源于生命运动和存在。可是,在人们长久的进化里,人的感性生命在实践中不断接受理性的约束,进而慢慢积淀了社会实践的内容,这就会使人们的生命中出现了新的含义。可以这样说,人们的感性认知是通过社会实践体现出来的,感性能力包含对于判断力、理解力以及认知力等这些元素的感受能力。审美培育通过审美的形式来释放人们心中的情感，然后在这个过程中不断提升文化特性，从而实现激发内心非理性元素的目标，目的是让对象获得更为持久的动力。在审美培育之中，要时刻注意感性发展的两个层面，一是要满足学生们的基础需求，二是在这个基础之上，使学生的感性认知获得提升，满足学生们的感性需求，可以提升学生们最为基础的感知能力，这会更进一步激发学生们深层次的需求，这两种情况是相互促进和相互提升的。当前的审美实践更加注重于技能的培训，而忽略了学生们自身的需求和学生们自身的特点、爱好，这使学生们的需求没有办法得到满足，也就很难提升学生们的认知能力。由于学生们的自身需求没有办法在审美培育中得到解决，学生们就会将自己的关注点投放到校外，这样学生们就会受到社会审美的干扰。由于学生缺少感知能力，又很难去除大众审美的干扰，就会使大学生过度沉浸在感性的世界里，过于追求感官上的刺激和个人情感的释放，失去了对艺术、自然和人生的理解、掌握。

审美实践中应当着重对学生培养感性认知的能力，所以培养过程中要尊重学生的特点，还要依托于直观的审美形式，这是由于感性是寄托在个性当中的，没有了个性也就没有了感性，富有意义的形式可以给人们带去自由表现的机会，其实就是给予了感性发展的条件和环境。

（四）健康审美心理教育

大学生审美心理的建构是审美培育活动的重要内容之一。从人类整体的角度看，审美心理的建构是一个漫长的历史过程。如果说在最初的人类心理中已经产生了审美心理的萌芽，那么随着人类的发展与进步，这株幼苗逐渐地成长起来，成为人类心理不可或缺的有机组成部分，人类心灵进化的重要标尺之一就是人的审美心理的不断完善。从大学生的角度来说，去除那些其心底已经扎根的心理因素，还应该在审美实践过程中完善、建构大学生心底的审美心理。

关于人的心理结构，前人已多有研究。如康德就曾从历时和共时的角度对人的心理结构做了较深入的研究。从历史的角度看，人在长期的历史发展中形成了人所特有的时间认知结构和空间认知结构；从共时的角度看，人的心理又可以分为知、情、意三大结构。皮亚杰则把人的心理作为在同化和顺应的活动中逐渐形成的结构予以研究。总之，尽管人们往往用结构分析的方法和态度来对待人的心理结构，但它实际上就是人的大脑活动的一个综合的整体。审美心理的研究也是这样。一般来说，审美心理是在人的日常心理基础上的某种提升，它与日常心理最主要的区别在于它具有十分明显和十分突出的精神性品格。它的心理兴趣主要不在对象的物质属性方面，而在对象的精神属性方面，不在于对对象的实际性占有和功利性消费，而在于对对象的想象性观照和情感性体验方面。这就使人的审美心理成为一种具有某种超凡脱俗特征的人类心理，或者说是某种具有超越现实而趋于理想的人类心理。这种心理的最主要表现，与其说是人用理想的眼光去看世界，还不如说是人用理想的眼光去提升了世界、改造了世界。对大学生的审美心理进行构建，除了教育大学生通过审美的眼光去欣赏外面的大千世界，更加关键的一点是，使大学生在更高层次上肯定了自身的存在价值和占有了自己的本质。这就是马克思所说的"人不仅在思维中，而且以全部感觉在对象世界中肯定了自己"的深刻含义所在。

　　审美培育的任务在某种意义上就是以建构审美的心理结构为核心的。确切地说，在人的心理结构中，它不是一个孤立的自我系统的审美心理结构，审美的意义只在于用美的光辉去照亮人的整个心理。柏拉图曾把愚昧的人类比作洞穴中长期不见阳光的生物，只有当人类走出洞穴，见到阳光，人才能真正摆脱黑暗，沐浴光明。缺乏审美的人类心理，就像深藏在黑暗的洞穴之中，愚昧狭隘、鼠目寸光；而审美心理的建构则把人带出黑暗的洞穴，感受到审美的日照。席勒曾经从三个角度谈到了人们的心理培育问题，美可以作为一种工具，使人们从感觉达到规律，从素材达到形式，从有限存在达到无限存在。其中蕴含的道理也正在于此。大学生只有在长期的审美活动中坚持不懈地塑造自己，不断地建构自己的审美心理结构，审美的力量才会逐渐地显示出来。

　　审美培育是人类诞生以来才出现的一种培育方法。站在审美的角度来看，我们可以这样认为，审美培育体现出的是人们生命的本真，也可以说是人们生命状态的凝结和提升，还可以说是人们生命前行的动力。所以，我们在考核对大学生进行审美培育的教学内容时，就必须以大学生的全面发展和人格完善为前提。

第二节 内容重铸

马克思主义告诉我们，社会意识是社会存在的反映。审美培育内容是一个多方面、多层次的动态系统，随着时代的发展、社会文化的进步、人的素质的提高，审美培育内容也必然需要不断地发展、拓展和更新。审美培育的内容只有具有了鲜明的时代性，才能增强教育的针对性、实效性、吸引力和感染力。大学生的审美培育，不只是要解决审美认识的问题，还要表现出社会、自然和人之间和谐共处、平稳发展的要求。大学生的审美培育在坚持一般内容的同时，还要进行内容的新时代重塑。

一、生态审美培育内容的重塑

（一）生态审美培育的提出

生态审美培育指的是使用生态美学的观点培育广大人民，尤其是青少年一代，目的是让他们具有必备的生态审美素质，通过使用审美的态度来爱护大自然、保护地球、关爱生命。这是生态美学中的一个重要成员，是生态美学发扬壮大的重要途径和方式。生态审美素养应该是青年一代和当代人民具备的文化素养之一。

自20世纪70年代以来，生态审美培育就成为了环境教育的一个重要部分，也可以说是环境教育的重要理论基础，生态审美素质指引了人类去爱护自己赖以生存的家园。从我国的实际情况来看，生态环境的保护迫在眉睫。中国是一个资源基数大但人均基数少的国家，中国人口有13亿，占据了世界总人口的20%以上，可是我国的土地面积只是世界总土地面积的9%；中国的森林覆盖率不足14%，是世界人均森林覆盖率的1/2；中国的人均水资源占有率是世界人均水资源占有率的1/4，中国北方的缺水情况尤为严重。在这种不利的情况下，必须要改变我国的发展模式与文化态度，实现又好又快的发展，用生态审美的观点去看待大自然。因此，生态审美培育在中国就显得很重要，这是我国实现生态现代化的必经之路。

（二）生态审美培育的基本内容

1. 生态审美培育的哲学基础

生态审美培育是立足于当代生态审美观点之上的，也就是将马克思主义的唯物论作为指导依据，在哲学文化、经济社会以及美学艺术的基础之上，把生态美学中关于生态现象学方法、生态存在论、生态美学的研究对象以及美学观作为生态系统的观点，将家园意识、诗意栖居说、参与美学、场所意识、四方游戏说以及生态文艺学等作为审美培育的主要内容；从生态审美培育的目标上来看，培育内容还应该涵盖广大的人民群众，尤其是青少年一代，培育内容需要包含诗意化栖居和欣赏自然的生态审美意识。

整体论生态观是生态审美培育的哲学基础。整体论生态观融合了生态中心主义与人类中心主义，构建起了一种和谐共处的人生观，是新时代生态文明的和谐统一，是生态审美培育和新生态学共同的理论支柱。

2. 生态审美培育借助的手段

传统审美培育所借助的手段是艺术，可是生态审美培育使用的方式不是艺术，靠的是生态系统中的"关系之美"，不是精神上的或者物质上的实物之美。事实胜于雄辩，自然界中就没有孤立的主观自然美和客观自然美。站在生态存在论的层次去看，人和自然是一种相互结合、互相融合的关系。除此之外，人和自然之间存在的是空间和时间的相互关系，构建起来的是一种和谐不分的系统，从来没有存在过互相对立的实体。上面提及的"关系之美"指的是人和自然在特定时间和空间中表现出来的美。

3.生态审美培育所凭借的主要审美范畴是"共生性""家园意识"与"诗意的栖居"

生态审美培育所凭借的是新兴的生态美学的有关范畴。它们不同于传统美学相互平衡的审美理念,是一系列和人的生活相互关联的新的生态美学。

首先,"共生性"是一个从中国古代就诞生的美学内涵,指的是人和生态互相融合、互相共荣、互相繁荣、互相成长。也就是人们所说的"有机生成"和"共生思想",这种共生思想是生态美学中的一个关键内容,也是生态审美培育过程中一定要具备的审美理念。

其次,家园意识。"家园意识"指的是生态审美培育过程中另外一个需要确立的美学理念。在当代社会,因为自然环境渐渐变得恶劣,人们的精神渐渐变得焦虑,人和人之间就出现了不和谐的现象,人们也开始有了失去家园的失落感。所以,在当代的生态审美观念中必须包含生态美学中最为关键的"家园意识",这个概念也正是在这种危机的情况之下提出来的。"家园意识"包含着自然生态和人之间的联系,其中涵盖着最为真实和深刻的生存之道。"家园意识"表现出了生态美学的理论基础,说明了传统美学和生态美学之间的关键不同点,进而成了现代生态美学的关键内容。"家园意识"抛弃了在传统美学中反映、认识外在形式之美的本质,并且将人的生活状况放在了最为核心的地位;和站在人与自然相互对立的认识论的基础之上相比,"家园意识"强调的是一种人和自然互相统一的生存关系,人并不是和自然毫无关系的,人和自然之间有着非常紧密的联系,自然给人类提供了一个生存环境和生活氛围,人类只是居住在大自然当中的一分子。

最后,诗意的栖居。很久以来,人们的审美意识中只会出现赏心悦目、开心快乐这样的字眼,再丰富一些会说到陶冶情操之类的,可是很少有人站在"诗意的栖居"这样的层面上讨论审美艺术和审美理念。在这里需要特别说明的是,"诗意的栖居"是海德格尔在《追忆》一文中提出的,在当时那个年代,"诗意的栖居"指的是工业社会,在愈演愈烈的工具理念中的人们的"技术的栖居"。他试图通过审美之途径将人类引向"诗意的栖居"。这样的美学观念和中国有着很密切的关系。中国古代社会强调的更多是在阴阳、天人以及乾坤中实现人生、社会以及生命之间的吉祥安康的目标，这和西方社会中的"中和美"以及"和谐美"是迥然不同的，这是"中和美"对于"诗意的栖居"的慢慢期待，然后成为了构建当代生态美学的重要资源。

二、网络文化审美培育内容的重塑

在当今社会，信息技术得到了迅速的发展，互联网几乎可以到达社会中的每一个地方。在教育界，随着数字化的发展，互联网教育和传统教育相比，会承担更多的信息传递、知识更新的责任，将互联网作为平台进而开展的教育改革是躲不过去的。在这样的信息化和教育现代化的社会背景中，大学生的审美培育开展也有了越来越高的呼声。可是，互联网文化夹杂着视像性、娱乐性、复制性以及商品性等特点，乘着新时代科技的东风，以不可阻挡的士气冲击着高等院校，当然也给大学生的审美教育敲响了警钟。在如今的互联网审美环境之下，大学生的审美意识表现更多的是求怪、求新、求变以及求异，这些是年青一代追求的对象和标杆。和社会群体相比，大学生在互联网中的参与程度较高，但是表现出来的多是蜻蜓点水，并没有更加深入地参与其中，这样导致大学生的审美情趣更加趋于世俗化和平庸化。传统的审美文化是不包含功利行为的，网络审美文化却通过虚拟体验性带来了商业化和功利化倾向，审美体验中更加突出的是欲望化。

迷幻的网络虚拟世界里充斥着各种诱惑，大学生们在面对这些状况的时候，需要养成正确的分辨能力与价值观，这样才不会误入歧途。

那么，如何帮助大学生建立正确的价值观与审美品位呢？要通过一系列的培育体系，它是提升新时代年轻人的精神境界，完善知识结构，拓展大学生走向更高平台的推动力。

（一）加强网络艺术的审美培育

我们要感谢互联网，它为艺术品提供了新的媒介，各种美学在这个平台上进行着传播和思想的碰撞。艺术品之所以能在虚拟渠道得以展示，是由网络的特性决定的。从此我们不再仅仅依赖于画廊、剧院等场所去欣赏艺术，动动鼠标就可以在线实现。网络可以利用数字化的方法去复制艺术品，模拟立体空间，可以放大或缩小它，还可以用不同的角度去观察它，可以一直保存下去，只要你想看，随时可以找出来调阅。依靠于网络，更广阔的人群可以接收到来自艺术品的魅力。

　　无论是传统的经典艺术还是新兴的艺术门类，网络都是它们有效的传播载体。它与传统的艺术形式不同，已然成为一种形象化的视觉消费品。依托于互联网这个强大的载体，个性化地表达创作主张，传播方式也更加公共化，这种新的样式与传统艺术特点相区别。作为普罗大众中的任何一个个体，都可以参与进去。范围涉及美术、诗歌、小说以及音乐，它与传统艺术强调技巧性不同，转而以数字化的方式，来表达创作者的灵感与思想。所以说，网络艺术本身就是对于审美中创造力与理想的极佳表达场所，既培养了艺术创新能力，又能体现个性化的审美理念。

　　可以说，网络艺术所带来的审美体验是机械复制的"类像"符号审美，是由"虚拟现实"这种数字技术拼合实现的，并且形成了无数个可复制的模板，它使自然与艺术的本源关系被数字化技术所代替，因此，有了艺术创作由个性化风格向类像的机械性复制所转变的过程。互联网环境之下所产生的艺术作品就是虚拟世界的视觉商品。网络艺术就像是艺术类的生物工程，每个片段就像是一串代码，数字化技术将这些代码整理成表面真实的虚拟物像，并将它作为实在的代码来代替真实的物像，使这些由组合粘贴而来的艺术片段代替艺术审美。如果说过往的平面设计、工业设计、服饰设计、建筑设计、商业摄影、广告招贴等是源于实在的物像仿拟(Simulation)，互联网上的"界面影像"，如Flash制作、卡通化的LOGO（标识语）、角色扮演(RPG)的影视剧和MTV、艺术贺卡，以及花样翻新的网络游戏等，则将"真实的虚拟"拼合成了"虚拟的真实"，它类似于转基因生物，表面看起来与传统生物没有差别，但实质上却是技术发展的产物，就像Fred Forest所说的那样，"它来源于无法触及的无形的信息技术"。网络艺术审美的培育范围有扩大之势。

网络文化是雅俗共赏的一个舞台。它的重要保障来自审美体验交流中的交互性。而对于艺术鉴赏来说，交流是必不可少的必要行为，而网络却提供了一个很宽阔的角度给我们，对不同的艺术形式，有着统一的艺术体验，每个人都不尽相同，网络交流繁荣了不同地区的文化知识，让学生们能够理解不同地域艺术文化的内核，对于同一艺术品，换作不同角度观察所产生的不同看法，极大程度上丰富了大学生的艺术审美层次。

(二) 科学搭建校园网络平台，推动大学生人格的审美化发展

网络文化在网络技术的带动中飞速发展着，它同时也影响着现阶段的教育学习模式。大学生审美培育的宗旨是良好人格的养成，校园网络在这个过程中起到的作用主要体现在校园网络艺术课程、校园网络艺术氛围和校园网络互动平台这三个方面。

首先是网络艺术教育课程。它是在新时代出现的新的教育资源，通过网页所体现并且通过网络来使用，不限时间不限地点。网络课程是按照一定的教学计划与教学方法组合起来实行教学活动的。网络艺术课程为学生提供了方便的学习系统，只要有电脑有网络，学生们无论在任何地方都可以在发布的艺术教育课程上学习；而另一端，学校利用现代科技打造的网络技术优势，制作一些优秀的教育作品，可以使不同种类的艺术作品得到直观的形象展示。那些距离我们较远的古董珍藏、戏曲艺术、音乐美术，都可以通过数字虚拟方式在这里得到极大程度的展现，可以说，网络课程教学的审美化设计，对于学生的美育教育起到了极大的推动作用。

其次是网络艺术气氛的制造。在过去，我们依赖于广播电视、书籍报刊这类传统媒介来培养我们的审美，相对来说信息知识量是很少的，并且内容的更新也很缓慢，对于学生来说吸引力也不是很大。而网络技术恰恰相反，它传递的信息量不仅巨大，而且更新还非常迅速，并且能做到资源信息的共享，每个人都可以成为信息的原创者、分享者和所有者，每个人都可以通过互联网来实现信息与资源的共享。经过严格筛选的信息被发布到校园网络上，它引导

着学生们的网络艺术教育活动。比如在校园主页上可以开辟教育专题，内容上可以将艺术、自然科学、中外精品文化都融汇进来，用声音、文字、图像等综合方法来表达教育见解，增加信息内容量。

最后是网络艺术互动平台。网络不仅支持点对点的交互模式，同时还支持点对面、面对面的多种形式，这与传统媒介相比优势显而易见，交流学习和互动的空间机会都更为广阔，学生们不仅是信息的接收者同时也可以是发布者，这些方式的核心在于参与性，不同的主体之间实现了有意义的交流。同时，教师与学生之间的关系也在发生变化，这些都是由于网络的交互性导致的，学习者与教育者两种角色在这个过程中不断转化，教师与学生的关系在信息的往来传达中不断变换，人与人的关系也在不断地升华。学生通过互联网接收到来自教师的教务信息，并且通过网络反馈信息给教师，教师接收到这些反馈之后，可以对他们的学习做出指正，可以更有针对性地引导学生去感知各种美的存在，这些来自艺术的熏陶对提升学生的审美层次以及信心的增加都有着很重要的作用。

综上所述，网络文化不仅是对艺术品的欣赏，网络中的美学内容要根据美学规律来设计，并且关系到大学生多方面的需求，比如学习、心理、性格等。学校的管理服务。在内容导向上要紧紧抓住审美培育的主题。网络上的内容非常有必要管理，特别是内含不良虚假淫秽内容等的信息，我们要净化网络环境，增加监管力度，为学生们的发展提供良好的环境。

（三）加强社会主义核心价值观教育，应对网络审美体验的感官沉迷

网络世界同时也充斥着大量的垃圾信息，既无广度也无深度，肤浅地充入人们的视野，年轻的大学生们的认识与思维被这些垃圾信息大量占据着，思考空间和想象力被剥夺占用，纯洁思想被这些污秽的感官刺激，长此以往，正确的价值观被各种外来目的不纯的所谓审美文化侵蚀着。要树立正确的大学生审美价值观，绝对不能摒弃社会主义核心价值观，无论是最有权威意识形态的马克思主义价值观，还是构建任何形式的价值观，都要务必提醒自己用正确的

思想指导去架设。在现代化的社会里，必须牢固树立社会主义的核心价值观，大学生才能在这样的环境中既拥有规范的基础价值系统的指导，又能在具体的社会生活和实践中发挥个体的不同价值，既能保持和谐的关系，又能创造健康繁荣的精神文化。

网络将艺术审美公开化，诞生了广为参与、信息共享的行为美学；网络文学结束了在文学传统意义上所认同的过去的时间美学，从而开创出网络空间的"活性"文学。微观来讲，网络艺术形式只存活于网上，被网民点击查看或是参与进去才能证明其存在，彰显着其生命力与价值。否则，都是雾里看花，海市蜃楼。这与传统艺术原子化的"硬载体"存在方式大不相同。数字信息时代将使"已经创作完成，存世于当代，并且不可以改变"的说法成为历史。给蒙娜·丽莎(Mona Lisa)脸上画胡子只不过是孩童的游戏罢了。在互联网络上，我们将能看到许多人在"据说已经完成"的各种作品上，进行各种数字化操作，将作品改头换面，但是应当把握原则：围绕"社会主义核心价值观"进行数字化操作，并能够结合当代主流审美文化进行解构与重构。

另外，在海量信息飞速膨胀的互联网时代，数字技术的应用将阅读变得更加便利，对于以图像为形式的传播已经远远超过了文字传播的速度。以文字为主要载体的传播方式格局被打破，所以产生了把互联网时代称为"读图时代"的说法，这种说法并不是空穴来风。以那些闻名于世的文学名著举例，遥远时代的经典文学被各种以图像为主题的版本所代替，原因就是图像更容易吸引读者，这是不争的事实。

对于科学的解释来说，在人类大脑所产生的初级阶段，视觉思维远远大于语言思维，这就是图像信息传递强于文字的原因。但是从表达效果来看，图片传递在文学内容的精神价值方面，远远落后于文字。如果长期依赖于图形，大学生们将会慢慢失去客观的思考判断能力，这让有价值的阅读慢慢趋于表面化，思维变得简单幼稚，从而导致审美能力降低与平庸崇拜的流行，文化消费逐渐演变成视觉消费，人们渐渐陷入肤浅的审美体验。客观地说，我们不能将这种无深度的审美方式归因于互联网时代的到来，但换一个角度来讲，的确是网络的流行带来了速食式的大众审美观,加速了后现代主义审美的进程,更使情感这一因素在审美体验中更具浅层化、平面化等特征。由此导致的泛审美交流意识也会将心理欲求作为唯一的审美追求,而拒绝挖掘其背后隐含的任何深层意义。

故而,在网络时代,更应当注重网络审美体验的表层感官沉迷现象的出现。

三、学科教育中审美培育内容的重塑

在整个高校教育中,审美培育既不可能一统天下,也不可能完全独立于德、智、体育之外。事实上,在学科教育教学中,只要体现出一定的审美特点,符合审美的规律,都可以成为一种特殊的审美培育活动。在高校公共基础课与专业课教学中,渗透审美培育的内容,通过各专业教师在专业知识的传授过程中,挖掘出具有审美性的内容,是对大学生进行审美培育的一种有效途径。

总之,只有坚持一切从实际出发,根据社会发展、学生自身的实际需要,不断更新和拓展大学生审美培育的内容,才能真正提高审美培育的针对性和实效性。

第五章 工科院校大学生审美素养多元化培育的宏观策略

第一节 和谐教育——主张和谐共处

审美人格是一种和谐人格，和谐教育才能带来和谐人格。我们用不同的角度来定义审美人格的发展，这是一种抽象的对审美人格发展的科学研究结果。在我们的教育实践中，任何片面的只专注于某一领域的教育都是违背审美人格的发展规律的。苏霍姆林斯基曾说过："一个和谐的个性是全面发展的理想个性，不具备和谐的教育工作就不能得到和谐的发展。"换言之，教育过程中的每个独立的元素之间相互作用、相互协调才能构建成和谐教育。我们从教育的方式和内容这两个维度去研究和谐教育这个概念。教育的内容和方式都称为和谐教育。所以，多角度和多途径的教育是和谐教育的基本内涵。如果这个条件不具备，和谐教育就不复存在了。单一维度的教育（不限于内容）和单一形式的教育（不限方法），只会引起受教育者不正常、不健康的发展，这不是我们所提倡的和谐发展。同时我们也强调，和谐教育并不是多方面的教育内容与方法的简单堆砌，而是一套有章可循的配合模式。

一、和谐教育的目标：协调精神属性

协调人们的精神属性在审美人格建设中有着很重要的地位，人类的理性、感性和非理性三种情感在人格行程中要同步发展且形成一个和谐并存的整体。因为大多时候，人的行为会摆脱理性的约束，感性和非理性会冲击到人类情感，在人类的精神属性中，感性、理性与非理性都是很重要的部分，体现在我们人类全部活动的方方面面。

（一）感性与理性的协调

感性和理性两种人类情绪的协调发展，是通过和谐教育来实现的。"感性与理性共同作用于人类文明，两者的存在是人多向性的保证，而且人类用两种形式创造了文明，即主体性和创造性。"两者的关系独立而又统一，"两者互相作用来获得现实性，但是如果感性战胜理性，或是理性战胜了感性，就是对人类自身的摧毁"。

我们并不是要排斥和轻视理性思维教育在教育发展中的重要性。在推崇感性教育的同时并不是反对理性。如果一个个体充满理性没有感性，则是机械僵化的；与之相反，一个个体充满感性而缺乏理性，那么会陷入简单的脑循环当中。所以，我们提倡的是理性不能在教育中占有所有的资源，是必须要给感性教育腾出一席之地的。这样做是有原因的，一方面，如果没有感性能力的支撑，理性思维的发展就断了根基，没有强大的基础作为支撑；另一方面，感性可以为理性提供思想源泉，并且还存在自身的价值。从基础层面来说，感性思维水平较弱的人，是不圆满的，在生活中一定会很单调很机械地做事情，既不充实也不完善。

在现阶段，教育的一个很重要的任务是解放天性，即把人的感性方面从理性所产生的压抑情绪中释放出来，这也是教育的一个重要任务。我们要打开大门，给学子更多的机会和空间去发展感性能力，灵魂在这种释放中得到伸展。这样做的一个前提是，离不开理性思维的引导和支持，不然它也无处生根。所以，在我们的教学研究中，不能失去理性的内涵，不能缺乏所需要的情感。感性与理性两者相辅相成，和谐统一。

（二）理性与非理性的协调

理性与感性两者相互协调，相互统一，缺一不可。这是因为在世界上的万事万物中，个体以充沛的精神情绪而存在着，任何个体的全部行为（包含非逻辑层面）是在行动中获得相应的经验值的。

实际上，无论是非理性还是理性，两者的内容和表现形式都有着千丝万缕的内在联系，既相互促进又相互影响着对方，非理性对理性的作用是调节和补偿，理性对非理性的作用是支配和指导。当今流传着一种说法是，现代的非理性主义是反对理性和科学主义的，不排除这是一种合理性，但我们要控制自己避免走入不同的极端，两种思想类型之间是不能被替代的。诞生于现代的诸多科学技术成就依赖于理性思维，为我们开创了现代社会的各种文明。另外，感性本身就有着两面性，积极的一面是推动着人类知识和实践活动，消极的一面也会阻碍这两者的发展。人类的感情有着庸俗与清雅，心性上有着善与恶。这些庸俗的、不合理的、邪恶的心性，阻碍着社会的发展。如果要解决它们，只能利用理性这一工具，对其加以引导和调节。

对理性的认识也存在着诸多偏差，比如理性的错误在于排斥感性和非理性所产生的价值，而不是重视理性。我们想让普罗大众更准确地理解科学和理性，而不是放大和迷信科学和理性带来的作用。无论是哪种意识形态都具有两面性，既有好的一面也有不好的一面，生存或是毁灭，成长或是灭亡，都是可能发生的。除此之外，其他非理性因素的价值也是存在于科学和理性之外的。否定非理性的方面，无视情感的需要，都会导致人的片面化。换句话说，反对不等于排斥，无论是过去、现在还是将来，科学和理性一定是人类社会进步的重要因素。因此，发展人的理性同样应当成为审美人格建构的重要内容。

理性与非理性是同时存在于人的精神属性中的。非理性是社会精神生活的一个特定方面，人类所特有的非条理化、非规范化、非逻辑化、非程序化、非秩序化的非理性因素影响着人类的行为，调节着人类的生活，在这个过程中扮演着举足轻重的角色。这样看来，理性是人格的一部分而不是全部。非理性因素在构建审美人格的过程中也很重要，情感是构建非理性因素的重要组成部分，人格中没有了情感，也就不会美好。如果情感与理性能够强强携手，理性的作用将会发挥得更好。没有了情感，理性支撑不起大局，将会变得没有灵魂，聪明的人会让这两个因素保持平衡，老式的做法寄希望于让理性完全挣脱情绪的束缚，而现代的新方式则使两者和谐共处。

情感因素的确具有重要的作用，它是人类活动的巨大精神力量。这种力量的有无，不仅是活动持续进行的必要条件，而且在关键时刻还可以化为巨大的物质力量，并决定着活动的成败。没有情感的推动，理性就会变成僵死的形式。对于理智来说，"情感的骚动也许是必不可少的中介，只有通过它，才能打破一种构造严密的然而在较大的人类范围内是不合适的有关事物的理智图式；才能解除它对人们的视野或看法的束缚"。因此，"教育的一个特定目的就是要培养感情方面的品质，特别是在人和人的关系中的感情品质"。当然，对于情感也应当有全面的认识。情感有时也会产生消极的作用，一旦出现这种消极作用而不给予引导、调节和控制，情绪、情感就会变成一匹脱缰的野马，难以驾驭。这说明，情绪、情感的作用有时也会变得任性而放纵。这就是说，情感有好的一面，也有坏的一面，情感教育的目的就是发挥好的一面，抑制坏的一面。通过情感教育可以使人的情感得到优化、净化和纯化。

因此，在打造审美人格的时候，不能粗暴地抑制人类的欲望和感情，要让它们获得合理的发挥，得到正确的发展；还要控制事态的发展不可以放任自流。在正确的途径下表达情感和欲望，在理性的监管与规范中前行，让情感发挥更大的空间。

二、教育内容的和谐

学生的需要是多方面的，教育有责任满足他们对现实生活丰富性的需要。理性教育、非理性教育与感性教育的协调和统一是和谐教育的体现，这三个方面相辅相成、缺一不可，每个因素各具价值又各具局限，对一种价值的抬高不是靠贬低一种价值实现的，不然就造成了片面的教育，让人格的发展失去平衡。

（一）加强感性教育

很久以来我们大多时候忽视了感性教育在整个教育体系中的作用，那么现在我们所倡导和谐教育首当其冲要考虑的问题就是加强感性教育。一个人的感知能力是他的主观世界与外部世界所联系的第一道门，来源于外部的一切感官刺激需要通过这扇门走进我们的内心。千人千面，人与人之间千差万别，首先就是通过感受力体现出来的，在某种程度上，感受力可以看作是测量一个人生命力度强弱的重要标志。因此，感性在人类的审美人格塑造中有着不可替代的作用。

感官是最先成熟的器官，所以我们要首先去锻炼我们的感官。可是它却是最容易被人们忽略和遗忘的。所以，卢梭提出要增大感官教育，他说："我们并非只是使用感官即称作锻炼感官，取而代之的是要学习如何正确地判断，学习怎样去感受去听、去看、去触碰它，只有通过学习，我们才可以得到。"人的感官如果长期不去感知，将会变得迟钝，并逐渐退化。

人类感官体系的发展离不开艺术教育，著名学者林语堂曾经说过："艺术可以使人变得聪慧，让人类的天性和理性产生关系，将远离于生活的已经被自身损毁的部分重新聚集起来，从而形成一个整体。"艺术是我们感受身边事物的方式，是感性存在的。著名画家达·芬奇曾说过，"图画教会了我们去看的能力"，意思是，如果我们懂得如何去描画，可以帮助我们更好地去感受周围的各种美好的事物。简单来说，在画画的过程中，我们可以更准确且迅速地判断事物的颜色、运动、形状和空间。事实上，任何艺术最先做到的是影响着我们的感知，艺术有不同的种类和风格，所以感知的形式也是不一样的，这并不是一件坏事，正是这样的多样性，是人类具有感性世界或感官经验的生命之光。

总之，感觉敏锐，想象才会丰富，思想才会深邃，创造力才会活跃。教育可以以如何让学生们的感觉器官敏锐起来为目标，去刺激、磨炼学生们的感觉器官，这样可以更好地摄取和释放生命的能量。

（二）理性教育与非理性教育相结合

理性教育着重于科学技术教育，非理性教育重点在于人文艺术教育。文学与科技是人类社会进步和发展的两股重要的力量，所以我们对两种教育都要重视起来，科技带给我们生活巨大的便捷，文化带来情操上的陶冶，对两者的重视要等同，不能顾此失彼。

理性教育的意义是不容否定的。近代以来，科学理性教育在整个教育内容体系中一直占据着重要位置，成为学校教育的主要内容。由于对理性教育的过分强调及对其他教育内容的忽视，因此而招来了各种批评和指责。但是我们不能由此而走向另一个极端。美国学者保罗·库尔茨（Paul Kurtz）说过，"尽管科学理性不是普度众生的万能钥匙，却也是一个伟大的工具"。"我们都知道科学和理性是不可能去解决我们遇到的所有问题的，但是我们可以说，人类知识体系的大部分贡献都是由理性和科学带来的，他们使人类的福利，没有比它更好的方式去培养人类的理智"。正是在这个意义上，《学会生存》一书指出："科学训练和培养科学精神看来乃是当代任何教育体系的主要目的之一。"

人的文化修养可以体现在方方面面，人文艺术沉淀得越多，能让一个人越豁达，情感更丰富，对客观世界的认识也会越深刻。对于我们的道德标准、好的品行的形成、意志力的提升、审美能力的提升，都有着极大的作用。但是近代以来，由于受到理性主义教育的冲击，人文艺术教育一直没有取得应有的地位。早在20世纪初，进步主义教育家就对唯理智主义教育提出了批判。他们对当时教育的不满首先是对唯理智主义的抗议，对学校过分关注心智培养的抗议。新时期，教育学家的评价并不是片面地强调成绩，他们鼓励学生运用科学的方法将心智提升到一定程度来解决各种问题，这样培养出来的学生是相对完整的，有着强烈的责任感，有自己的爱好与思想，是有血有肉的。英国科学家赫胥黎也指出："各种文化形式存在于自然科学之外，要始终记住这个事实，不能一味强调科学的作用而降低对文学艺术与审美情绪的培养，这样是狭隘的。这与我所坚持强调的要把一种全面的、完整的科学文化引进学校的结论背道而驰，是不可取的。"赫胥黎把知识性的学科分为两类，即科学与艺术。凡单凭推理功能研究的东西，归入科学；凡可感知的、激起情绪的，属于审美范围的东西，纳入艺术的范围。赫胥黎是很辩证地看待自然科学与审美艺术在学校的课程体系中所处的位置的，内容是不能片面地只重视自然科学而忽略人文学科，教育的任务就是把两者分别结合起来授予学生。

　　人文艺术教育与科学教育要结合起来是被很多如今的思想家和教育学者所认同的，要让它成为一个完整的教育体系。这两者所谓的结合并不是简单地叠加，也不是一个粗浅的哪个学科要占比多少的关系，它的本质是这两种教育形式要相互统一并且逐步渗透。英国教育家怀特海（A.N.Whitehead）在《教育目的》一书中指出："技术课程、科学课程与文科课程是一个国家教育体系中最主要的三种方式，这三者之中的每一个学科都要涵盖其他两种学科的内容……这三种形式的教育都需要向学生们传播科学、技术和各种常识知识的定义和低于审美的鉴别能力；学生们在任何一科目内容下所得到的知识都应该是其他两个方面知识的补充。"随着科学技术的飞速发展及其在人类各个领域中的广泛应用，在以人类为主体的社会进程中，我们务必要强调科学技术发展以及其所带来的应用中的社会问题，比如如何对人口进行有效控制，在发展的同时如何实施对环境的保护，以及科技在应用范围的广度和深度等，除此之外，还要灌输人类对自然对生命的探索和热爱。因此，科学技术与人文艺术等门类的教育内容应该得到整合统一。这种教育兼备人文与科学，以科学为基础和手段，将人类对自身的解放和完善放置到最高标准，以达到促进人与自然社会或是人与人之间的和协统一。所以，这样一种新产生的教育观念是人文与科学的有机整合，是人类的智慧之光，代表着人类教育发展的方向。而时下我国的教育新情况，应该在稳定科学技术教育的前提下，积极地提高人文艺术教育的位置。

三、教育方式的和谐

　　将课堂教学与体验、阅读、交流、活动等多元的教育方式有机结合起来的教育形式我们称为和谐教育。在理性主义教育模式下，课堂教学占据着绝对的主导地位，其他教育方式大多成为一种点缀，这是不正常的，也是不合理的。学生不能只是接受一种教育方式，即使是一种好的教育方式，如果没有其他教育方式的配合，久而久之也会使人难以忍受。因为一种教育方式只是一种刺激，它会使人产生迟钝感和麻木感。学校的精神生活如果只限于课堂教学这种形式，那么一个学习者将丧失对学校教育的好感和期待，因为这样一个地方传达出来的情感是枯燥、乏味、单调的。只有在学校充满生机蓬勃的多方面的精神生活指引下，学习生活才能变成一种自觉自愿、引人入胜的活动。因此，教育方式应当有变化，应当追求多样化。多样化的教育方式会使学生得到新鲜的刺激和感受，从而可以达到充实和活跃生命的目的。

出于某些目的，人类开展了多种多样的限时活动，是发自本心的具有改造性的，所以人类的基本活动都有着实践的意思。在教育学的领域里，活动是指人的现实活动过程，它具备人类实践性又具备个体活动性，以人类的生产劳动为前提的各种形式的活动的统称。这里所说的活动，是指除书本知识学习以外的活动形式。来自于书本的学习是脑力活动，这里的活动是指通过身体力行开展的动作性活动。当然这只是就主要方面来说的，实际上任何活动都是动脑的同时又动手的活动，不存在完全脱离动脑或完全脱离动手的活动。这里因为当今的教育过度地重视脑力活动，在这里我们要强调将脑力活动与体能类的互动两者有机地结合起来，学生才能得到和谐的发展。现在学生普遍存在动手能力弱的问题，这是教育长期只重视动脑活动而忽视动手活动的必然结果。

第二节 个性教育——彰显个性特征

个性是审美人格的重要特征，而个性化的养成需要依赖于个性化的教育模式。个性化是与模式化的教育相对的一种教育形式，在模式化的教育观念下，学生的个性被看作是不好的问题甚至是缺点，想方设法要将其纠正和消除；而在个性化教育的思维中，学生的个性被看作是宝贵的财富，教师们通过自己的努力希望更多地挖掘这种个性潜力。换言之，个性教育是正面看待学生的各种不同角度的特点，并予以发掘。从本质上来说，是扬长，而不是避短。从中去发掘学生的优点并加以利用和鼓励，这是个性教育的核心观念。

一、个性教育的目标：发展个性特征

在教育过程中使人格各要素全面协调地发展是必要的，但这并不意味着可以否定个性的意义，并不意味着各方面发展是绝对平衡的、整齐划一的。美国教育家布拉梅尔德（T.Brameld）说："人类把自身看成一个整体，同时，在这个整体中仍然尊重和鼓励多样化和多元化。"我们在促进学生发展全面协调的同时，也要承认发展的不平衡性，并且应当把这种不平衡性看作发展整体性的一种表现形式。正是个体各方面发展的不平衡性，才构成人格发展的个别差异和个性特征。马克思曾经说过："无论人们是否意识到，人类的社会史永远都是他们的个体发展史。"中国古代先哲对此也有深刻的认识，在关于"和"的论述中，有意识地对"和"与"同"做了区别。"和"而不"同"，"和"不能成为消灭个性的口实。这一思想的现代意蕴在于：主张和谐共处，同时又不否定个性。人类的本性是以无限丰富的个性为内容的普遍人性，它必须以个人的独立性为前提，只能是独立个人发展的结果。

在教育中重视个性发展的内在原因在于，与社会性一样，个性是人生带来的天性，它是真实存在的，每个人都是一个特殊的风景，具备与其他人不同的感知能力、思想以及丰沛的情感。因为每个个体的差异都有着天壤之别，所以我们要尊重这种个性的存在，每个生命都需要被重视。如果在教育中无视主体的个别差异，用一个模式、一种标准去限制原本具有多样特性的个体的发展，这是与人的天性相违背的，也是不人道的。从宏观角度来讲对于社会，从微观角度来讲对于个体，人的个性发展都具备重要的价值。从个体角度而言，只有在别人达不到的领域取得优异的成绩，体现出自己区别于他人的技能，从中得到成功与自豪感，这个个体才能体会到真正的属于人生价值的乐趣。反之，如果一个人在生活中都很平淡无奇、庸庸碌碌，他就会沉溺于自己的自卑、苦涩与焦灼，在失败感的折磨中无法自拔。并且，任何一个人的独一无二性也是促使这个社会前进发展的重要来源。

如果说社会的进步取决于哪些因素，那一定是最大可能地去挖掘和发挥每个独特个体蕴含的特有的潜能，这些个性的个体组成了一个个个性的社会群体，充满着生机与活力，这是社会前进的内在推动力。个性解放也是人类的解放，个性的发展也就是社会的发展。只有多样化的个性和无数个人的独特性的发展，才能构成一个五彩缤纷、生机勃发的文明社会。

需要说明的是，我们所提倡的个性并不是独立存在的概念，一个良好个性的达成必须是以其社会属性为基础和前提的。一个人之所以称为真正独立的个人，是因为他能合理地利用资源，把这些资源转化成自己的能力，把由群体创造的社会财富转变成自己能够分享的财富。换句话说，要充分地把自己与人类的群体活动相结合、将自身转化成这个社会集合力量的化身，这样就可以成为独立的个人。在个人与集体、个性与共性的关系中，科学家爱因斯坦有着自己独到的见解。他曾经说过："学校应该致力于培养学生对于社会产生公共价值的品质和能力。如此说来并不是要毁灭个性，将个体沦为集体的工具。如果群体当中的个体不具备标准化的目的以及不具备相应的创造性，这个被组成的集体也会很不幸，便丧失了持续向前发展的可能性。与之相反，我们要在学校教育中培养学生独立思考的能力与习惯，将集体服务作为最高的生活目标得以实现。

综上所述，人类的个性化与社会化组成了审美人格。人们在特定的社会关系中摸爬滚打形成了一套目的相同的思想意识与行为方式，即为社会化，那么个体在社会关系中通过独特的自我特征形成的行为方式与思想意识称为个性化。个性化与社会化的发展方向相仿，前者是由普遍性向特殊性发展，后者是从特殊性向普遍性方向发展。前者的重点是共同，后者的特点是差异。

总之，只有充分发展个性，才有丰富的共性。共性寓于个性之中，个性的单调会导致共性的贫乏。因此，在审美人格建构中，应当重视独立个性的培养和发展。在教育中应当积极地对待学生的个性，努力发展其个性特征。学校教育应当为学生个性的成长和发展提供有利的条件和充分的机会。

二、时代主潮：强调个性教育

个性教育的思想与实践，在古代就已存在。在当代，强调个性教育更成为重要的潮流和趋势。在我国，早在先秦时期，孔子在教育中就提倡并实施过个性教育，所谓"夫子教人，各因其材"，说的正是这个事实。在西方，文艺复兴时期，个性教育也受到人们的重视。斯宾塞曾经说过："我们要在发展的过程中鼓励个性化的成长，在教育中要极力体现这一点。"赫尔巴特曾要求把学生的个性作为教育的出发点，要求在教育中突出学生的个性，并且强调要尽量避免侵犯学生的个性。为此，他还特别要求，"教育者要对学生的发展特性负责，当发现学生的行为与当初的计划有偏离时，他应该谨慎地考量当初的规划甚至放弃"。他呼吁要让学生的个性具有鲜明的轮廓，乃至明显地展露出来。

苏联也有不少教育家倡导并论述过个性教育问题。马卡连柯（A.S.Makarenko）、苏霍姆林斯基以及"合作教育学"等就是其中的主要代表。马卡连柯坚决反对模式化的教育，认为这种教育"使所有的人整齐划一，把人嵌进标准的模型里，把人培养成一套狭窄的类型"。他强调说："如果教育是一条生产线，那学生就是不同的生产材料，通过加工打磨，制作出来的'产品'也是多种多样的。每个人的个性品质在加工设计中能够演变出很多变化莫测的形态。"为此，他提倡教育者设计出一种方法，"让任何一个个体具备发现和发掘自己个性并且遵循个性发展和前进的可能"。苏霍姆林斯基呼吁教育工作者要学会发现每个学生的优点，哪怕是在智力水平发展上有困难或是较为平凡的学生面前，都能为他的精神发展打开一扇大门，在这个学生能企及的领域里达到自己的人生巅峰，来体现自己存在的价值。为此，他要求学校创造丰富多彩的精神生活。"每个学生都能在学校丰富的精神生活中丰富自己以找到自己的闪光点，将每一个学生体内的独特人格唤醒，这就是学校精神生活的意义所在"。苏联一批教育改革家提出的"合作教育学"对于个性教育也给予了充分的关注。他们更加在乎人个性的发展，批判性地看待"标准化"的思维模式存在于集体之中，他们认为，"教育学应该成为尊重个性发展的合作教育学,而不仅仅是智力发展的教育学"。

具有重要影响的联合国教科文组织教育丛书,如《学会生存》《教育——财富蕴藏其中》等,也一再强调要重视个性教育。《学会生存》一书中写道:"使人类变得更美好是人类发展的目的;去丰富人类的性格,传递多种表达方式;当这个个体作为一个独立的个人,抑或是作为一个家庭或是社会组成成员出现,或作为任何一个社会角色,都有他独立的价值与责任。"在《学会生存》一书中,之所以要重视个性教育,是因为人作为教育的主题,在一定范围内,仅仅是一个很普通的人——在随意一个时间和地点都是一样的。所谓特殊的人,同时也是具体的人。一方面我们用客观与理智去理解这个普遍性与特殊性共存的世界,另一方面用感性化的一面和思维方式存在于悠悠众生之中,创造着价值。这本书还说道:"一个具体的人是一个学习者,他有着和别人不同的过往经历。在他生命的时间里,与他相伴的个性由在他生长过程中的每一个节点所组成的或大或小的事情所决定。这些组成个性成长的原因有可能来自社会,来自其他生命体,来自不同的国家与文化等太多的因素。对于任何一个人,都是不尽相同的。在我们研究教育的过程中,一定要考虑这一点。"正是基于这个理由,《教育——财富蕴藏其中》一书特别强调个性化的教育原则:"尊重个人的多样性和特性是一个根本原则,这一原则应摈弃任何标准化的教学形式。"

三、个性教育的实施

长久以来,我们的教学模式都是"一个老师、一板黑板、一群学生",这种传统形式存在太多的不足。这种形式最大的弊端是不能因材施教,不能让学生的个性特长得以施展。加之目前每个班级学生量很大,个性化教育也很难实施。条件如此,解决的方法也理应如此,这是不能逃避的。这不是一个简单的课题,个性教育的实现要从很多层面得以讨论和研究才能行之有效。

(一)树立正确的态度

有三种师生态度长期存在于现在的教育实践中:一是一部分老

师不能正确地看待学生的特殊个性,并把这种个性散发出来的行为进行限制和否定。因此,个性这个词被定义成了贬义,比如当这个人与其他人发生矛盾时,往往被冠以"个性太强"。对个性的不容忍,并以同化对方为目的,希望这种个性回归到自己所认为的"常态"中来。二是消极地对待,既不肯定也不否定,能够接受,但是也不鼓励。三是积极地对待,这样的老师会将学生与生俱来的个性作为珍贵的资源加以保留并且开发挖掘,让其更有广度的发展。

就像洛扎克(Theodore Roszak)所指出的:"我们带着完整的没有开发的、无法预测的个性进入学校中。教育旨在显露我们的个性——显露个性之最美;认识到个性是我们人类最潜在的资源,是人类的真正的财富。"一直以来,大部分老师是以第一种方式来对待学生的,只要与自己的观点不一致,就对学生的思想和行为加以否定和打压。本书的观点是,教师要认可每个不同个性的存在,即意识到每个学生的特点,能够认可个性存在着一定价值并且也是学生的权力,并用合适的方法促进这种个性的发展。

(二)实行小班化教学

大量的调查研究表明,班级容量小的教学对学生的个性化发展具有更好的作用。小班制授课时教师更能关注到每一个学生,且能创造更好的课堂氛围,学生们也可以在这样的气氛中更好地发挥自我,进行个性化的学习,这是大班制授课达不到的效果。有一本书叫作《课堂生活》,其中描述了在拥挤不堪的教室中学习给学生带来的不良影响,书中认为在这样的课堂学习会使学生厌学、拖延并且专注力也会变差,所以一个班级的人数多少不仅影响的是学生的成绩,更会产生心理上的新问题。举例来说,如果一个班级学生数量太多,那么每一个学生与老师单独沟通的时间就会变少;如果是在人数较少的班级则会有很大不同,全部学生都会被老师的目光所关注到,平均分给每个学生的时间会更多,学生发生走神的机会较少,冷淡、摩擦以及挫折等现象也相对较少。卡亨(Cahen,L.S.)的研究表明,小班制授课的条件下,师生之间的互动会更活跃更频繁,能更满足学生们的需要。

并且，一个班级里学生人数的多少会对教师的"教育关照度"产生影响。一个班级中，教师对学生的关照程度称为教育关照度。按照教育关照度的理论，如果教师分给每个学生同等教育的话，关照度分配给每一个学生的程度是相同的。学生所获得的关照越多，老师和学生的互动机会就越多，那么说明关照指数越大。在小班制授课当中，学生们能表现出比在大班授课状态下更积极的表现力，如果班级人数越多，人和人之间的情感联系就越微小。班级人员之间的沟通方式也会因为人数多少而变得不同。人数越多，每一个学生之间的交流频次就会降低，那么对于互相之间的认识也就越少。相反，人数少的班级，学生之间、师生之间产生互动和交流的机会也会增多，学生得到教师单独辅导的时间也会增多，对学生学习兴趣的提高以及学习态度的改进完善有很大好处。

（三）开发学生本位课程

从课程层面看，实施个性教育应当开发学生本位课程。苏霍姆林斯基曾经形象地指出："在学生只有真正喜欢自己所学的专业才能更好地在自己的领域中奏响学习的进行曲。如果学生对自己的学科不喜爱、没有兴趣，那他的精神生活与学习生活就是不饱满的。"所以，苏霍姆林斯基倡导，"学校里的教育不要泯灭学生们的天性，我们希望每一个学生都能做自己喜欢的事情，我认为，要完成这个任务，一个重要的策略就是研究以学生为核心的课程"。

以学生为核心的课程是指根据学生的个性特征为出发点设计出来的课程体系，可以由教师和学生共同参与完成设计。也可以是学生自己在教师的帮助下完成。这种个性化课程在定制的过程中首先是了解学生个性发展的特点。它与其他课程不同，是经过独特的设计的，通过这个过程把课程体系的设计自主权交到了学生一方，有了教师的配合指导，学生自己来设计学习方向、明确目标且采取实际行动去实现该目标。从而达到对自身多方面能力的提高与成长。

学校课程、地方课程与国家课程组成了目前我们国家现有的基础教育课程。在这个课程体系的改革和开发过程，就是以国家课程为基础逐步指向教育情境、资源和学生学习需要的过程，反映了课程改革从上到下、从宏观到微观、从普遍到特殊的建构过程。不可否认，地方课程和学校课程的开发具有重要的意义，前者能满足当地经济与文化发展对人才的需求，后者体现了学校的教育特色和人才培养的优势。三级课程的研究方向针对的是共性要求，在针对学生个性特征方面的关注还远远不足。共性要求当然是重要的，不容否认的是仅仅停留于此则是没有理由的。在原有的三级课程基础上开发四级课程，就是我们前面提到的学生本位课程，这是要全面照顾到学生的特殊性。课程结构在保证教育共性要求的同时又能顾及个性的个体特点和需求。上至国家下至地方、学校，这三种传统的课程形式重点在于关注学生的普遍性要求和最基本的学习能力。而个性化课程更偏向学生的个性特点和需求，引导学生自己来搭建适合自己的学习模式，以便于学生发展。

将学生的个性发展作为价值导向以及逻辑起点的课程称为个体课程，对于促进学生的个性化发展起到非常积极的作用。在很多情况下，学生独特的兴趣、爱好和特长，在传统的正规课程中难以得到培养和发展，即使开设选修课、活动课，也不能真正解决问题。要真正照顾每一个学生的个性特征，来适应学生的特殊需求，让目前的教学适合每个学生而不是每一个学生都来适应现有的教育。这将寄希望于个体课程的研究与开发。丰富的精神需求组成了人类极其复杂的精神世界，对待学生的教育方式我们不能"一刀切"，根据学生特点采取针对性的教学模式是我们的宗旨。

第三节 自由教育——增强乐观属性

自由教育是孕育自由人格的摇篮，自由的人格只有在自由的环境和教育中才能得到培养。强制性教育只会使人格陷入封闭、狭隘与畏缩，而自由教育则会使人格走向开放、广阔与高强。自由教育主要有两种含义：第一，所谓内涵是从教育的内容特点方面而言，这种自由教育有很多种说法，比如通识教育、普通教育、博雅教育、文雅教育、通才教育以及普通教育。这种教育形式相对来说比较概念化，以提高人的基本修养，明达心智，与使用教育相比有很大差异。

第二，所谓内涵是针对教育的性质与形式而论，是与强制化的教育相对而言的，使学生作为学习的主人，不被强制地学习，在这里，我们主要讨论的是第二种，在非强制教育下去探讨审美人格，从更为积极的角度来说，自由教育培养的是学生自由的思想与能力。

"将人从充满着束缚、偏见与狭隘的领域中解脱出来的教育，称为自由教育"。在教育过程中，学生是学习、认识和发展的主体。我们可以为学生提供很多学习条件，但是绝不能强制学生去参与某些活动。

一、自由教育的目标：扩充自由程度

人类文明的发展史是不断地挣脱一个又一个压迫来获得自由的过程，因此，自由是人类生命为之奋斗始终的最高理想。而大学时期的在学校之中的教育也理应是自由教育，切勿在教育中施加强制措施，可以使学生更加自由地发展。那到底什么是自由呢？简单地说，自由是指自己能够做主，成为自己的主人。自由主要包括意志自由与行动自由两个方面。意志自由是指主体认识客体、设计目标、决定行为的能力，它是自由的主观状态。行动自由是指依照意志自由的决定支配自我活动，以达到设计目标的能力，它是自由的客观状态。自由作为自我活动的主人，是由意志自由向行动自由不断转变的过程，它是主体本质力量的表现，也是人的本质规定。为了更全面地认识自由教育的目标，有必要对与自由有关的几对矛盾做进一步的辨析。

（一）自由与限制

自由是相对于束缚、拘束、规范、纪律、限制、专制等而言的。美国学者里奇拉克认为："自由就是没有拘束，有多种抉择，不受固定的行为进程的限制。""自由总有一个'或多或少'的问题。在讨论自由时，我们实际上关心的是加在我们行为之上的限制的类型及范围。限制越多，自由越少。"自由固然与限制、纪律、规范等相对，但是自由并不否定或排斥任何限制、纪律和规范。

自由不等于放任自流、为所欲为，更不意味着无法无天。在

《1844年经济学哲学手稿》一书中深刻说明了人受动与能动的关系："人存在于自然界之中，是以生命体的形式而存在的，它有着天然的自然属性，以能动形式而存在，这些能力是与生俱来的，也是人类的本质欲望；另外，与植物相同，人也是被动地受制约地存在于自然之中，他的欲望对象是作为不依赖于他的对象而存在的。"所以，自由并不应简单地被看作反社会的要求或不受管辖的要求。自由不是混乱的体验，也不是愚蠢的浪费。自由是被理智地培育起来的艺术。无节制的人自己不是自主的，与他人的关系也不是文明的。自由和道德是共同发展、相辅相成的。在判断能力和行为能力成熟之后才会有完全意义上的自由。有秩序感的行为是自由的前提和基础。遵守纪律、遵守规范则是秩序的最基本表达方式，如果没有秩序的存在也不会有自由。规范与自由绝不是两个彼此排斥、对立的概念。唯有有了前者，后者才有可能。如果不存在纪律与限制的话，并不意味着自由越来越多，相反会越来越少。所谓自由是相对而言，而且也没有绝对的自由。千万不要去追求绝对的自由，这会带来绝对的屈从。这是因为，"欲望在没有任何制约的时候，就会变得不可理喻，这些倾向的第一个受害者正是那些能够体验到他们的人"。

（二）自由与必然

必然指的是客观事物的规律，亦即事物内在本质所规定的联系或必定的发展趋势，人们对客观世界进行着改造并且对自然存在着认知，这就是自由。当人们对事物的客观规律茫然不知时，是处在一个较为盲目的受支配的地位。当每一种规律经过时间的打磨被人们认知后，便会让人类产生利用它来改造客观世界的行为，这时人们就获得了一定程度的自由。必然和自由是辩证的统一，形而上学把必然和自由机械地割裂开来，或者强调绝对的必然，导致宿命论；或者强调绝对的自由，陷入唯意志论。

英国哲学家培根曾经提出过"知识就是力量"的著名论断。从自由与必然的关系这个角度看，这一论断是有道理的。一个人拥有知识，认识了客观规律，因而也就拥有了驾驭自然、掌握自身命运的力量。掌握了知识意味着拥有了自由，相反，愚昧则意味着被奴役。无知的人是不自由的，他时时处处都会感到束缚和限制。有知识、有能力的人才会较少受到束缚和限制，他才会有更多的选择和自由。斯宾诺莎就是将自由界定为人对必然的认识。他强调事物存在的因果特性，认为在自然中没有任何偶然的东西，凡被认为是偶然的东西，实质上属于知识未及的对象，一旦人们对它有了认识，就会发现偶然背后存在的必然。对自由与必然的关系，荷兰哲学家斯宾诺莎描述道："凡是仅仅由自身本性的必然性而存在，其行为仅仅由它自身决定的东西叫作自由。反之，凡一物的存在及其行为均按一定的方式为他物所决定，便叫作必然或受制。"

因此，对于人类来说，在这个问题上能够做得最有意义的事情就是运用其理性，去努力掌握事物发展背后的因果关系，也就是理解事物发展的规律，认识其中蕴含的必然。掌握必然性的人才最终获得了自由。因为他的行动不再盲目，目的与效果、需要与满足需要的行动之间达到了一致。自由程度与人的能力息息相关。这里所谓的能力当然包括理智能力，即对客观规律的认识与利用。对客观规律认识得越清楚，个人的自由就越充分。自由不是不要规律，而是对于规律有自觉的认识和掌握。在这个意义上，能够认识和掌握规律的人，就是自由的人。原始人看到闪电，听到雷鸣，以为这是天神在发怒，因而恐惧，这时就无自由可言。可是现代人因为认识和掌握了闪电和雷鸣的规律，他不仅不恐惧，反而可能欣赏它们的美，就是这个道理。

（三）自由与责任

责任与自由是密不可分的，两者彼此是对方的前提与条件。没有自由何谈责任，也不需要为自身行为承担责任。"完全不自由的人是不具备责任的，在社会对他做硬性规定的时候是社会在负责任而不是他本人负责任。人的自由范围每扩大一寸，也是在扩大和提高人的责任感方面扩大了一寸。在一定程度上，人们的责任感与自由是等比例存在的。当人在遵循自己的本来意愿而去采取行动的时候，他才可以对自己的行为完全负责。"利齐拉克讲道，个人责任与自由意志"两方面在人类生活中是相互结合在一起的,当人类能根据自己的本来意愿而行动发挥的时候,人类才可以对客观发生的事情追溯责任"。

同理,在强调自由时并不是说不要责任。蔡元培在谈到自由与放纵的关系时,曾经指出:"自由,美德也。若思想,若身体,若言论,若居处,若职业,若集会,无不有一自由之程度。若受外界之压制,而不及其度,则尽力以争之,虽流血亦所不顾,所谓'不自由毋宁死'是也。然若过于其度,而有愧于己,有害于人,则不复为自由,而谓之放纵。放纵者,自由之敌也!"具有审美人格的人不是一个以自我为中心的人,更不是一个唯我独尊的人,而是具有社会责任感的人。因此,在建构审美人格时既要重视扩充人的自由程度,也要培养其责任感。这种责任感,不是外加的包袱,而是由于深刻地体会到自由与责任的关联而自觉自愿地树立起来的。

二、对人性的乐观估计与自由教育

有史以来,先贤学者描写过大量的对人之美的赞颂与诗歌。罗泰戈拉(Protagoras)是古希腊的智慧派代表,他指出:"人是万物的尺度,是存在者存在的尺度,也是不存在者之所以不存在的尺度。"他将人作为衡量事物真假善恶的唯一尺度。马丁·路德(Martin Luther)是德国宗教改革的领袖,他曾经歌颂人类的尊严,"人是一种特殊的被造物","是比世间任何一样美好的东西都没有的被造物"。夸美纽斯在《大教学论》中这样说道:"人类是万事万物中最崇高美好且最完善的。"英国著名剧作家莎士比亚(W.Shakes Peare)在《哈姆雷特》中借剧中人之口表述道:"人类是多么了不起的杰作!多么高贵的理性,伟大的力量!多么文雅的举动,多么优美的仪表!在行为上,多么像一个天使,在智慧上,多么像一个天神!宇宙的精华!万物的灵长!"所有美好的词汇都用在了赞美人类上,从这个角度看,人是完美无瑕的无可挑剔的存在。

《学会生存》一书对人性也持乐观的观点:"人对别人并非必然是一只贪婪的狼,他的生理和心理结构使他生来就倾向于爱人和从事创造工作。"马斯洛是这样认为的:人的本性都是善的,并不是与生俱来是邪恶的,是十分纯粹美好的。人的本性其实并不坏,换句话说,很多人都低估了人的本性。罗杰斯曾经说过,人真实表现出来的本质是亲社会不是反社会的;是积极健康的,而不是破坏性的。每个人与生俱来就具备积极的创造性,我们每个人身上都具备自我完善与自我引导的力量。当我们出生的时候,我们的本性是正向的,具备强烈的创造性,而不是邪恶地故意去破坏、去制造人与社会的矛盾,并且我们需要与其他人一起构筑良好的社会关系。罗杰斯将自己的心理治疗经验相结合,得出一个结论:"人都有积极向上的一面,在与我接触的有着深度治疗过程的患者,包括那些在行为上看起来是极其反社会并且给身边的人带来诸多烦恼的人,那些有着与正常人迥异的感觉的人,当我用我的专业经验设身处地地去感受他们所想表达的感受的时候,变换一个角度去思考他们的需要并且做到去接受,必须承认,他们有权利区别于其他人。之后,我会察觉他们非常乐意想到某一个方向去做改善,具体是指哪些方向呢?其实如果准确描述的话,是积极性与建设性,向着实现自我的目标去迈进,向着成熟与社会化的方向去生长。"选择相信人性本善,相信人生来具备的积极性与建设性,是罗杰斯非常推崇的观点。从他的观点来看,人都具有"实现趋向",具备渴求自己变强大、变圆满、变优秀的特质。

对于人性的坚定和乐观的信念正是自由教育所需要的。如果我们悲观地看待人性,总是看到他人消极的一面,那么在我们的教育过程中就必然会采取限制甚至是压制的方法,让人的自由难以得到发展。显而易见,这样的教育是不可能建构起审美人格的。对于人性的考量我们要从两个方面来提起注意:①从宏观来看,需要承认人性本善与他积极向上的建设意义。在这一点上,我们完全同意罗杰斯的上述观点。②对人性也要辩证地看待,人在具备优越性的同时也是存在局限性的。人类并不是完美无瑕的,我们有着伟大与高贵的地方,但是我们也具备很多方面的不足。正如英国哲学家布洛克(Alan Bullock)所说:"我们是生活在一个并不完美的世界上的并不完美的生物。"在这一点上,我们对那些认为人是完美无瑕的观点抱有否定的态度。虽然我们要积极看待人性但是也绝不是盲目乐观地实施自由教育，这对合理的构建审美人格有着极其重要的意义。这也为审美人格的构建提供了更大的优越性。而人性的局限性则说明教育的必要性。人不会长期在局限性上停滞不前，任何事物都是发展的。人在面对这种局限性时并不是无计可施、随波逐流的。诚然，人类还有这诸多的不完美，但是我们依旧怀揣着对未来无限的憧憬与希望、不会泯灭憧憬与希望，这份希望让我们不断进取。来自巴西的教育学家保罗·弗莱雷说："人无时无刻不是在变化中存在的——这种存在并不完善，并且现实也是不完美的。与任何一个在历史长河中的不完美的匆匆过客相比，人当然知道自己也是不完美的，这点不需要否定和回避。他们深刻地了解这一点。教育作为人从出生就要面对的事情，植根于这种不完善与清醒的认知之中。"

三、自由教育的基本特点

（一）自由教育是解放学生时空的教育

再回到《学会生存》这本书："教育意味着它必然是一种解放的形式。"书里还写道，这种解放的形式既涵盖了时间的解放也包括空间的解放。从人格发展的角度来说，这种以自由为基础的时间和空间其实是一种极其重要的资源，如果让这种资源消失殆尽或是被忽视，是制造困难和障碍给完善人格的发展。

自由时间是什么？马克思曾经对这个问题有过深刻的阐述。他说，自由时间"即可以让我们自由支配的时间……并不是我们在从事生产劳动时所消耗的时间，而是我们用于生产劳动以外的时间，比如休闲和娱乐的时间，这样做是为自由活动和发展开辟一条新的出路"。马克思又说："可以被人支配的自由时间……我们将它一部分用在购买产品的日常消费上，另一部分用在进行自由活动上面，这里所说的道德自由活动不是像传统的劳动一样由必须实现的外在目的的压力下决定的，这种外在目的是现在的必然性，换句话说是社会义务……"综观马克思的观点，可以看出它主要包括以下几层内涵：第一，自由时间是主体可以自己支配和随意使用的时间，在这段自由时间所从事的活动并不是在外在压力的作用下带来的，而是由自我目的来达成的。第二，这段自由时间进行的活动内容大部分用于休闲娱乐和消费。第三，人们消耗自由时间来帮助人实现自由发展。

我们也可以把自由时间称为业余时间或是空闲时间。因为自由时间对于人格的发展具有重要的意义。亚里士多德曾经指出："在人的本性里，追求的不只是能够负担现有的生活，更是对安逸幸福生活的追求，所以在此处我们再次重申，闲暇是人生全部的唯一本源。"著名科学家爱因斯坦说：在人不工作的休闲时间正是差异化形成的时候。造成这种原因是因为只有在业余时间人们才会施展自己的兴趣爱好，做自己擅长的事情，在这些活动中给自身充电，提供了客观的基础和现实的可能性。

对于学生来说，自由时间具有同样重要的意义。学生能自由支配的自由时间越多，相当于掌握了能让自己的兴趣爱好得以发挥的机会。苏霍姆林斯基在《帕夫雷什中学》一书中指出："具备可以自由支配的自由时间，给一个人个性的发展提供了重要的条件。学生的天赋和兴趣爱好在每天大量的自我选择喜欢的世物中才能有机会发掘并且发挥。所以，提供空余时间给学生相当于为他们创造了很宝贵的财富……我们在教育工作中制定了这样一条规范：学生们的空闲时间应该和他们在学校中的时间一样多。"文章中还说："我们的孩子只有保证每天5~7个小时能够由自己支配，去做自己想做的事情，这样才可以培养出一个全面发展而且智力发育也很高的孩子。如果抛开这点去讲所谓的全面发展那都是空话。"

（二）自由教育是师生平等合作的教育

学生在自由时间里如果一边做自己喜欢做的事，一边在传统的教育活动中又接受着强迫与束缚，那么就不是真正意义上的自由发展。所以，从教育本身改善自由教育也是一件重要的事情。从自由教育这个角度看，教育活动的改善是一个大课题，这里先谈师生关系，其他的问题后面再讨论。在教育中存在多种多样的人际关系，当然最主要的还是师生关系。教师和学生是教学活动的承担者，两者之间的关系平等与否决定着教育的自由与否。

学生丰富的本质力量只有在自由的教育条件下才能够充分实现和切实展开。而在强制或强迫的教育条件下，学生的感受力会降低，情感会受到压抑，创造力会受到削弱。灌输式教育与自由教育相悖，因而受到广泛的批评。全球教育改革联盟（GATE）力主恢复教育的本来内涵："'教育'这个术语素来给人一种'灌输'的印象。在文明濒临危机的今日，迄今为止的'灌输'式教育逆时代之潮流，理应寿终正寝了。'教育'原本具有'引出'的含义，如今，正是恢复教育之本来面貌的时代：引出并哺育每一个人身上所拥有的不可替代的潜能。"

师生共同形成了教育过程，是一个在合作中产生相互作用的过程，可是实际上，教育过程中的师生关系基本上还是以教师为中心，学生只是教师控制的对象。《学会生存》一书对传统的师生关系提出了尖锐的批评，认为"可以说师生关系是传统教育的基础，我们要从根本上去重新定义这个关系，有一个很微妙的现象，师生关系很容易变成一种统治与被统治的关系。这是由于教师很自然地在年龄以及阅历等方面占有传统意义上的优势，这种优势会很自然地将一方的顺从低下的地位变得名正言顺"。该书从教师职责的角度对师生关系做了重新的阐述，教师需要把大部分的时间和精力灌输到学生的个性化教育上来，且可以运用更多的形式去实现这些有效果和有创造性的活动。比如通过互相讨论、互相激励、互相了解以实现互相影响。假若老师与学生的相处模式不是这样的方式就谈不上真正意义上的民主教育。这本书尤其指出："处于权威地位的教学模式需要向以交互式的充满独特性见解的师生关系让位。"对于这个问题，来自巴西的教育学家保罗弗莱雷在《被压迫者教育学》这本书里也曾经做过评价。他是强烈反对填鸭式的教育，与此相反，要大力普及提问—回答这种交互式的教育模式。并且还强调，批判性思维是在一次次的批判性思维对话中产生的。没有这种对话，就没有了互动交流，没有这种交流，也不存在真正的教育。

教师的主要工作是传授知识，但是现在这个内容已经越来越淡化了，从而转移为更多地去激发学生们的思考。教师的身份在慢慢地向一个咨询顾问的身份转变，教师是一场讨论的参与者，同时也是帮助发现问题和引导解决问题的方法的人。教师要用大部分时间去做一些更有建设性的工作：他明确指出："通过对话，教师的学生（Students-of-the-teacher）及学生的教师（Teacher-of-the-students）等字眼不复存在，新的术语随之出现：教师学生（Teacher-students）及学生教师（Students-teacher）。"在这种新型的师生关系中，"教师不再仅仅是授业者，在与学生的对话中，教师本身也得到教益，学生在被教的同时反过来也在教育教师，他们合作起来共同成长。在这一过程中，建立在'权威'基础上的论点不再有效；为了起作用，权威必须支持自由，而不是反对自由"。

（三）自由教育是自主选择的教育

自由意味着有选择的余地，无从选择是自由的大忌。学生的自由发展必然要求在教育中给他们提供较多的选择机会。在教育过程中，学生应当支配教材，支配自己的学习，而不是受教师和教材（知识）的支配。"更多地给予个人以自由，把个人的潜力解放出来，这个观念和这个理想是自由精神永远存在的核心。"

对于每个学生来说，培养自己的兴趣爱好异常重要。兴趣爱好是动力的源泉，它让人持之以恒，同时也会带给人快乐。当人们在做自己感兴趣的事情时，总会伴随着无形的喜悦感，并享受其中。在自由选择的过程中，人类的兴趣爱好就形成了。如果一切都做刻板的规定，学生们在这样的政策下缺少自由发挥的机会，那么他们天生的兴趣爱好也就失去了张扬的机会，基于这个原因，《学会生存》这本书提出将教育中心转移到学习者本身，对他们的自由选择与决定给予了充分的尊重。该书指出："我们应使学习者成为教育活动的中心；随着他的成熟程度允许他有越来越大的自由；由他自己决定他要学习什么，他要如何学习以及在什么地方学习与受训。这应成为一条原则。即学习者对教材和方法必须承担某些教育学上的和社会文化上的义务，这种教材和方法仍更多地根据自由选择、学习者的心理倾向和他的内在动力来确定。"

当然，自主选择不等于不要指导，允许学生自由选择并不意味着教师可以放弃作为帮助者、引导者的责任。自主选择也不意味着没有任何约束或限制,不等于放任或放纵。

(四)自由教育与纪律、责任及努力的关系

自由教育并不排斥教育中的纪律要求。自由是相对的,不是绝对的,它和纪律是一个统一体的两个矛盾着的侧面。一个人既享受着自由,同时又必须用纪律约束自己。没有纪律就只是放任,而不是真正的自由。从一定意义上说,纪律也是一种束缚,但却是必要的束缚。自由并不是反对任何纪律,只是反对不必要的、专制性的纪律。管束过严固然不对,但放任不管同样是错误的。自由教育中蕴含着对教育的纪律要求。自由不是绝对的,而是相对的。自由教育和纪律组成了一个统一体,但是二者又是对立而存在的。一个人在享受着自由的同时,又时刻受到来自纪律的约束。没有纪律的自由,不是真正意义上的自由。从某种意义上来看,纪律是一种必要的束缚。自由并不是要对抗任何纪律,仅仅是反对那些无关紧要、专政的纪律。

在教育中,提倡自由并不意味着否定学生的责任与努力,不意味着可以对学生不提要求和放弃标准。自由的含义根本不同于不负责任和放任自流。真正的自由总是与责任及努力密切联系在一起的,一个人要享受自由就必须承担起相应的责任,付出相应的努力。从字义上看,所谓"责"就是要求做成某事或行事达到一定的标准;所谓"任",就是担当、承受;"责任",即人分内应承担的职责和应完成的任务。自由不会从天而降,必须通过努力去争取。巴格莱指出,自由必须与责任携手并进,而有责任的自由总是经过努力得来的,而不是白送的。他还警告说:"学习需要标准也需要有效的鼓励,十几年的求学路不好走,不能让学子们虚度,不可以放弃严格的标准,不然到头来会发现由于缺乏这些基本的训练,十几年的学业并没有得到理想的结果。"

第四节 创造教育——培养创新素质

"人是在创造活动中并通过创造活动来完善他自己的。"审美人格作为一种创造性人格,需要依靠创造教育来培养和完善。毋庸置疑,人天生就是具备创造潜力的,但是这种创造的潜能如果转化

为能被应用的创造能力，则是需要很长时间的有意识的训练和培养的。所以，结合多个观点来说，培养学生的创造意识和能力，形成具备创造性的人格的教育才是创造教育。

一、创造教育的目标：提高创造素质

创造是人类赖以生存与发展的条件，也是人的本质的一种特性。人类的历史从根本上来说是创造的历史。"未来不是我们要去的地方，而是我们要创造的地方，通向未来之路不是找到的，而是走出来的。"未来需要创造，这已经成为人类的基本信念。Joseph Zinkers 是一位英国学者，他描述人的创造性是很诗意的："创造性是非常美好的，是人类面对任何事物的潜意识。生活中我们可以收获来自创造性的祝福。它存在于任何角落，并告诉我们——我就在这里！我爱生活！我可以成就任何事情。不能用一个概念去定义创造性，它与行动是一个整理，是一个秘密的小果子，为此，所有的风险，它甘愿去尝试，这才是对生活的真实体验。"在建构审美人格的过程中，应当把提高学生的创造素质摆在突出的地位，提高学生的创造素质因此也应当成为当代教育的崇高使命。《教育——财富蕴藏其中》一书明确指出："教育的任务是毫不例外地使所有人的创造才能和创造潜力都能结出丰硕的果实。每个人生来都具有创造的天性。"正如托兰斯所说："人是一种喜欢刨根问底的动物，即使没有什么问题要解决，他也不能使他那不安分的头脑不活动。他不断地探索事物，反复思考，努力建立新的组合，寻求新的关系和新的见识。"只要有效地加以引导和开发，蕴藏在人身上的创造性潜能就会变成现实的创造力而显现出来。创造并不是高不可攀的事情。创造并不神秘，也不需要超乎寻常的智慧。

时下，各领域的知识不断更新、极速膨胀着。在这个特殊的时代背景下，创造力具有非常重要的客观必要性和紧迫性。美国未来学家托夫勒（Alvin Toffler）在《未来的振荡》一书中说："就如今知识量的增长速度而言，如果一个此刻刚刚出生的婴儿成长到了大学毕业，全世界的知识总量将会是现今的4倍之多，而当这个婴儿成长到50岁的时候，全世界的知识总量将是今天的32倍，并且，有97%的知识是在他出生以后才呈现出来的。"

创造精神不但是社会发展的动力,而且也是个体幸福生活之源。生活需要不断地创造,只有创造的人生才是有意义的人生、幸福的人生。"构成幸福生活的各种因素只能是一个人所创造的永恒的意义性环境。所有幸福都来自创造性的生活,重复性活动只是生存,而生存只是一个自然过程,无所谓幸福还是不幸。诸如爱情、友谊、艺术和真理都是人类最富有创造性的成就,它们都以意义性的方式存在,所以永恒,所以不被消费掉。"创造精神和创造力的发挥,可以使人及其生活的世界的发展具有无限的可能性,可以在更高的境界上实现自己的价值理想,生成美好的生活意义。具有创造性的人不时享有自我创造性所带来的成功喜悦的机会。同时,这种创造反过来又促使其积极地对待生活,促使其不断进步,增强信心,使其更有效地生活。

  审美人格建构的重要目标之一就是发挥人的创造性,提高人的创造素质。创造素质主要包括创造意识和创造能力。审美人格的建构,首先应当重视的是创造意识,其次才是创造能力。如果一个人具有创造意识,那么他无论在什么时候,在什么地方,做什么事情,都会表现出来。在看似平凡的问题或事情上,他会有与众不同、独具特色的新思路、新方法、新措施。在教育过程中,促进学生的创造关键是要使学生参与到创造的过程中去,而不是要求他们取得成果。当然有好的成果,那是再好不过。但是评价学生的创造不能以成果多少、大小或高下来作为标准,而主要看他是否积极而主动地参与到创造活动中去了,在创造活动中他是否发挥了自己的创造性。对于学生来说,创造的过程比创造的结果更重要。创造教育当然不能轻视创造的结果,但更要重视创造的过程,致力于学生创造性品质的不断开拓和丰富,致力于培养其创造性人格。马斯洛曾经将人的创造性区分为"特殊天才的创造性"和"自我实现的创造性",并且认为"自我实现的创造性首先强调的是人格,而不是其成就,认为这些成就是人格放射出来的副现象,因此对人格来说,成就是第二位的。自我实现的创造性强调的是性格上的品质,如勇敢、自由、自主性、明晰、整合、自我认可,即一切能够造成这种普遍化的自我实现创造性的东西,或者说是强调创造性的态度、创造性的人"。

弗洛姆也曾反复强调培养创造性人格的重要性。他说，"虽然人的创造性的确能创造属于物质上的东西、艺术作品及思想体系，但最重要的创造对象是人自己"。他认为，创造主要不在于"活动的产品，而是……活动的特质"。他还进一步指出，"创造性的行动表示内在活动的状态，这并不一定要生产出某种艺术和学术作品或某种有用的东西来。创造性是一种性格取向，每个感情健康的人都能够具有这种性格取向"。

二、创造教育的特点

（一）创造教育与继承教育的关系

强调创造并不是不要知识的积累，创造并不意味着可以不要传统、不要借鉴。创造不是无所依托、凭空进行的。为了创造而首先学习别人，这是创造的一条普遍规律。马克思曾经指出："人们自己创造自己的历史，但他们并不是随心所欲地创造，并不是在他们自己选定的情况下创造，而是在直接碰到的、既定的、从过去继承下来的条件下创造。"创造教育与继承教育并不矛盾，更不对立，它们是辩证统一的关系。因此，我们在强调创造性教育的同时，也不能忽视继承性教育。吉尔福特（J.P. Guilford）曾经说过："我是很赞赏事实的知识的。因为没有哪一位富有创造性的人，不需要以往的经验或事实也能够有所作为的，他绝不可能在真空里创造或用真空来创造。"

当然，继承只是工具和手段，而不是目的本身。学生之所以要继承以往的科学文化遗产，归根结底还是为了自己的创造。教育的根本目的不是传授和继承已有的东西，而是要将人的内在力量解放出来，将人的创造力量诱导和发挥出来。众所周知，记忆和训练是继承以往科学文化遗产的重要方法。创造教育当然不排斥记忆和训练。但是，在教育中不能为了记忆而记忆、为了训练而训练，记忆和训练的最终目的是为了创造。正如日本教育家村井实所指出的："一定的'记忆'和'训练'也是必要的，但无论如何都应该是为了'创造'的记忆和训练。只要不与'创造'连在一起，一切的'记忆'和'训练'

都与教育之名不相称。"他认为，教育"并不是简单地为了使学生接受既成的价值，如既成的善、既成的美、既成的真。相反，这虽然是要求学生具有既成价值的经验，但其目的是为了使他们在否定和超越这些既成价值时，具备探求新价值的力量。"S.拉塞克和G.维迪努在《从现在到2000年教育内容发展的全球展望》一书中对教育中的继承与创造的关系也有深入的论述。他们指出："除了传播知识外，教育还担负着让人们具备正确对待这些知识的态度的使命。教育应该培养人的批判精神，培养对不同思想观念的理解与尊重，尤其应该激发他发挥其特有的潜力。换言之，教育首先应该是发展认识的手段，而不再是训练和灌输的工具。"

（二）教育中学生创造的特殊性

任何创造总是包含着"新"的成分。这里所谓的"新"，包括以下三层含义：第一层次的"新"是对人类社会来讲，是前所未有的"无中生有"，有人称这种创造为"真创造"，也就是现在一般所说的"原创"，而将这一层次的创造力称为特殊才能的创造力。第二层次的"新"是对某一个特定的群体来说是新的、前所未有的，而对于社会来说可能并没有新的含义，有人称这种创造为"准创造"，而将这一层次的创造力称为群体比较的创造力。第三层次的"新"是对个体自身来说是新的、前所未有的，显然这时并不要求对社会来说也是新的，有人称这种创造为"前创造"，而将这一层次的创造力称为自我实现的创造力。第一个层次的创造力只存在于极少数杰出人才中，第二个层次的创造力存在于一部分人中，而第三个层次的创造力则存在于每一个正常的人身上。在评价成人的创造时，都是依据社会标准进行的，亦即对照人类文化历史，认定唯有超越过去，才称得上是"创新"。但对于以学习为主要任务的学生而言，则一般不需要经受社会评价，只要具有某种程度的新颖性，就可以认定具有创造性。我们提倡创造教育，主要目的在于将蕴藏于每个学生身上的创造潜能发现和发挥出来，并使它不断得到提高和增强。

三、创造教育的实施

（一）创造教育需要创造型教师

创造型教师是实施创造教育的关键。只有具有创造性人格的教师才能培养出具有创造性人格的学生，而机械僵化、墨守成规的教师只会抑制乃至扼杀学生的创造性。

那么，什么样的教师才是创造型教师呢？托兰斯认为这种教师有如下特点：对学生发挥出来的创造力感到由衷的喜悦并加以高度赞扬；建立有助于维护个人的自尊心的人际关系；率直的共同感受；了解学生的能力界限和优点，不是为了支配学生；创造性地宽容学生；不压制集体的意志和个人的意见；探求各种事物的真情；宽容和亲切的环境。

我国学者章志光在综合心理学家和教育家意见的基础上，认为创造型教师具有如下一些品质。

(1) 有创造性动机，善于激发学生的学习热情，让学生做学习的主人。

(2) 热爱创造活动，能随机应变地处理各种问题。在课堂教学中发挥创造性，即使与其他教师使用同样的教材，也能运用启发学生思维的新方式进行教学。

(3) 由于他们不断地探索未知世界，因此可以培养学生的知识好奇心。

(4) 善于组织集体创造性的气氛，使集体形成宽容和互相理解，这不仅能开发个人的创造性，而且能开发集体的创造性。

(5) 能倾听学生的设想和计划，尊重他们与众不同的疑问和观念。

(6) 承认学生的创造性，能正确地评价学生的创造力，并能向学生表明，他们的观点是有价值的。

综合起来看，创造型教师主要有以下两个特点。

一是有较强的创新意识和创造能力。每一个教师都具有一定的创造性，差别在于有的教师表现出来了，而有的教师没有表现出来。当然，我们对于创造型教师不能做不切实际的理解，不能对教师的创造性任意拔高，不是要求他去搞发明和申请专利。这里所说的创造力仍然属于前述的第三层次的创造力，即"自我实现的创造力"。"创造性绝不局限于在教学方法上的个别发现。所谓创造性，就是有一种不断前进，向着更完善、更新鲜的事物前进的志向，并且实现这种业已产生的志向。明天一定要比今天做得更好——这是一个创造性的工作的教师的座右铭。"因材施教是创造、教育机智是创造，推陈出新也是创造。教师在教育中的任何新的改革，如教育内容的新的处理、采用新的教学方法和手段、对问题的新的认识和理解等，都属于创造的范围。

二是能够发现学生的创造性，并予以尊重、鼓励和培养。对于创造型的教师来说，除了自己应当具有较强的创新意识和创造能力以外，更重要的是能够发现学生的创造性，并予以尊重、鼓励和培养。教师应当是学生创造性的欣赏者、激发者和培养者。有创造性的教师，对于那些个性和独立性较强的学生，往往能看到他们的长处和优点，并给予肯定、引导和发展。

（二）创造教育需要宽松的环境

创造教育需要有一个民主自由的心理环境，要求教师消除学生害怕出错、出丑的心理压力。美国教育心理学家J.M.索里和C.W.特尔福德指出："'心理的安全''心理的自由'乃是创造的两个条件。"我国学者张立文更以充满情感的语言论及自由宽松的环境对于创新的重要意义。他说："创新需要自由，需要一片任鸟飞的天空，需要一种无拘无束交流对话的氛围，这样才能激活思想的创新灵感，撞起理论思维的创新火花；才能敢于超越前人，才敢于像亚里士多德那样宣布'吾爱吾师，吾更爱真理'，才敢于像牛顿那样站在先圣先哲的巨人肩膀上起步；才敢于怀疑，才敢于问一个为什么，才敢于标新立异。"为了创造自由宽松的教育气氛，教师在教育过程中要放弃权威心态，与学生平等地交流，不要求学生必须与自己保持一致。教师在教育中无疑要发表自己的意见和看法，但这绝非是学生学习的唯一标准，不少问题并不只有一种答案或一种表达方式。教师应当尽力避免以自己的标准和观点来要求学生，允许甚至鼓励学生发表自己独特的观点和意见,即使这种意见不一定正确。我们的学生并非天生缺乏创造性。如果我们放弃过去那种死板僵化的教育模式,那么学生的创造性就会自然地得到表现。

(三)创造教育要渗透到所有的教育活动中

有些人只是把创造教育理解为小发明、小创造、小制作活动,看成是社团活动或科技辅导员的事情,与各学科教学无关,与其他教师无关。实际上,学生在进行日常的各种学习活动就应当是创造性的活动。我们应当将创造性渗透于教育的各个方面、贯穿于教育的整个过程之中。当然,由于课堂教学是学校教育的基本形式,因此它也是实施创造教育的主要阵地。

创造教育可以考虑以下方式:

(1)以课堂教学为主渠道,通过各学科开展创造性教学来发展学生的创造性。我们可以通过动用一些创造性教学方法,充分挖掘教材本身所蕴含的创造性因素,指导学生进行创造性学习。

(2)通过开展"小发明、小制作、小论文"为主的各种课外科技活动而进行创造教育。

(3)通过开设专门的创造教育课程,使学生受到系统的创造思维和创造技能训练而进行创造教育。

第六章 工科院校大学生审美素养多元化培育的微观探析

第一节 渗透于目标，促进目标整合

工科院校人才培养目标是由不同方面、多个层次目标构成的结构系统，认清这个系统的构成内容及其相互关系，是做好审美素养多元化培育工作的基础。所有的学校教育都以促进人的全面和谐发展为根本目标，促进人的全面和谐发展在目标系统中处于最高地位，起着统领作用。但我们也应看到，不同类型、不同层次的学校各有不同的任务和具体目标，因而在体现、实现教育根本目标的途径和方式上也不完全相同。以工科院校为例，它的人才培养活动当然要以促进人的全面和谐发展为最高目标，但由于它实行的是专业教育模式，对人全面和谐发展的促进，也只能通过专业教育来实现。这就提出了学校特定目标与教育根本目标之间的关系问题。这种关系在高校人才培养中，具体表现为专业目标与全面发展目标之间的关系。从目标的实现角度看，没有专业目标的实现，就谈不上对人的全面发展的促进，专业发展目标是全面发展目标的基础。那么，专业发展的目标又是怎样实现的呢？顺着这一思路思考，我们不难发现，工科院校的专业目标是通过一门门具体课程的教学来实现的。

这就又提出了专业目标与课程目标的关系问题。没有课程目标的实现，专业目标就会落空，人的全面发展目标也就无从谈起。总之，工科院校人才培养目标是个结构系统，是由全面发展目标、专业目标、课程目标等构成的整体，其中，最能体现工科院校特点的是专业目标，它是实现全面发展目标的关键，也是设置课程门类、确立课程目标的依据。

对于工科院校人才培养目标还可以从横向角度去分析，比如，师资、设备、管理，以及显性课程和隐性课程、教学活动与生活活动、文体活动和学术活动等，它们作为人才培养活动不可或缺的方面，也都各有自己的建设目标和要求，因而也存在这一方面的目标与另一方面目标之间的关系问题，同时还存在它们各自与上一层目标、与最终目标之间的关系问题。

那么，对共同处在这个系统中的各种目标（大目标与小目标、此目标与彼目标）之间的关系，究竟应该如何处理呢？从应然角度看，工科院校人才培养的各种具体目标都是为促进人的全面发展这一根本目标而存在的，都是服从并服务于这一根本目标而构筑起来的相互联系、相互支撑的整体。但现实情况却不像我们从应然角度所做的预设那样，不同"面"、不同"层"的活动往往止步于各自的具体目标，结果造成了各种具体目标之间的疏离、具体目标与根本目标之间的断裂。这种不同方面、不同层次目标之间的分离，不仅阻碍了人的全面和谐发展目标的实现，也给专业目标的完满实现带来了消极影响。现在的大学生在学校里学的知识明显比以前的大学生多，可为什么他们的表现却让人感到不如以前同等学力层次的人呢？有人将其归咎于应试教育，认为是应试教育导致了人的学习动力和能力的下降；也有人将其归咎于信息化，认为信息化潮水般地带来了各种有益无益的信息，使人变得无所适从，从而影响了学生的学习心理和效果。而笔者则认为，大学生整体素质的下降，与目标整合不够有直接关系。对于大学生的全面发展来说，学校开设课程的多少、教师传授的知识数量的多少，确实是个必要条件，但不是关键。关键是学校要对所开课程进行整合（科学安排课程结构），教师要对所教知识进行纵向与横向的联系，并引导学生对所学知识进行内化。只有经过整合、联系和内化,才能帮助学生建立合理的知识结构,并内化为学生整体素质的有机组成部分,这样才能真正促进学生的全面和谐发展。

客观地说,整合是一件比较困难的事,稍不注意就会变成简单的凑合。但从促进学生的全面和谐发展看,我们有责任努力破解这一难题。笔者认为,实现整合的工作重点,一是课程整合,二是目标整合。前一项整合工作已经进入实践,各高校的普遍做法是,把人文课程(或科学课程)纳入专业人才培养方案,并认真组织实施。在这方面,大学生文化素质教育是一个很典型的例子。纵观高等教育的发展历史,我们可以看出,大学生文化素质教育的实施,反映了高校人才培养观念和模式的重大变革,促进人的全面和谐发展不再仅仅是一种呼吁和抽象的理论探讨,而是进入了育人实践中,并引起了高校人才培养实践方式变革。不过,从人的全面发展角度看,目前这种做法的效果还有待于观察。实施大学生文化素质教育,本来是想通过人文教育与科学教育的互动来促进人的全面和谐发展,但这种互动的有效实现,既离不开制度的保障,更离不开对活动的科学组织;既需要教师对活动进行精心的设计,也需要学生积极地参与。但从目前的实践情况看,人们的注意力比较多地集中在制度改革上。比如,在人才培养方案中,增加了人文类课程,并通过学分设置来保证。但对教师在专业课程教学中如何体现教育的根本目的、如何挖掘专业课程本身的人文因素,则重视不够。事实上,如果没有教师的观念转变,即使人文课程开设起来,也可能会出现远离甚至抛弃人文精神的现象,当下人文课程教学中大量存在的只讲知识不启意义、只重分析不重体验的事实,就说明了这一点。在这种情况下,人文教育与科学教育的互动也不可能真正形成。

相对于课程结构的调整来讲,解决教师在课程教学中的目标整合问题更为重要,更有利于促进人的全面和谐发展。应当看到,教师是学校教育的关键所在,培养目标、教学大纲、教学内容、教学方法、活动组织等,离开了教师就都是空的。和企业的机械化生产不同,教学活动具有鲜明的个性化特征,目标整合更多地依赖于教师,而不是依赖于某些制度。教师有了目标整合的意识,就能主动关心学生在课程学习中的状态，注重引导学生思考课程学习的意义。教师如果做到了这一点，就会注意在学科知识目标和专业能力目标中，显现出促进人全面发展这一根本目标的意蕴。这样，专业课程目标就不再是单一的，而是复合的。这就是我们所说的目标整合的含义。

问题在于怎样才能使教师自觉地增强目标整合的意识，把握目标整合的科学途径。或许不同的学科都可以在这个问题上提供各自的方案，但从历史的经验看，审美渗透的独特作用，是其他学科提出的解决问题的方案无法替代的，对于实现目标的有效整合来讲，也是不可或缺的。审美渗透能帮助教师学会用审美精神烛照自己所从事的人才培养活动，洞悉各种具体目标之间的内在联系，促进各种具体目标实现有效整合。首先，审美具有本质上的价值性，它的渗透能启示教师注重教学的意义与价值，理解课程教学对人生乃至人类的意义，自觉培养学生驾驭知识、运用能力的人性修养，从而使课程的具体目标同人生幸福、人性完满的总体目标结合起来。其次，审美注重感性，它的渗透能引导教师在教学实践中把人的感性生存作为教学的起点，从尊重、呵护人的感性生命出发，用自己的爱心和智慧创造一个滋润生命力量、丰富生命意义的殿堂，让学生得到适合其本性的、自由的、健康的成长，进而走向全面发展目标。最后，审美最具个性化，它的渗透能启示教师在各种教育活动中尊重、维护学生的个性，鼓励学生自主探究知识、自觉训练能力，让学生在自觉自主的探索中享受成功的喜悦，承受失败的痛苦，"理解人生的意义和目的，找到正确的生活方式"，从而使教学过程成为体验人生、完善人性、促进全面发展的过程。

第二节 渗透于主体，优化师生关系

目标整合可以由教师独立完成，但工科院校人才培养根本目标的实施与实现，却无法靠教师单独完成，道理很简单：人才培养的各种活动都是基于双主体的活动，或者说是一种主体间性活动，没有学生的积极、主动参与，任何培养活动都是无法展开的，当然也就不可能实现目标。而要让学生积极投身于人才培养活动，教师必须注重优化师生关系，这也是现实对我们提出的迫切要求。因为无论是传统的还是西方的师生关系形态，都有其自身难以克服的弊端，而目前的教育实践又深受其影响。

在中国，传统教育以伦理型的师生关系形态为显著特征，其具体表现即如古训所概括的那样："一日为师，终身为父。"与中国传统不同，西方人更多地强调经验型的师生关系。在他们看来，人才培养活动是师生双方以生产劳动和社会生活经验的传递为中心的活动，教师与学生、教与学、人与知识之间，都是以"主客二分"的方式存在着的。这种观念在西方十分普遍且影响深远，无论是从以赫尔巴特为代表的"教师中心论"，还是以杜威为代表的"学生中心论"，抑或是"教师主导、学生主体"论，其实质都是"领导—被领导""控制—被控制""塑造—被塑造"的关系，亦即二元分立的关系。

目前，不仅伦理型、经验型的师生关系依然存在，而且还增加了功利型的师生关系。在市场经济条件下，看重知识传授与个人利益之间的关系者越来越多，学校制度也注重保护个人利益。教师给学生授课的时数与津贴的多少直接挂钩；教师违反教学纪律，处罚的首要措施也是扣除课时津贴；对优秀教师的奖励，也以金钱为重要手段。

师生关系发展到今天这个地步，是令人始料不及的。笔者在和部分教师与学生的交谈中了解到，每一个学生其实都有做个好学生的良好愿望，每一个教师也都希望自己的教学能得到学生的肯定和好评。但由于功利目标的束缚和急于求成的心理期待，以及利益冲突引起的矛盾，师生关系受到了严重损害。优化师生关系已经成为紧迫任务。问题是，在功利主义、工具主义依然盛行不衰的情况下，我们该怎样优化师生关系？这是很多人都在思考的问题。所以，优化师生关系，首先应当正确认识关系的特点，其次要掌握科学方法。

对于师生关系特点的认识，我们应当有一个更开阔的视野。师生关系虽然形成于学校教育教学活动中，但它不可避免地受到社会活动、社会关系的影响。一方面，学校教育与各种社会实践有着千丝万缕的联系，教育内容就是人类实践经验的总结，学校的生存也有赖于社会的支持，师生关系不可能脱离社会而孤立存在；另一方面，教师和学生都是社会关系的总和，双方都不可能在完全摆脱别的关系之后才进入师生关系中，各种因素（社会变革、知识更新、方法创新、家庭变化、经济条件、朋友关系等）都会对师生关系产生影响。在这种情况下，师生关系的优化不能仅靠某个单一方面的努力去实现，但又必须从一个方面、一件事情做起。这就提出了一个协调推进师生关系优化的问题，即对师生关系优化内容的先后、优化力度的强弱做出科学安排。由于师生关系的优化是一项系统工程，选择一个恰当的角度显得十分重要。理想的切入角度应该是针对性强，而且能通达其他方面、把各个方面统一起来的角度。也正是基于此，我们主张通过审美渗透来优化师生关系。

做好高校师生关系中的审美渗透，必须紧密结合高校师生关系特点。高校师生关系既有与其他学校相同的一面，也有不同的一面。相同的一面具体表现为师生之间的相互依存性，不同的一面表现为学生具有较强的独立性。它们缺一不可地存在于高校师生关系中。学生的独立性较强虽然是高校师生关系的特色，但这种独立性是以依存性为基础的，高校学生的独立性再强，也不能脱离相互依存性，一旦脱离了相互依存性，师生关系就不复存在。

从师生相互依存的关系特点看，审美渗透的意义在于增进融合。具体来说，就是通过审美渗透，启示教师以超功利的审美态度对待人才培养工作，以高尚的情感激发学生的内在情感，以敞开的心灵化开学生的心扉，使之主动和教师共处心灵交融的世界，进而实现师生关系的优化，也就是说，师生之间的相互融合是通过他们之间情感上、精神上的相互交流来实现的。有了融合的师生关系，人才培养活动的顺利展开才有可靠保障。

从学生的独立性明显增强的特点来看，审美渗透的意义在于启示尊重。具体来说，就是通过审美渗透启示教师尊重学生的独立性。每一个教师都应当深刻地认识到，学生独立性的增强是他们个性趋向成熟的表现，尊重他们的独立性，就是尊重他们的个性。同时还应当深刻理解尊重的内涵，尊重不是放任，而是关心。所谓关心，就是把学生放在自己心里，经常想到学生；细心观察学生的现实表现，把学生的现实状态作为调整、改进教育方法的依据。事实证明，只有关心才会有真正的尊重。目前，高校教师中还普遍存在着上课只闻其声、下课难见其人，只有知识授受、没有情感交流，把放任自流当作培养学生独立能力的方法来对待的现象。教师的这种表现，其实是一种不负责任的表现，因而也不是对学生个性的真正尊重。教师更应该转变立场，放弃知识的权威者、传递者的立场，注重建构主体间性师生关系，站在组织者、促进者的立场来引导学生，和学生共同讨论、共同提高。

师生关系的优化不仅需要教师尊重学生的个性，而且需要尊重学生的感性。虽然高校人才培养活动是以认知求真为主的理性活动，但人的感性生命是认知求真的前提，并在一定条件下制约着认知求真活动的进行。对于这么一个简单的事实，很多人在相当长的时间内都没有引起应有的重视，以致教学活动成了理性的一统天下，直接引发了师生关系的冷漠化。应当看到，学生的感性生命首先应当是予以尊重的，"人具有自然力，生命力"，"这些力量作为天赋和才能"存在于每个人身上，一旦被忽视，就会影响人学习的主动性和积极性，培养目标也会因此而落空。关注学生的感性生命既是一种观念，也是一种方法，只有首先唤醒学生的生命意识，才能有序、有效地推进人才培养活动。在这方面，审美渗透的作用在于促进两个方面的转化：一是促进教师从只关注教学内容的传授，到关注学生掌握教学内容的过程的转化。只有让学生真正掌握所学内容，才能使他们获得进步，才能为将来的人生幸福奠定基础。二是促进教师从关注学生的理性发展到首先关心学生的感性生命状态的转化。只有把学生的当下身心活动调整到最佳状态，才可能获得最佳的教育效果。尊重学生的感性生命，其实是对学生的生命本质、对学生的各个方面的尊重，这种尊重具有引导学生亲向教师、亲向学习的作用，有利于促进学生生命意义的丰富和生命价值的提升。

以上我们重点阐述了师生关系优化中审美渗透给教师带来的启示，较少涉及审美渗透给学生带来的启示。这倒不是我们有意忽视学生在优化师生关系中的作用，而是基于教师在师生关系中的独特作用的考虑。良好的师生关系需要师生双方的共同努力、相互配合，大学生不断增强的自我意识、自主意识，也是建立良好师生关系的重要基础（因为一个人正确的自我、自主的意识，不可能在封闭、独处的环境中形成，只有在相互联系、相互作用的关系中，才能形成、增强自我意识）。据笔者了解，当今大学生虽然表面上给人以自我中心、我行我素的感觉，但内心依然渴望和教师交流。而我们的教师却没有注意学生的这种心理需要，缺乏和学生交流的主动性，缺乏帮助大学生有效解决实际问题的能力，缺乏长期、反复做学生思想工作的耐心，从而影响了师生关系的和谐。因此，无论是从师生关系的起始看，还是从师生关系中存在的问题看，教师在师生关系的建构和优化中，都始终处于主动、主导地位，对和谐师生关系的建构起着决定性作用。也正是基于此，我们特别强调了审美渗透对教师的积极影响。事实上，如果教师能够更自觉地超越功利的考虑，更主动地关注学生的身心健康、尊重学生的个性，更认真地引导学生领悟学习的意义、生活的意义和人生的价值，那么，他就能和学生融为一体。学生也会敞开心扉，尊重和理解教师，主动配合教师创建审美化的师生关系。所以，审美在师生关系中的渗透，首先作用于教师，但必然会影响到学生，因为当一个人处于审美化情境时，总会开放自我、开启对象，促进相互融合。师生关系优化的标志就是师生之间的相互融合、相互促进。

第三节 渗透于活动，优化培养过程

和任何活动一样，工科院校人才培养活动也必然有一个展开的过程。从一般意义上讲，过程具有以下特点：一是时间上的一维性。它始终朝着未来方向展开，且无法倒回去，就像一个人不可能第二次回到某个年龄段一样。同样的内容可以重复，但过程不可能完全相同，因为构成过程的因素（比如时间、主体经验等）已经发生了变化。二是构成因素的互动性。过程总在活动诸因素的相互作用下展开，各种因素一旦停止相互作用，活动过程也就无从显现。三是结果的形成性。过程的终端是结果，无论这个结果是否符合活动组织者预先的设定，它总会发生。没有达到预期目的，甚至半途而废，也是一种结果。活动目标一旦实现，或活动无法再进行下去的时候，过程就会终结。由此可以看出，过程对于人才培养所具有的重要意义，没有过程就无法促进人的成长。过程与活动实际上是同一的，当人们说活动时，着眼点在构成因素上，是一种横向角度的考察；当我们说过程时，着眼点在前后环节上，是一种纵向角度的考察。从过程角度看，高校人才培养活动面临的关键问题是，如何使过程成为更好地促进一个人健康成长、走向人格健全和人性完善目标的过程。然而，仍有不少教育者缺乏对过程应有意义的理解，忽视对人才培养过程的科学设计与实施，以致使要素组合缺乏有机性、过程推进缺乏有序性的现象长期存在。

过程在各种因素的相互作用下形成和推进，各种因素相互作用的方式和程度对过程的展开起着至关重要的作用。而目前的实际情况是，高校人才培养过程的有序性并不强，与最优化的要求相距甚远，原因之一就是不少人以静止的、机械的观点看待人才培养活动诸因素及其关系。事实上，构成人才培养活动的各种因素中，任何一个因素的作用力度和作用方式发生变化，都会影响活动的整体推进。随着科技、经济、信息全球化进程的加快，构成高校人才培养活动的各种因素都发生了相应的变化。以内容而言，科技的迅猛发展、就业压力的持续加大和思想道德滑坡的长期存在，迫使高校增加了不少教育内容。学科前沿的新知识、生产岗位的新技术、就业当中的新问题，以及思想道德教育中的新要求等，都纳入人才培养的内容体系当中，从而引起了不断增加的新内容和固定培养时间之间的矛盾。目前，人们为解决这一矛盾而采取的主要措施是调整课程结构，以多元整合的课程设置（其中最具特色的是选修课的增设）取代原先清一色的必修课设置。但如果高校教育者缺乏系统观念，以实用主义的态度对待选修课程，那么，选修课程这个开放体系也会成为无所不包。不断增加选修课程，可以丰富教育内容，拓展学生自由选择的空间，但也会造成令人担忧的新问题。第一，它有可能使本来清晰的培养目标变得模糊起来；第二，它将增加学生选择的困难，凭一时兴趣或从众心理选课，有可能偏离甚至远离培养目标；第三，它将增加师生关系的不稳定性,选修课程开设越多,学生面对的教师也越多,但这些课的教师和学生的关系往往是短暂的、浅层的,很难形成有一定深度的师生关系;第四,开设课程的增加,也会给资源配置带来困难,因为一定教育内容离不开相应条件的支撑,但学校的资源是有限的,选修课程的短暂性又会阻碍管理者去添置具有长期使用效益的设备。

高校人才培养活动中出现的这种因为某个因素的变化而引起其他因素发生相应变化的现象,充分说明了各因素的组合达到有机组合的重要性和迫切性。

活动的有序性主要表现为活动推进持续向前、环节前后相承的状态。和机器的运转所造成的有序不同,人才培养活动所呈现的是动态的、富有变化的有序,而不是机械的、恒定的有序。人才培养活动的构成要素繁多、运行环节复杂、外界影响难控,这一切都使活动过程带有较大的可变性。但从应然角度看,它又是有序的,原因有二:一是它以培养目标为统领,选择活动内容,安排活动环节,培养目标是形成活动有序性的根本依据。以课程教学为例,内容多种多样,形式丰富多彩,既有理论与实践(包括实验、讨论、作业等)的内容组织,也有学日、学期、学年等的时间安排,但只要根据培养目标加以组织,就可以从中显现出有序性。二是教师的知识传授、学生的知识接受都是有规律的,这种规律是活动有序的基础。以课程结构调整为例,如果人们能够坚持以知识的相关性和内容的逻辑性,以及学生的认知规律为依据加以安排,就可以显现出有序性。当然,这都是应然分析的结果,事实上,当前高校人才培养活动缺乏有序性的情况还是比较普遍的。

首先,人才培养活动目标不清。在考察高校人才培养活动现状时,最让人感到担忧的是学生的发展状态不佳,如专业知识不系统、不扎实,文字表达能力较差,缺乏良好的习惯和毅力,贪图享乐,自我中心,缺乏责任心,行为比较散漫,情绪不够稳定等。这些在当今大学生身上已成为比较普遍的现象。在反思这些现象的过程中,我们不难发现,人才培养过程存在的缺陷:或因为教育者在教书中忽视了育人,或因为没有及时、有效排除不良社会风气对人才培养活动的干扰，或迫于某种功利目的而放弃了对教育内容的整体把握，或陷在许多迫切需要解决的现实问题中难以自拔，等等，但要害还在于我们的教育者对人才培养目标体系理解不清、把握不准。当人才培养活动的目标变得模糊不清、各种因素可以任意干扰人才培养活动时，其推进过程将很难达到有序进行。

其次，人才培养活动节奏单调。工科院校人才培养过程本来是富有节奏的，比如入学后的始业教育，离校前的毕业教育，每个学年、每个学期都有一些令人振奋、活跃气氛、充满活力的活动。对这些活动进行巧妙安排，可以使整个校园、整个过程显得有起有伏、错落有致、充满生气。然而，这些本该有的活动节奏，现在变得很微弱。无论是一个学年，还是一个学期，特别是课堂教学，无不让人感到生机衰减、沉闷乏味。究其原因，有以下几点：一是片面求稳，简单行事。活动是学生成长的重要途径，也是学校发展的重要载体。但我们不少管理者过于担心学生开展活动会节外生枝，影响学校的稳定或社会声誉，所以总是不敢主动组织开展活动，尽量减少学生活动的组织；一些本该可以搞得有声有色的活动，也被简单化、例行公事地走过场，发挥不了应有的作用。二是推崇权力，唯钱是从。只要上级有任务，学校一般都会毫不犹豫地贯彻执行；对一些有利可图的活动，学校甚至不惜改变正常教学秩序。从表面上看，出现在高校中的那些场面宏大的活动，不是政府、上级部门要求的，就是企业、商家赞助的。这就很让人纳闷：学校搞这些活动究竟是为了教育，还是为了谋利？学校究竟是育人的殿堂，还是推介商品的广场？对于平静的校园来说，这些权钱支配下的轰轰烈烈的活动，似乎带来了学校生活的高潮，但与人才培养的根本宗旨并无多少关系。三是思维僵化，精力分散。这种情况在课堂教学中表现得尤为突出，其中又以机械性、功利性、无个性的现象为最。机械性是教学方法上的弊端，高校教师十分注重知识与能力本身的逻辑，但往往忽视学生知识学习的内化特点和能力形成的规律；学生对所学内容，大多被动接受、机械训练，很少从方法与意义的关系角度思考如何接受与训练。功利性是目标追求上的弊端，为了某种显在的、物质的功利目的，教育者强调掌握知识的数量、强化能力的训练、强力推行各种证书考试；学生则急于求成，甚至为了求成而不惜弄虚作假。无个性是教学模式上的弊端，统一的大纲、千篇一律的教法、过多的课时、唯考试分数的评价等，在这些构成教学模式的要素中，我们找不到个性的影子，更没有为个性留下生长空间。

改变人才培养过程有序性缺乏的现状，有多种途径，比如更新教育观念、加强学校管理、提高教师素质，等等。基于审美特有的属性，我们主张通过审美渗透来改变。

首先，审美的人本性有助于显化人才培养的根本目的。审美的人本性是指审美自始至终都以人为根本目的的特性。从理论上讲，人类各种实践活动都具有以人为目的的特性，所不同的是活动的内容与结果，以及体现以人为目的的方式。但在实践中，人们往往过于强调不同活动各自的特点和直接目的，忘了各种活动共有的根本目的。比如，科技活动以物为对象，活动的主要内容是如何改变、完善、增强物的功能，活动的结果是产生全新形式的器物。器物不是人本身，而是体现人的本质力量、为人改善和创造新生活服务的存在。但人们往往只关注器物的功能，忽视器物的价值，于是科技活动为人服务的目的就被遮蔽了。伦理活动虽然是直接联系着人的活动，但它关注的是人与人之间的关系，以及为维护社会稳定而制定出的一系列伦理关系准则和社会规范。也就是说，伦理活动所面对的是关系中、制度中的人，而不是人本身。审美则不同，它自始至终都关注人本身，是最能体现人的本质的活动。在人类各种实践活动中，只有审美才是最充分表现人的本质力量的活动；只有审美才能使人成为完整意义上的人；也只有审美，才能让人体验到人应有的价值和尊严。原因在于审美起于感性，通过对感性的关注与激发、引导与提升，使人成为感性与理性和谐统一的完人。所谓起于感性，是指"审美发生于人与世界的感性交往"中。"感性交往"是一种主体与对象都以感性存在为前提，并通过感性形式与情感激发而发生相互联系和交往的活动。在审美中，感性的关注、激发与升华，具体表现为关注人的感性生存状态，激发人的感性生命活力，升华人的感性境界。这样的关注、激发与升华，自然而然地融合着人的理性，甚至是理性引导下的关注、激发与升华。也正因为如此，在审美的感性关注、激发与升华中，人的本质力量得以自行展露，人的自由理想境界得以自然生成，人开始走向感性与理性的统一，人的世界也开始成为完整的、充满意义而又生机勃勃的世界。如果没有对感性的肯定，没有感性的升华，就不可能有如此完整的世界和完整的人。起于感性，关注、激发、升华感性，是审美区别于科学、伦理以及其他各种人类实践活动的特性，也是最符合人之本质的实践方式。因此，把审美渗透到人才培养活动中，将给高校教育者带来意义和方法的启示，产生重要的引导作用，引导教育者关心学生的感性存在，激发学生的生命活力，促使他们走向全面和谐发展目标。一旦这一目标得以显现，人才培养活动的组织就有了根本依据，活动的有序展开也就可以得到保证。

其次，审美的情境性有助于整合人才培养活动中的各种因素。情境的基本含义是人进行活动时所处的特定环境。但笔者认为，不能简简单单地把"情境"理解为"环境"。审美情境确实也是一种环境，但它不是先于人而存在的客观因素的凑合，而是各种客观因素与"人的活动"相互作用的结果。相对于一般意义上的"环境"概念而言，审美情境特别强调人的活动与客观条件之间的相互作用关系及其状态，互动性、融合性和整体性是审美情境的几个主要特征。

审美情境的互动性是指构成情境的各种因素相互依存、相互作用的特性。审美情境由各种因素构成，其中最基本的因素是主体、客体和背景。说它们是最基本的因素，是因为这些因素在构成审美情境中都具有不可或缺性，同时又都不能单纯、孤立地存在，是依赖于其他因素并与之相互作用的存在。每一种因素本身均为复合体。比如主体，它就包含着身心两个方面，其中的"心"又包含着情感、意志、想象、认知、动机、兴趣等多种因素，任何一个因素发生变化，都会影响主体的存在状态，进而影响各种因素的相互作用方式和情境状态。在认识审美情境各种因素相互作用的特点时，我们需要注意以下两点：一是相互作用以相互依存为前提，没有多种因素的相互依存，相互作用无法发生；各种因素的相互依存性通过相互作用来表现。二是相互作用肯定了各种因素存在地位的平等性，但从发生角度看，必然有一种因素处于主动地位，这一因素就是主体。主体有了审美愿望，确立了审美态度，主动与其他因素建立审美关系，才能形成审美活动，构建审美情境。这就是审美情境从无到有的基本线路和形成途径。当然，肯定主体在审美情境形成中的主动、先导地位，并不意味着对其他因素的忽视和贬低，而是对互动发生规律、对主体能动性的充分肯定。事实上，任何主体都不可能是无对象、无存在条件的主体，没有相应的对象与相关的条件，主体也是不存在或不确定的。审美情境的形成，源头在主体的审美需要和审美态度，关键在各种因素的互动。

审美情境的融合性是随互动而来且优于互动的一种状态。所谓随互动而来，是指融合基于互动，不经过互动不可能有融合；所谓优于互动，是指融合是互动的理想结果。互动只强调各种因素的相互作用。相互作用的结果，既可能导致相互分离或分裂，也可能走向相互融合，理想状态是相互融合。所谓相互融合是指你中有我、我中有你，直至你我不分、浑然一体。从审美特性看，各种因素经过互动走向融合具有必然性。这是因为审美具有超功利、重情感的特性。主体的超功利态度使对象保持了完整性，成为富有活力的生命；重情感则能激活对象，包容并融合对象。情感的融合性、融化力，早已为大量的艺术活动所证明。无论是艺术创造，还是艺术欣赏，都很容易形成人我不分、物我如一的情形，在这个过程中，情感起着推动和黏合作用，离开了情感，审美情境是不可能形成的。当主体与对象相融如一的状态出现时，新的意义便开始生成，新的境界得以创造，自由的价值开始显现，人的本性得以舒展和肯定。应该说，只有融合形成时，审美情境才算真正形成，审美真谛才会显现。

审美情境的整体性是指构成审美情境的各种因素是相互关联、相互建构的关系系统，它源于各种因素的综合，但又不是各种因素的简单相加，其功能大于部分之和。作为整体的审美情境，它的形成反过来又会对各种构成因素产生内在的规定作用。就像人们走进音乐厅或电影院欣赏艺术，或者当人们捧起一本精彩的小说来阅读时的情形一样，特定情境总会对人产生制约作用，让人心无旁骛地沉浸于中，否则就不会有欣赏活动。总之，大于部分之和、内在规定各种构成因素,是审美情境整体性的两个显著特征。

审美情境的互动性、融合性、整体性具有内在的联系。整体性随互动性、融合性而来,三者前后相续,逐步推进,前者是后者的基础,后者是对前者的发展。但在审美情境的创造过程中,它们所起的作用各有不同:互动性是指各种因素的相互激荡,重在过程;融合性是指各种因素的亲密无间,重在状态;整体性是指各种因素的相互规定,重要功能。

以上我们针对人才培养中存在的问题,分析了审美渗透对于优化人才培养过程的意义。本书认为,根据审美特性,优化人才培养过程,把握人本性是根本,创造情境是保证。只有这样,工科院校的人才培养过程才能得到优化,人的全面发展和谐发展才能得到更好地促进。

第四节 渗透于条件,增强育人功能

工科院校人才培养活动需要有相应的条件才能进行。工科院校人才培养活动是以师生相互作用为中心的活动,因此,我们所说的条件主要是指服务于师生活动的外部因素,包括硬件和软件两个部分。硬件主要是指设施、设备等,软件主要是指管理制度、管理能力等。从硬件方面看,我国高校的办学条件已有翻天覆地的重大变化,甚至让人觉得有些奢华。但同时也应看到高校办学条件建设中的问题,比如,因为追求设施、设备的高档化而造成的浪费,就是一个比较普遍的问题。更加令人不安的是,有些高校在追求设施、设备高档化的同时,对直接关系人才培养质量的教学改革、学生活动、教师培训、团队建设等则投入不多,这实在是不应该有的现象。

从软件方面看,我国高校的管理水平也有很大进步,具体表现为:一是管理制度不断完善,各种规章制度已形成规模,相互配套,主观任意的、经验型的管理模式正在被科学管理所取代。二是管理人员的素质明显提高,管理科学的普及、法治意识的增强和评估的推动等,都成了促进管理水平提高的重要原因。在看到这些进步的同时,我们也应当看到软件建设中存在的问题,比如重形式轻内容、重技术轻思想、重制度制定轻制度落实、重服从轻民主等，都还比较普遍地存在着。在管理行为方面，人们往往更多地关注程序的规范性，对问题的实质缺乏分析，疏于研究，结果使不少工作都在认真走程序的过程中落了空。在管理权力的运用上，还存在着比较严重的一把手说了算的情况，结果使制度成为一种摆设，并严重影响了一般管理人员的积极性。在制度执行中，人们过多地依赖技术手段，忽视人的主观能动性的发挥；在管理评价上，人们更愿意相信量化的结果，对深入的调查研究和细致的思想教育缺乏耐心；其他像注重眼前事务、忽视长远谋划、忽视管理思想的检讨等现象，也还比较突出，这就很难避免低层次的重复。

总而言之，在我国高校人才培养活动的管理中，功利主义、工具主义、形式主义倾向还比较普遍，培养完整的人的理念和目标仍被人忽视。其实，这种忽视并非今日才凸显，而是由来已久的。在我国，曾经有过高度重视发挥人的主观能动性、高度重视管理中的思想政治工作的阶段，但在那个阶段，我们又忽视了管理的制度化、规范化，结果使十分重要的思想教育、人情感化等方式丧失了应有的作用，甚至被人视为虚伪而加以唾弃。在反思中人们认识到，高校人才培养中如何坚持以人为本的管理理念，是一个十分重要而紧迫的课题。我们反对功利主义、工具主义、形式主义的管理，但这决不意味着我们可以因此而忽视人才培养的社会价值、工具本身的理性价值、形式所包含的意义，如果那样的话，我们就有可能回到曾经被我们否定了的极端上去，人才培养活动的管理就不可能有真正意义上的进步。既然我们已经认识到两种极端之弊均在对完整意义上的人本身的忽视，那么，当前的纠偏之要就在于如何使我们的条件建设充分地体现育人宗旨。

在这方面，审美渗透的独特作用具体表现为它能启示办学条件的建设者、使用者、维护者以超越的、人文的审美精神对待人才培养所需要的各种条件。有了审美精神，人们就能自觉思考：如何使设备等条件更好地服务于人才培养活动，如何使条件显现出自身存在的意义与价值。有了这样的思考，办学条件的建设者、使用者和维护者，就能自觉地围绕人的当下生活、精神成长、全面发展去建设、使用、维护设施设备，谋划经费的分配与使用、制度的建设与实施。这样，客观存在的条件就不会仅仅是物质性的存在，而是会显现精神意义，成为培养人的精神的存在。从人的生存与发展角度看，学校设备不是越多越好，也不是越豪华越好，而是够用为度，效益为先。管理制度不一定是越多越好，管理要求也不一定是越严越好，而是以有利于促进人的全面和谐发展为依据。离开了人、离开了人的全面发展目标，各种条件都会失去存在的意义与价值。

  以上我们从四个方面分析了工科院校大学生审美素养培育的渗透途径，重点阐述了审美在目标、主体、过程、条件等方面渗透的必要性、可行性和效果。上述四条途径源于人才培养活动的四个方面，对审美渗透途径的分析，实际上就是对审美在人才培养活动整体中进行多方面渗透的分析。事实上，审美素养在人才培养活动中只有通过多元化培育，才能收到预期效果。

第七章 工科院校大学生审美素养多元化培育的方法新探

人们通常把方法解释为：认识对象规律、达到一定目的所采用的工具和手段。这一解释虽然简单，但它包含的内容却很丰富，从中我们可以把握以下几点：

一是方法服务于目的。任何方法都是为一定目的服务的，否则就会失去存在的理由，正如黑格尔所说，"在生活中我们有了目的，于是便反复思索达到这个目的的种种方法"，"按照目的，我们便决定达到这目的的手段或工具"。方法对目的的服从与服务，主要表现为以下两个方面：一方面，方法总是根据活动目的的需要而被运用，只有在某一活动中运用着的方法，才是现实的方法；方法一旦应用于活动，实现活动目的就是它的唯一职能。另一方面，方法本身无优劣之分，但一经运用就显出优劣与高下，人们判断方法优劣高下的依据，就是看它能否有效、完满地实现目标，那些能够帮助人们有效解决问题、使活动结果达到最佳状态的，就是好方法，否则就是不好的方法。总之，目的的达成状态是衡量方法优劣的根本依据。

二是方法受制于主体。方法由主体选择和运用，必然要受主体的制约。主体的生活经历、认识水平、思维方式不同，在方法的运用上也会有所不同。同样是文字书写，如今的青年人擅长用电脑打字，但中老年人即使会用电脑，也习惯于用笔写字（这种习惯与使用者的生活经历直接相关）；同样是诊断病情，西医借助仪器设备，中医常用"望闻问切"；教学同一首古诗，小学教师注重朗读法，大学教师常用分析法。这一切都说明，方法运用不可能摆脱主体的影响和制约。方法运用中表现出来的智慧与艺术，就是主体赋予的，离开了主体就谈不上方法的艺术。

三是方法服从于对象。任何活动都在主体与对象的相互作用中形成，方法是连接主体与对象的桥梁，既要受主体的制约，又须符合对象特点。只有符合对象自身规律的方法，才能帮助人们达到目的，否则就可能导致相反的结果。比如，文学教学就要求教师所运用的方法必须符合文学特点，化学教学则要求必须符合化学特点。用化学实验方法去教文学，或者用文学方法去教化学，都不可能达到教学目的。总之，对象不同，所用的方法也应不同；对象发生了变化，方法也要相应改变。20世纪80年代中后期，学校德育工作者多有这样的感慨：新办法不行，老办法不灵。之所以会如此，是因为受经济观念、竞争观念、自我观念、利益观念、多元观念等的不断冲击，道德观念体系本身发生了变化，用一元化时期形成的方法进行思想道德教育，肯定不会有效；新方法如果不能适应已经变化了的思想道德体系，也不可能取得良好的教育效果。所以，方法必须服从对象本身的特点。

四是方法显现为工具和手段。"方法落到实处就是工具和手段。"一般情况下所说的方法就是指工具和手段。但就工具和手段本身而言，两者有明显区别：工具带有物质性，手段侧重于技术；工具是具体的，手段是抽象的。机械加工工具、炊事工具、理发工具等，都是具体的、物质性的存在，属于方法中的工具；而像改革、启发、诱导、灌输、欺骗等，或角度的改变、程序的调整等，则是抽象性的、技巧性的，属于方法中的手段。

在方法的四个基本特点中，前两个偏重于主体方面，后两个偏重于客体方面。当然，这也仅仅是从区分角度而言的，在具体的实践中，方法中的主体因素和客体因素往往是你中有我、我中有你，很难区分开来。方法的生命在于应用，而应用中的方法必将综合着多种因素，是主体与客体及其相关因素的矛盾统一。在这种矛盾统一中，任何一种因素发生变化，都会引起其他因素的相应变化。当变化了的各种因素再次得到统一时，新方法随之产生。所以说，方法自身是多种因素的矛盾统一，是方法创新的动力。方法创新既有内在动力，又有外在表现。

我们要进行审美素养的多元化培育，需采用多种途径使审美渗透在教育中，这本身就是一种带有创新性的实践，而如果没有方法上的创新，审美渗透实践将很难真正有效推行。人才培养和审美虽然是两种不同的活动，但它们有着共同的以人为本的特性，也有着共同的促进人全面和谐发展的根本目的。这些本质上的共同点，为两者之间的结合提供了依据，奠定了基础。但这种依据和基础只是说明两者结合的可能性。要把这种可能性转化为现实性，方法起着重要作用。缺乏科学的方法，仅凭良好的愿望，永远无法将可能性变成现实性。那么，审美向人才培养活动的渗透，什么样的方法才是科学的呢？

前面我们说过，方法是服务于目的存在的，离开了目的要求，我们无法判定一种方法是否科学。审美渗透是通过审美和教育的有机结合，来促进人的全面和谐发展的。由此来看，审美渗透的方法应当兼具审美性和教育性。这种兼具审美性和教育性的方法，只能是创新的结果，只有通过方法创新，才能使审美在人才培养中发挥积极的育人功能。通过创新而兼具审美性和教育性的方法可能有不少，但相比较而言，对话法、情境法以及涵化法的兼具程度相对比较高，因此，本书主张把它们作为审美渗透的主要方法进行审美素养培育。

第一节 对 话 法

一、对话的含义与特征

从一般意义上讲，对话是指人与人之间通过语言进行的谈话。在这一基本含义中，有几个要点应当引起我们的注意：第一，对话发生在人与人之间。或许有人会问：在游戏中，在审美中，人不是可以和无生命的物品乃至天地万物对话吗？怎么能说对话只发生在人与人之间呢？不错，在游戏中，在审美中，人确实可以和万物对话，但这种对话是想象中的对话。在想象中，人不仅可以和人对话，也可以和各种事物对话。出现在这种对话中的各种事物，已经不是自然意义上的事物，而是和人一样有思想、有灵魂的生命存在，是主体用拟人化的方法创造出来的另一个主体，否则，对话是不可能发生的。第二，既然对话要求有两个及以上的主体参与，就必然涉及两者或多者之间的关系。不建立一定的关系，即使参与者再多，也不可能形成对话；反过来讲，一旦形成对话，就确立了对话者之间的关系，同时也确定了对话者各自的身份。对话者的身份不同，关系状态也会不同，对话的内容和效果自然也会不一样。子女和严父之间或与慈母之间的对话，往往有不同的内容，即使内容相同，效果也不完全一样；师生之间在课堂上的对话，同他们之间在课后的对话也有差别，因为这两种情境中的关系内涵已经发生了变化。因此，关系的建构是对话形成和展开的必要条件，关系的优化是提高对话效果的保证。第三，对话的载体是语言，没有语言不能进行对话。语言是交流的工具，它包括各种能够表达意义的语言符号和手势、表情等非语言符号。对话的这一特点，要求人们提高语言符号的运用能力。一个人驾驭语言符号的能力越强，他参与的对话就会越好。第四，人们运用语言符号进行交流的直接目的是"知"：知道自己和对方在表达什么，为什么要表达，以及双方表达之后产生的结果怎样，等等。对话不仅能使你知道我，我知道你，而且还能使你我知道它（即对话的内容和目的）。否则，对话就没有必要存在。从对话的上述特点看，主体、关系、语言、目的等是构成对话的基本因素，缺少其中的任何一种因素，对话都无法进行。

  以上是对对话含义及其特征所做的一般性分析，这些特征是各种对话都具备的。不过，这样的分析对我们的论题来讲，只起基础性的作用。我们关注的重点，是对话作为审美渗透的方法应该如何运用的问题。而要把这个问题弄清楚，首先需要对对话本身所蕴含的审美性做出分析。

我们认为，对话具有鲜明而深厚的审美性。对此，笔者想从审美作为一种人生实践的角度去认识。当我们从对话与人生实践的关系中去理解对话的审美性时，我们又发现，人生实践是一个很大的范畴，并非只有审美实践，还有伦理实践，以及与人的生存与发展密切相关的其他实践。因此，在分析对话与人生实践的关系之后，我们还应当分析对话在审美实践中的地位和作用，看看对话是否真的为审美实践所不可或缺。这样才能从根本上弄清楚对话的审美性问题。

从对话与人生实践的关系看，我们得出的基本结论是：对话是人生实践的重要方式。这不仅表现为人生实践离不开对话，更重要的是，作为实践主体的人本身就是由对话造就的。一个人在他一降生人世时，大人就开始和他对话。这个时候的他虽然什么也听不懂，甚至对大人的话不能做出任何反应，但实际上他已在不知不觉中感受到了大人通过对话所传达的信息。在他开始牙牙学语的时候，大人们更是不厌其烦地和他对话，教他这样，教他那样。慢慢地，他的表达方式、生活方式、对事物的认识，乃至他的各种行为，都开始与大人提出的要求相吻合。可见，"人在对话中成长"这句话所言不假。或许有人会说，只听说过语言造就人，没听说过"对话造就人"。"语言"和"对话"确实是两个概念，但它们却有不可分割的关系，并无本质的区别，而且在意义的表达上，"对话造就人"比"语言造就人"更准确。前面在解释对话的含义时我们已经说过，对话就是以语言为中介的交流活动，没有语言就没有对话；换一个角度看，语言一经运用便是对话。对此，不少哲学家都做过深入研究，其中，尤以海德格尔、巴赫金等的成果最具影响力。海德格尔说过一句流传甚广的话：语言是存在的家园。他所说的存在是指人的存在，人的存在有其特殊性，与水在杯中的存在完全不同。人的存在是一种思考着的、体验着的人生在世（即"此在"），而离开了语言，人就不可能进行思考与体验，因而也就没有人的存在，所以语言是人存在的家园，人就生存于语言之中。由此出发，海德格尔认为，语言的本质是"说"，他指出："就其本质而言，语言既不是表达，也不是人的活动，语言是说。"而"说"必然关涉"听"，并且以"听"

为前提（有"听"才有"说"），由此构成了"交谈我们成为交谈，就是说，我们能倾听他人，我们是一起交谈……交谈的结果……总是展示出某一我们一致赞同的同一物，在此基础上，我们被结合在一起，从而达到我们本质性的存在。交谈及其结合支撑着我们的存在"。可见，人就生活在交谈中，人的存在是由对话支撑的。巴赫金的对话主义理论把对话视作人的真正的生命存在，他指出："一切都是手段，对话才是目的。单一的声音，什么也结束不了，什么也解决不了。两个声音才是生命的最低条件，生存的最低条件。"而所谓的"两个声音"就是对话。就拿"自我"来说吧，有些人误以为"自我"是独立于他人、不依赖于他人的存在，其实不然。如果没有他人，何来自我？没有自我与他人的关系，何以能显示自我？自我并不存在于自我之中，而是存在于和他人的关系之中，每一个自我都是通过他人才能意识到的自我，并通过与他人的关系显示出来的，不是与他人无关的自我。而自我与他人的相互依存关系，就是对话关系。只有通过对话，才能显示自我与他人之间相互依存的关系，才能展开相互作用的过程，并由此而显示自我的存在、表征自我的发展。

通过上面的分析，我们可以得出两点结论：一是语言一经运用就是对话，没有对话就没有语言的存在，对话是语言的本质；二是人在对话中生存与发展，对话的结束意味着生命的终结。关于对话，我们还想提醒，对话并不限于两个及以上在场的人之间的对话，也包括文本阅读中读者和不在场的作者之间的对话，还包括一个人独处时的自己同自己的对话、自己同思考对象的对话。也就是说，对话不仅贯穿于人的一生，而且贯穿于人的生活的各个方面。既然人本身、人的生存与发展活动都是以对话为条件、由对话来显现和推动的，那么，作为人生实践之一的审美活动，自然也离不开对话，由对话来构成、推动与显现。从这个意义上讲，审美活动与人生实践的关系，也可以说是审美与对话的关系，审美处在对话实践之中，对话实践包含着审美实践。

和别的对话相比，审美对话不仅更易形成、更能深入、更致融洽，而且具有显著的精神性特征。审美对话形成于超功利的精神态度,展开在人生意义的精神探索中,感受着随体验、超越而来的精神愉悦。在审美活动中,超功利的精神态度是展开审美对话的前提,也是对话双方形成互动、相融状态的保证。审美对话作为一种精神探索,其核心内容是对人生意义与价值的探索,其中包括人与世界的关系应该是怎样的、人生在世应该怎样生存、人的当下生存活动对人的未来发展意味着什么,等等。随着审美对话的持续,双方进入相融如一之状,人生意义、人自身的本质力量由此开始无蔽地展示出来,人也因此而获得极大的精神愉悦。

二、对话的审美追求

对话是人生实践的重要方式。但在不同的人生实践中,对话的地位和作用各有不同。相比较而言,审美和教育实践中的对话,地位和作用都更为突出。关于审美与对话的关系,我们在前面已做分析。教育实践更是离不开对话,知识的传授、能力的培养、品德的养成、教育本质的体现、教育目的的实现等,无不以对话为根本方法。不过,审美和教育虽然都以对话为主要方法,但由于它们承担的任务各有不同,对话的方式和要求也不完全相同。因此,把握共同点,寻求不同点,从不同点中找出优势互补的切入点,对我们科学运用对话、实现教育对话的审美化是十分重要的。

(一)审美对话和教育对话的异同

审美对话和教育对话有着许多共同点,比如它们都以主体间性关系为特征,都通过对话发挥各自的功能,都在对话中影响人的成长与发展,等等。唯有共同点的存在,审美渗透才有可能。但审美对话只有具备不同于教育对话的特点,审美渗透才有意义,才能实现"和实生物",简单地重复只会导致"同则不继"。

认识审美对话和教育对话的差异,可从对话的构成对象和对话的目的两个方面进行。从对话的构成对象上看,人才培养活动中的对话主要有:教学主体与主体(包括教师与学生、学生与学生、教师与教师)之间的对话、教学主体与教学文本(包括教师与文本、学生与文本)之间的对话、教学主体的自我对话(包括教师的自我对话、学生的自我对话）等。无论是哪一种情况，人才培养活动中对话的参与者都是现实存在的人，而不是虚构的人。这是教育对话的显著特征之一。教育对话具有鲜明的功利性，它往往要求在一定时间内，通过对话完成一定的教育教学任务，通过一次又一次的对话，把学生培养成掌握专门知识、专门技能的专业人才。否则，对话就没有存在的必要。

审美对话则不同。首先，审美对话是关于人生意义、理想、价值的精神对话，人所获得的是精神愉悦。基于此，审美对话总是要求主体超越当下功利，因为"当主体囿于直接的功利目的时，他就不可能成为审美主体，客体也不会作为审美对象向他呈现"。主体不是审美主体，对象不是审美对象，自然就不会有审美对话。需要指出的是，审美超越的"超"，主要意思是指"不限于""不止于"。"不限于"是指审美追求更广阔的空间，突破一己一时之局限，去和世界沟通，追求终极目标；"不止于"是指审美追求更崇高的境界，通过对话创造心物交融、物我两忘、你中有我、我中有你的境界，感受精神的自由。所以，审美对话不能用"有没有用"去衡量，而要以意义的生成、精神的愉悦为尺度。

其次，在审美对话中，与主体进行对话的对象具有广泛的生成性，世间万事万物，一抔土、一朵花、一棵树、一幢楼、一只鸟、一片云、一条河、一幅画、一出戏、一首歌、一部电影等，都能在审美关系中生成为审美对象，成为审美对话的另一个主体，并通过审美对话，表达人的情感、生命的价值和世界的意义。在这一点上，审美对话与教育对话有着本质的区别。教育对话的主体是社会主体（其身份由社会规定），而不是个人主体；审美对话则不同，主体是个人主体，对话所建构的是"我—你"世界，因此，在审美对话中，对话者永远不会孤独。

（二）审美对话在教育对话改革中的作用

审美对话和教育对话的不同特点，是它们相互独立存在的理由，也是我们探索两者优势互补的基础。从审美渗透的要求看，审美对话和教育对话的互补方式，主要是把审美对话的精神渗透到教育对话中，以审美对话之长补教育对话之短，或者发挥审美对话的启示、引导作用，以促使教育对话的自我完善，更好地促进学生的全面和谐发展。从审美特性和两种对话的差异看，审美对话对教育对话者破除落后的思想观念、改革不合理的对话模式、优化对话的具体环境等是有积极而深刻的启示意义的。

当然，审美对话对教育对话的启示，离不开教育者的领悟，否则就"启"不起来，也"发"不出来。教育者对审美对话启示的领悟，建立在掌握基本的审美知识的基础上，并以长期自觉参与审美实践为保证。教育者只有亲身经历审美实践，才能培养审美态度，丰富审美经验，提高审美能力，敏锐把握审美及其对话的特性，进而领悟审美对话带来的启示。至于他所领悟到的是什么样的启示，则与他的个人体验相关。也就是说，审美领悟具有鲜明的个性特征。这跟教育中讲求某一知识的标准答案完全不同。

相对于上面讨论的问题而言，怎样用审美对话去改造教育对话的问题，更值得我们重视。但对这个问题的回答，首先需要弄清楚教育对话是否有改革的必要。如果人们从来没有去思考过教育对话的弊端，甚至以为教育对话的现状是天然的，那他是断不可能有改革教育对话的愿望的。其实，教育对话的弊端是显而易见的。长期以来，人们一直视教育为传递人类文化知识的活动，认为教育的目的就是让受教育者学习前人总结积累起来的生产、生活经验，并使人类文明和历史传统得以不断延续。在这种教育本质观的支配下，教育对话往往以"传话""听话""记话"为主要方式，即教师用嘴传达前人（特别是圣人）说过的话（具体地说，就是编成了教材的话），学生只要认真"听进"和"记住"这些话，教育任务就算完成。现代科技获得高速发展之后，"能力训练"成了教育的另一项重要任务，但教育对话的基本模式没有改变，依然是一种以"灌输"为主要特征的模式。对"灌输"式教育，保罗·弗莱雷做了这样的描述：①教师教，学生被教；②教师无所不知，学生一无所知；③教师思考，学生被思考；④教师讲，学生听——温顺地听；⑤教师制定纪律，学生遵守纪律；⑥教师做出选择并将选择强加于学生，学生唯命是从；⑦教师做出行动，学生则幻想通过教师的行动而行动；

⑧教师选择学习内容，学生（没有征求意见）适应学习内容；⑨教师把自己作为学生自由的对立面建立起来的专业权威与知识权威混为一谈；⑩教师是学习过程的主体，而学生只纯粹是客体。很明显，灌输式教育是一种很落后的教育，可为什么会长期流行呢？笔者以为，根本原因是人们对教育的本质做了片面的理解，即把教育仅仅理解为知识传授、能力训练的活动，而不是把教育理解为促进人全面和谐发展的活动。换言之，当人们把教育仅仅理解为知识传授、能力训练的活动时，其教育模式必然是灌输式的。

可见，改革以"灌输"为主要特征的教育对话，首先要有教育观念的变革，真正把人作为目的（而不是视人为手段），使"人作为人而不是作为生产手段得到充分的发展"。那么，通过审美渗透何以能改造这样的教育对话呢？

首先，审美渗透有助于优化对话关系。对话以关系为前提和基础，关系的性质、状态和水平，决定着对话的展开状况。目前教育对话中存在的不完全、不充分等问题，直接原因就是对话关系不融洽。不完全是指对话缺乏互动，教师不关心学生是否听得懂、能否听得进、愿不愿意听，只顾自己说，不顾学生反应；只要求学生被动接受，不允许学生质疑，结果只能任由教师一讲到底，双方的对话就这样变成了一方的独白。不充分是指对话内容缺乏应有的深度和广度，或停留在表面，满足于知其然，不去探究所以然；或重结论轻过程，重知识要点轻知识结构；或局限于书本，缺乏与生产实践、生活实际的联系，视野狭窄，思维板滞；等等。面对教育对话不完全、不充分的状况，人们尝试过多种改革方案，但总体效果不佳。审美对话以主体的超功利态度为前提，首先顾及对方、尊重对方，视对方如自己，从而保全了对象的完整性，保持了对象的生命力，保证了主体间关系的稳定性，并通过双方毫无保留地敞开、充满热情，走向心灵的互动，达到你中有我、我中有你的融合。

这样，对话就成为双方内在的精神对话，外在的知识也会因为经过了精神性的对话而转化为自身素质的有机组成部分。可见，审美通过构建最融洽的师生关系，而能使教育对话发生根本性的变化，产生最佳效果。需要指出的是，把审美对话精神应用到教育对话中并不是一件高不可攀的事情，任何一个教师，只要他具备了超功利的审美态度，他就会更自觉地关注学生的整体生命和人生幸福，更主动地构建和谐融洽的师生关系，从而为丰富教育对话意蕴、提高教育对话效果提供可靠保证。

其次，审美渗透有助于丰富对话意义。对话是意义交流的一种方式，舍弃意义的对话没有必要存在，意义模糊的对话应当加以改造。高校人才培养的内容、时间、空间等都是有限的，要在一定的时间和空间中完成一定的对话任务，意义必须明确，且易于理解。但从实际情况看，对话中遮蔽乃至消解意义的情况还比较严重，目标模糊、就知识论知识、"满堂灌"等就是意义遮蔽的具体表现。审美之所以能彰显并丰富对话意义，是因为它具有独特的体验性。我们说过，体验是一种以主体和对象共处、交流、相融为特征的活动，相对于宗教、道德、哲学、科学等活动中的体验来讲，审美体验中主体与对象共处、交流、相融的时间更长（贯穿审美活动始终）、程度更深，更容易构筑起一个完整的意义世界。在这样的世界中，对话参与者的生命得到了呵护，个性得到了尊重，情感得到了激发，人的各种心理因素也会得到全面调动。它在教育对话中的渗透，不仅可以改变对话内容的单调枯燥、对话气氛的沉闷压抑，而且可以使学生的知识学习、能力训练的效果得到更大提高，学习与训练的意义也会得到更深切的领悟，进而对人的身心和谐发展产生积极的促进作用。

（三）教育对话的审美追求

意义阐述虽然具有先导性，但不能代替具体实践。在教育对话的改革实践中追求审美化，主要途径应该是促使审美对话和教育对话的有机结合。为此，我们需要做好以下几个方面的工作：

首先，启示对话者培养具有鲜明个性的对话风格。对话风格具有鲜明的个性特征，只能由对话者个人在实践中培养。在对话实践中，对话者能否意识到自身存在的问题、有无改革原有对话方法的愿望是前提。如果对话者没有反思意识和改革愿望，即使别人能为他提供很好的对话方法，他也不会去用，更不用说去创新了。而要让他们意识到存在的问题，激发起改革的愿望，对比是一种有效方法。笔者在前文中分析的关于审美渗透给教育对话带来的变革，以及由此而产生的良好效果，就是一种现实对话和理想对话的对比，用意在于激起教育者的反思意识与改革愿望，在自己的对话实践中，培养具有鲜明个性特征的对话风格。实践证明，只有形成个性鲜明的对话风格，人才会活在对话中，而不是被对话所淹没。笔者以为，教育者要形成个性鲜明的对话风格，很重要的一点是话要从自己的心底里流出，是经过自己的思考、认知而说出的，而不是照本宣科说出的。

其次，引导对话者把握对话的基本环节。对话的内容可以各有不同，对话的风格也可以因人而异，但"发话""应话"与"反应"等环节则是任何对话都具备的。把握对话的基本环节，一方面可以针对不同环节提出不同要求，比如，巧妙发话、正确应话、及时反应（这种反应往往带有评价意味）等；另一方面也有助于我们进一步认识到，审美渗透应当渗透到教育对话的基本环节中。审美渗透不是颠覆或废除什么，而是要激活对象本身所蕴含的深层意蕴。通过审美渗透激活教育对话的深层意蕴、矫正教育对话过于急功近利之弊等，不仅是必要的，也是可行的。

第二节 情 境 法

情境是审美创造的重要内容、体现教育本质的重要载体，也是进行审美渗透的重要方法。情境普遍存在于生产与生活、政治与伦理等领域，不同的领域赋予了情境以不完全相同的内涵，那么，我们所说的经过审美渗透所形成的人才培养活动情境是怎样的？这样的情境应该如何创造？这是我们接下来需要着重探讨的问题。

一、情境的含义与特征

(一) 情境的含义

情境原为文学的重要概念,但在哲学、心理学、教育学、社会学中也被广泛应用,且有不尽相同的解释。美学依据哲学原理,从普遍性与特殊性的关系角度进行阐述,认为情境是时代总体状况具体化的结果,是人物活动并展开矛盾冲突于其中的具体环境。心理学从人的心理活动的发生与外物之间的关系角度进行分析,认为情境是对人具有刺激作用的具体环境。社会学从人的活动条件角度,把情境看作是对人的行为产生影响的、具有生物学意义和社会意义的特定环境。教育学侧重从学生的学习、生活环境对学生本人的影响角度去界定,认为情境是教师创设或提供的有利于学生学习与生活的环境和氛围。

尽管不同学科对情境有不同的说法,但在分析情境的构成因素方面,都强调了构成情境的主观和客观两方面的因素,都认为是人与环境相互作用的产物。情境的构成包含着"情"与"境"两方面的因素,但"情"处于主导地位,起着统领作用。情境所要求的主观之情和客观之物的结合,是通过"情"来实现的。而工科院校人才培养中的"情境"为:通过情感的渗透与激发,使特定人才培养活动的各种环境因素统一起来,形成有利于学生学习、生活、发展的整体氛围。这一概括回答了情境的构成要素(情感与环境因素)、状态(情感与各种环境因素的有机统一而形成的整体氛围),以及效应(有利于促进人的学习与发展);同时也肯定了情感在形成情境中的主动、主导作用。所谓"主动",是指在情境的形成过程中,"情"总是首先发生,并且自觉投射到周围的环境上,从而使周围的环境都带有情感色彩,形成特定的环境氛围;所谓"主导",是指"情"的渗透与激发不仅使周围的各种环境因素都带有情感色彩,而且还决定着情境的发展方向和情境的教育功能。正是由于有了"情"的作用,"境"所包含的各种因素就不再是独立存在的因素,而是与别的因素形成相互联系、相互作用的因素,是构成整体、表现整体的因素。

(二) 情境的特征

事物的特征是指该事物区别于其他事物的表现。把握事物特征的基本方法是比较。比较需要注意对象和范围,用毫不相干的事物或在大而无边的范围进行比较,不可能揭示事物特征。情境属于环境范畴,因此,应当将其放在环境中进行比较。环境可分为自然环境与社会环境,把情境分别和它们进行比较就会发现,情境以人的情感为中心,情感在情境中起着决定性作用,这是自然环境和社会环境所欠缺的;自然环境和社会环境都可以先于具体的个人而存在,而情境则是个人当下创造的结果;自然环境和社会环境中的各种因素(比如季节、山河、组织、礼仪等)可以相对独立存在,而情境中的各种因素则不同,它们紧密相连,构成了一个有机整体,一旦将其独立出来,就不再是情境的构成因素,特定的情境也不再存在。据此,我们把情境的特征概括为创造性、情感性和完整性。

1. 创造性

情境的创造性既表现为情境是创造的结果,更表现为它具有创造的功能。前者着眼于情境的形成,后者侧重于情境的作用。从形成角度看,情境并不先于人而存在,而是人在具体活动中现实地创造出来的,并且只存在于人们正在进行的特定活动中,离开了人的具体活动,情境是不存在的。情境也不会随着人的活动的展开而必然出现,那些机械性的活动(比如灌输式、填鸭式教学活动)就无情境可言,只有当人们有意识地激发情感,并通过情感把活动的各种因素联结成一个有机的整体时,情境才会形成。人的情感具有鲜明的个性特征,以情感为核心的情境自然也带有鲜明的个性特征。情境的创造性指的就是这种具有鲜明个性、当下生成、完整统一的特点。从作用角度看,情境的创造性主要表现为它从激发人开始(包括情感的调动、兴趣的激发、身心的解放等),引导人积极主动、心情舒畅、精神饱满地去探究自然、社会、人生的真谛,并且立志追求完满自由的个性和创造更加美好的生存理想。情境的创造性对高校人才培养实践具有深刻的启示。培养高素质创新型人才是高等教育的重要使命，这一使命的担当需要我们转变教育观念、改革培养模式、更新教育内容、创新教学方法等。但对每一个教师来讲，更重要的且能见之于具体实践活动的，则是教育教学情境的创造，通过情境的创造为高素质创新人才培养提供条件。前面说过，情境是以人的情感及其活动为中心的，它的创造要求我们首先应当把满足学生的生存与发展摆在重要位置，注重激发学生的积极情感，并设法引导学生自觉地把这种情感维持在较高水平上，使自己的感知、想象、理解、意志等各种心理因素得以充分调动，进而实现形象思维与抽象思维、情感发展与认知发展的统一。有了这种统一，创造能力的培养和形成就有了必要的基础和重要的保证。总之，情境不仅是创造的结果，同时也是人们提高创造能力的重要条件，现代大学要培养创造性人才，应当特别重视教育教学活动中的情境创造。

2. 情感性

无"情"不成"境"。在情境中，"情"不仅是纽带，而且处于本位。说它是纽带，是因为它沟通并联结了情境中的各因素：主体的人与客体的物、教师与学生、人的情感与理智等，都是通过情感才得以统一起来的。说它处于本位，是因为情境生发于它，并且在它的推动下维持与发展；情境形成之后，首先作用于人的情感，通过对人的情感激发与引导，促进人的全面发展。从高校人才培养的现状看，增强情境的情感性对矫正唯智教育中的"目中无人"之弊，对引导教育走向以人为本、促进人的全面和谐发展这一根本目标，具有极为重要的意义。

3. 完整性

情境由多种因素构成，但构成情境的多种因素并不是简单相加的关系，而是相互作用、有机结合的关系。情境中各种构成因素的有机结合主要依赖于激情与移情的方式。激情主要发生在教师和学生之间，教师通过情感激发打开学生的心灵之门，建立心灵对话、意义交流的渠道，进而创造一个和谐共融的世界。移情主要发生在人与物之间，主体通过对物的情感投射，使物带上人的情感，成为情感的载体；而这种带有人的情感的客观事物，反过来又会成为人的情感的激发因素,如此相互感染和激发,使人的情感不断向内深化、向上升华。情境的整体性不仅是指构成情境的各种因素有着共同的情感基调,也指带有情感色彩的各种因素的相互激发与融合。情境的整体性不是静态的整体性,而是动态的整体性,随着情感的相互激发和不断加深化,情境会不断拓展,成为引导人走向全面发展的重要条件。

二、情境生成的基本内容

工科院校人才培养中情境生成的内容主要有以下几点:

一是生成动力。情境是一种以人的情感为主导的环境氛围,不仅它的形成离不开情,它的发展和完善同样也离不开情,这一点我们在前文的分析中已经做过阐述。需要指出的是,情不仅是情境的核心因素,同时也是动力因素。情境在情感的推动下形成,并通过情感氛围激发人的情感,让人在情感的推动下展开种种活动,直至不知不觉中地将自己融入其中,使自己成为特定情境的有机组成部分,增强情境氛围,深化生存境界。所谓生成动力,指的就是情境对人的情感的持续激发与提升作用,对人的生存境界的不断拓展与深化作用。关于情感的动力作用,心理学的研究早已做过揭示:适度的兴奋,"可以使身心处于活动的最佳状态,进而推动人们有效地完成工作任务适度的紧张和焦虑,能促使人积极地思考和解决问题",同时,"对于生理内驱力(Drive)也具有放大信号的作用,成为驱使人们行动的强大动力"。需要指出的是,情境所激发的情感,并不是简单重复着的情感,而是不断深化着的情感。这是因为在情境的发展过程中,各种主客观因素都会不断地被整合进来,情感氛围因此而不断发生变化,对人的身心产生新的影响。

二是生成内容。以传统的教育观念来看,工科院校人才培养中的教育内容是预订的,并且通过教材加以固定,教师的主要任务就是将这种预订的教育内容传授给学生,使学生增长知识,开阔视野,获得发展。既然如此,教育内容的生成又何以可能?从表面上看,教育内容的预订性和生成性似有矛盾,其实不然。教育内容的预订性一般表现为事先确定教育内容,这种做法显然是合理的。但这并不意味着无法生成内容。教育内容虽然是预订的，但教学这些内容的人却千差万别，且处于变化当中；与教学内容相应的条件及其利用也不可能一成不变。因此，教学内容在实施过程中往往会出现不同的结果。我们所说的情境中的内容生成，意思是指特定的情境不仅能圆满完成预订内容的教学，而且还能让学生学到与预订内容密切相关的更新、更深、更广的内容，得到更高、更快、更好的发展。

三是生成方法。在人的实践活动中，方法不是孤立地存在，而是与特定内容、特定的人紧密联系的因素。当情境使人的心理发生一定变化、使内容不断生成时，方法也会有相应的更新。从这个角度看，情境的方法生成功能是随内容的生成而自然发生的，并对内容生成起着保证和促进作用。每一个当老师的人其实都不乏这样的经历，无论是课堂教学，还是课外活动，当你处在一个良好的情境时，总有一种得心应手、左右逢源、才华横溢之感；相反，当你处在一个不好的情境时，免不了会有语言干瘪、方法单调、有才难施、气氛沉闷之感。原因就在于好的情境激发你的情感，同时也激活了你的思维，使你能够创造性地运用各种方法，这种创造性地运用各种方法的情况就属于方法生成。情境生成方法，方法优化情境，两者相互促进、相辅相成。

四是生成目标。和内容一样，目标在一般情况下也是预订的。人具有自由自觉的特性，人的实践永远都是有预订目标的活动。但特定情境中的活动，往往会生发超出预订目标的新目标。表面看来，这种情况属于意外，但细细想来，却也在合乎逻辑的情理之中。正如上文所分析的那样，情境能够自然而然地生成新内容、新方法等，这些新的内容和方法的生成，多多少少会改变情境的构成因素及其相互作用的方式，进而产生与预订目标不尽相同的结果。相对于中小学教育来讲，高校人才培养中情境的目标生成性更为明显，师生在特定情境中所经历的并不仅是科学求真活动，同时也是伦理实践活动、审美创造活动。在这样的活动中，人们所获得的也不只是科学知识，还有别的知识；不仅获得科学知识本身，还能体悟科学知识的意义，进而激发起对人生理想、人类幸福的追求。这一切都属于目标范畴，是自然而然的生成，并非外部强加的结果。应当指出的是，情境所具有的目标生成性并不是对预订目标的排斥，因为预订性目标体现着人的本质特性，也是活动展开的前提条件，如果没有预订目标，生成目标也是不存在的。情境中的生成性目标与预订性目标相比较而存在，并在预订性目标的基础上生成，是对预订性目标的拓展、延伸和提升。情境因为有新目标的生成而显得更丰富、更深刻，也更利于促进人的发展。

三、情境的审美创造

情境永远都不是现成的存在，而是和各种艺术作品一样，是创造的结果。与艺术作品最终以物质形态存在于世的情形不同，情境只存在于当下的创造过程中，人们的创造活动一旦停止，情境就随之消失，而且很难原样重现。凡创造都具有独特性，情境创造也一样，虽然某些因素可以事先存在，但在它们进入特定情境之后，就不再是事先存在时的样态。据此，我们把情境创造的特征概括为整合性、当下性、独特性。其中，整合性是情境创造的形成特征，当下性是其存在特征，独特性是其表现特征。认识情境创造的基本特征，目的是为了更好地推进情境创造实践。任何实践都有一个从哪儿开始的问题，情境创造该从哪儿开始呢？从情境创造的三大特征看，情境创造应当把整合性作为切入点。所谓情境创造，从操作角度看就是对情境各构成因素进行创造性的整合。科学的整合要求我们首先应当探寻最具有统摄力、黏合力的因素，以实现最有效的整合。而这个因素显然应该是情感。我们应当通过情感去整合各种情境因素。具体来说，就是从情感的酝酿、激发开始，激活各种情境因素，使之形成互动，进而达到相互融合。整个过程可分为情感激发、促进互动、有效整合三个基本环节。

（一）激发情感

和别的实践活动相比，高校人才培养活动的显著特征是主体间性，即构成人才培养活动的教师与学生是一种主体与主体之间的关系，而不是主体与客体之间的关系。但要注意，主体间性是相互作用着的主体间性，而不是静止的主体间性。既然是相互作用，那么在初始阶段总需要有一方先动。从教育活动的特点看,先动的一方应当是教师。教师首先动情,然后再去恰到好处地激发学生的情感。而教师要做到自然而然地动情、恰到好处地激情,一方面需要在平时注重情感积累,情感积累越丰富,就越容易自然而然地调动自己的情感;另一方面要掌握激情的方法,懂得怎样才能更好地激发学生的情感。

从情境创造角度看,情感激发是第一步,走好这一步很重要,但又不能停于这一步。事实上,当一个人的情感被激发出来之后,要想止步是不太可能的,这就像开闸放水一样,闸门一打开,水就会自然向前流动。情境创造也一样,随情感激发而来的更为重要的一步是人与人、主体与客体之间相互激荡、相互作用,我们把这个过程称为互动。

(二)促进互动

高校人才培养活动中的情境所要求的互动,具有以下几个特点:一是目的性。互动总是根据双方共同的目标展开的,没有双方共同的、明确的目标,互动无法形成和展开。二是直接性。互动是一种发生在当下、双方面对面相互作用的活动,离开了当下与当面,就不是高校人才培养活动情境所要求的互动。三是交互性。高校人才培养活动情境中的互动,一方总是基于另一方的行为表现而做出反应,并且以此引发对方进一步的行为表现,双方相互激发,交互进行。任何单一方面或不顾及对方具体表现的活动,都不能算互动。四是持续性。高校人才培养活动情境中的互动不是一时的、间断性的活动,而是根据某一特定目标持续深入进行的活动,唯有如此,才能对人产生积极作用。和劳动生产中的身体互动不同,高校人才培养活动中的互动主要是一种心理互动。从心理角度看,师生互动主要表现为认知互动、情感互动、思维互动等方面。

1. 认知互动

认知是一种以获取知识为目的的活动。在学校教育中,认知主要是学生的活动,学生是认知的主体,衡量认知效果的优劣,主要也是看学生掌握知识的程度。但这决不意味着认知仅仅是学生单方面的活动，学生的认知离不开教师的指导和帮助，这是一个人在学校求知同他在社会实践中求知的根本区别。我们所说的认知互动，就是指学生主动求知和教师帮助学生获知相互作用的活动状态。学校教育中的认知互动，教师起着主导作用，具体表现为：教师首先通过科学的组织，把学生引入认知状态（即让学生把注意力集中到当下教学内容上），然后把事先组织好的教学内容，根据学生已有的知识水平，通过铺垫、演示、提问、组织讨论、练习、评价等方式，有序展开教学活动。由于教师的主导作用不仅表现在整个过程的每一个环节上，而且都先于学生的活动而发挥，所以这种主导作用同时也是先导作用。需要指出的是，认知活动中教师的主导、先导作用发挥得如何，不能以教师自身的表现为依据，而应当以学生认知状况为依据，因为学生是认知的主体。那么在认知活动中，学生的主体作用又是如何体现的呢？理解这个问题，首先需要弄清楚何谓主体的问题。哲学上的主体是指具有认识和实践能力的人，主体作用是指人靠自己完成认识和实践活动。就认知活动来讲，教师虽然在学生的认知活动中起着主导作用，但教师的主导作用不能代替学生自己的认知实践，只有经过学生自己的感知、回忆、理解、想象和联想等一系列心理活动，才能真正获得知识，建立知识结构，离开了学生自身在学习过程中的一系列心理活动，认知活动是不可能真正完成的，认知效果也无从体现。根据上述分析，我们对认知互动做如下概括：所谓认知互动，就是教师的主导作用和学生的主体作用在认知实践中交替进行的相互作用过程，相互胶着、循环交替是认知互动的主要特征。在认知互动中，师生双方始终处于胶着状态，教师的每一种表现都会引起学生相应的反应，学生的每一个反应又都直接影响着教师的教学行为，学校教育中的认知活动，就是在师生双方循环往复的互动中推进的。师生双方相互作用的频率越高、和谐程度越深，互动水平和认知效果也就越好。

2.思维互动

高校人才培养活动是一种心智活动，思维处于核心地位，思维互动理应成为互动的核心。事实说明，知识学习只有通过学生的思维才能真正理解，死记硬背的知识很难转化为学生的素质。如果说认知互动是以获取知识为目标的话,那么思维互动则是理解知识的关键;只有让学生真正理解知识,获取知识的目标才算完成。因此,教学活动应当把启发思维、学会思维作为根本任务,思维互动的目的即在于此。

一般来说,思维包括分析、综合、比较、抽象、概括等环节,思维互动也就是在这几个方面的互动。在思维互动过程中,教师不仅要展示自己对知识的分析、综合、比较、抽象、概括的过程,同时还要引导学生自己去对知识进行分析、综合、比较、抽象、概括。所谓思维互动其实就是教师的引导思维与学生的自主思维的相互作用并达到思维共振的过程。在教学过程中,学生如果表现出全神贯注、认真思考、积极发言等状态,那就表明思维互动已经形成,同时也表明情境已经形成。因为学生的这种状态标志着他们已经沉浸于其中,实现了情境所要求的融合。可见,思维互动是情境创造的重要条件。

3. 情感互动

情感和知识本身虽然没有必然关系,但人们获得知识的过程却离不开情感的参与。前面我们已经谈到,人们获得知识的过程主要是一种心理活动过程,这种心理活动通过认知、情感、意志等心理因素的相互交织、相互作用来体现,其中情感因素是最为活跃的因素。心理学的研究表明,认知功能和意志功能的发挥,都需要情感的活跃来推动;情感也总是主动、积极地渗透到其他心理因素中。在认知、意志等心理因素做功的过程中,如果能够激活情感因素,那么人们的求真与求善实践就不仅是愉快的,而且也往往是效果最好的。但这一事实却被传统教育所忽视,人们顽固地坚持理性至上、知识中心等观念,千方百计地排斥情感的介入,认为情感的介入会影响活动的客观性和规律性,结果使整个人才培养过程成了冷冰冰的、机械式的运行过程,知识教学蜕变为单向灌输,思维训练仅止于记忆,认知互动、思维互动根本无从谈起。因此,要推进人才培养活动的互动,切实提高育人质量,就必须以教育观念的转变为先导,并且把情感互动摆在十分重要的地位。

在人才培养活动中,认知互动、思维互动、情感互动各有不同的作用,其中,认知互动是基础,思维互动是关键,情感互动是保证。这三个方面互动的形成,不仅能有效创造情境,而且能积极促进人的全面和谐发展。

(三)有效整合

整合是随激发情感、促进互动而来的带有某种必然性的环节,同时也是情境创造不可或缺的环节。情感激发、互动发展的过程,存在着与人们的主观愿望不一致甚至相反情形出现的可能性,整合则能预防、降低这种可能性。因为整合既注重目标的实现,又注重整体的结构功能,在情境创造过程中起着关键作用。情境创造中的整合要做的工作很多,重要的有以下几项:

1. 目标整合

目标整合可分为纵向目标整合与横向目标整合两个方面。

纵向目标主要有课程目标、专业目标、人才培养的根本目标等。它们理应是统一的整体,但在现实中常有分离、分裂的现象发生,低层次目标的实施者很容易止步不前,结果影响了高层次目标的实现。目标整合的任务就是要使它们有机结合起来,构成相互联系和支撑的整体。为此,教育者必须注意用根本目标来引领具体目标,尤其是注意在具体的课程教学与活动组织中体现出走向上一层次目标和根本目标的趋势,只有这样,才能实现不同层次目标的有机结合与完满统一。实现了这种统一,情境的形成也就有了基础和保证,否则,不可能有情境的产生。在我们看来,通过目标整合形成情境,进而使活动走向高层次目标,直至走向人才培养的根本目标,是个顺其自然的推进过程。

横向目标的整合主要是对课程与课程、活动与活动、科技教育与人文教育等目标的整合。这方面的整合需要注意两个问题:一是用人才培养的根本目的统领各专业、各课程、各种活动的具体目标,以形成目标体系;二是在具体的课程教学、活动组织中引导学生思考和探索其对人的生存与发展的意义,也就是说,通过人生的价值与意义启示,实现横向目标的有机结合。有了这样的有机结合,促进人的全面和谐发展就会形成最大合力。

2. 要素整合

人才培养活动中的情境构成要素比较多，从大的方面看，包括教师、学生、教材、设施、时间与空间等。整合的目的就是要使各种因素相互联系、相互作用，发挥整体功能。要使各种因素构成有机整体，以下两点是必须加以注意的：一是以目标为依据，缺乏目标或目标不清楚，都无法进行整合。人才培养目标最终体现在学生身上，整合以目标为依据，具体来说就是以学生的身与心的协调发展为依据，以知识、能力、素质的协调发展为依据。二是以情感为中介。从情境创造角度看，教师的首要任务是通过自身的情感投射，激发学生的情感，诱导学生把情感投射到他者身上，使整个情境充满浓厚的情感氛围。其次要掌握激发情感的方法，其中包括各种符号的运用，特别是非语言符号的运用。在这方面，教师面临的挑战是多媒体设备的运用所带来的情感阻隔。事实证明，无论教师把多媒体课件做得怎样漂亮，当教师埋头于设备操作与画面呈现、学生专注于大屏幕五彩缤纷的画面时，情感的激发就很困难，即使学生的情感一时被激发了出来，也难以持久与深入。多媒体设备的运用，引起了教学方法的深刻变革，但它在促进师生情感相互激荡方面存在局限性，应当引起我们的高度重视，否则，多媒体设备就仅仅是传授知识的冷冰冰的工具。

3. 方法整合

人才培养中的各种活动，一般不会只用一种方法。而一旦运用多种方法，就必然有个整合问题。由于人才培养实践中运用的方法主要涉及教的方法与学的方法两个大的方面，所以方法整合的主要任务也就是把教师教的方法、学生的方法有机地结合起来；又由于人才培养的根本目的是促进学生的全面发展，发展的主体是学生，所以教师教的方法应当有利于培养自主发展的愿望，促进学生掌握科学的学习方法，养成良好的学习习惯。只有这样，才能使学生成为自觉、自主的发展者。从这个意义上讲，所谓方法整合，应当是以学生掌握科学学习方法为目的的教学与学法的有机结合。从情境创造角度看，根据学法培养要求运用教法，也是促进师生互动、形成良好情境的重要途径。这里所说的方法指的是学生获得知识、培养能力、提高修养的各种方法，而不仅仅是看书学习或实验等方法。

总之，整合对情境创造来讲是必不可少的，情境创造所要求的整合，需要在情境创造开始前对各种因素及其关系做出总体安排，同时还要根据整合过程的推进，及时做出调整。这一点非常重要，也就是说，整合不是一次性的，而是持续性的，因为构成情境的各种因素处在相互作用中，这种相互作用必然会发生变化，因而也就需要进行不断整合，这样才能保证情境的持续与拓展。

第三节 涵化法

一、涵化的含义与特征

（一）涵化的基本含义

涵化（Acculturation）作为文化变迁的一种主要形式，是近半个多世纪以来国际人类学研究论坛上的重要课题之一。关于"涵化"这一学术用语，以三位美国人类学家的解说最具有代表性。早在1936年美国著名人类学家M.J.赫斯科维茨就在他和R.雷德菲尔德、R.林顿两人合著的《涵化研究备忘录》中对"涵化"下了定义，认为"涵化"指的是由个体所组成的而具有不同文化的民族间发生持续的直接接触，从而导致一方或双方原有文化形式发生变迁的现象；在其1938年出版的《涵化：文化接触之研究》一书中，他又重申了这一定义。借助涵化可以对美的内在标准对象交流过程进行深入感知，并在相关文化观指引下达到感知力与审美理想的最佳状态，获得内在尺度的多样与兼容，感知到具有涵化多样文化之美存在的心胸与能力。各种文化综合背景下的艺术的"立美""审美""判美"标准一定是具体文化人的精神、物质、外形、心、形、光、色、声的和谐、融合与统一。具体民族、国家文化时空的不尽相同，存在方式呈现鲜明特色，并具有同质异形、同构异形的性质，显现出人类审美艺术"一体多元"现状。差别与差距是客观存在的，不同个体对应精神情感的相似性与差异性是不争的事实。

（二）涵化的特征

涵化主要指对社会成员产生潜移默化的、长期的、深远的影响，为社会中的不同成员提供一个环境，为不同的人提供一套对生活、世界、生命的"共识"性的解释，其注重在潜移默化中使社会成员价值观发生转变。而涵化效果本身所体现的非强制性以及互动性等特性，可为工科院校大学生审美素养的培育方法提供新的视角。

1. 非强制性

涵化理论，其作为大众传播中的一种效果理论，基本观点是社会要作为一个统一的整体存在和发展下去，就需要社会成员对该社会有一种共识，也就是对客观存在的事物、重要的事物以及社会的各种事物、各个部分及其相互关系有一个大体一致或接近的认识。只有在这个基础上，人们的认识、判断和行为才会有共通的基准，社会生活才能实现协调。涵化效果本身具有"非强制性"，换言之，即能够在潜移默化中影响社会成员的意识形态，逐渐以"强效果"的形式使社会成员对相关的审美理论达成基本共识，并能够逐渐参与到审美实践中，提升其审美能力。

在现代大学，大众媒体、校园媒体、传统语言书本等载体和新媒体可以立体地构成校园的媒介环境，它所提示或重构的"象征性现实"对大学生认识和理解现实世界发挥着巨大作用。同时，这种作用不是短期的，而是一个长期的、潜移默化的、"教养"的过程，它在不知不觉中制约着它们的现实观。这个基本共识可以通过大学的媒介素养通识课程来建立——不仅是针对大学生的媒介素养，同时也为高校教师提供一种媒介认识。新时代的媒体发展是如此迅速，媒介对我们生活的影响是如此强大，这也为审美教育提供了契机，只有在校园大环境中的每一个成员都对这个环境因子和互动关系有一种"共识"，才能有效促进校园作为统一整体的发展。与此同时，也需要作为工科院校的教育者借助涵化效果所体现出的非强制性，来引导大学生正确认识审美的运作方式，从而有针对性地推动大学生的洞察力、思考力和批判力培养,培养学生在现实环境下的审美教育、认知管理和学习管理。

2. 互动性

涵化法的另一主要特性为互动性。其理论核心是:传播内容具有特定的价值和意识形态倾向,这些倾向通常不是以说教而是以互动的形式传达给社会其他成员的,逐渐影响人们的现实观、社会观乃至审美观。与此同时,通过媒介将相关审美素养理论传递给社会成员,并给予社会成员进行互动的空间,以达到受众对相关审美现实的"共识"。涵化的过程即在互动中潜移默化地影响人们的现实社会观的一个过程。以"互动涵化"理念推动大学生审美素质教育就是要以全面、系统的观点组织大学生日常管理和审美工作,从知识、技能、思想道德、社会交往等方面进行全面涵化,利用媒介技术有意识地营造媒介环境,潜移默化地影响和造就学生。并通过全面开展基于媒介的素养教育,建立涵化"强效果"的基本共识,使大学生具备正确认知审美观和提升审美素养的能力,形成能理解媒介所传递信息的意义以及独立判断其价值的认知结构,具备有效地传播符合当代大学生主流审美思想的能力,构建全方位立体的"审美能力"体系,通过课堂内外的教学、校园媒体的包围、社会媒体的引导等方式,构建主流文化体系,强化大学生审美教育工作。

二、涵化法对审美素养提升的重要影响

借助涵化法等相关理论来提升工科院校大学生审美素养产生的影响可表现为以下几方面:

(一)借助涵化来营造"主流"效果,提升审美素养

格伯纳认为,大量经过大众媒体"包装"的新闻事件的所谓"直观性""现场性"和"真实性",都在潜移默化地影响人们的现实社会观。而"直观性""现场性"和"真实性"是以社会的现实事件为基础的,也只有如此才能为受众所认可,并产生共鸣。大学生是接受高等教育的群体,其自身已经拥有一定的价值判断和行为判

断能力,而且这些能力影响对社会基准的认识。所以,要提高工科院校大学生审美素养的针对性,使大学生能够在贴近其实际的审美教育中,逐渐深化对主流价值观的认识,就必须选择贴近大学生思想和生活实际的客观社会现实作为高校审美教育的基础。

"主流"效果是指,丰富的时代元素始终要围绕一个主流文化或观点展开,让身处其中的大学生对于符号环境的感受能最终产生一种趋同的观点或态度。比如,根据时代的主题和焦点事件,如"喜迎党的十九大召开""改革开放四十周年"等专题,展示党的辉煌成就、中国的飞速发展等相关内容,以爱国主义精神引导大学生树立远大理想,让学生形成正确的审美观以及价值观。在学生的日常管理过程中,充分利用新媒体的交流工具,在网络的公共空间构建新的校内社交环境,进行相关"议题设置",引导大学生关注舆论重点等。高校工作者在选择客观社会现实的过程中要把握好以下几个原则:一是坚持社会现实的主导性事件为主,如职业人的勤劳与敬业等。二是坚持贴近学生实际的原则,如学生身边的帮助他人等利他性事件。三是坚持正反面教育相结合的原则,即既要以倡导主流为主,也要揭示非主流的现实社会事件。因此高校工作者有必要在理论上寻求支撑,如有关政治学、社会学、教育学、心理学、传播技术和符号学等的相关理论,并在现实社会事件的选择上,参照上述几个原则做出合理的判断与合宜的选择。在实践中,高校工作者应当运用科学的技术对社会事件和大学生之间的关联性做测量研究,如开展广泛深入的调查和研究,为开展高校德育提供有力的科学支持,并在实践中进行反思,提高自身的洞察力和判断力。

(二)通过涵化来营造"包围"效果,拓展审美范围

从涵化分析的目的来看,其要达成的是一种"共识";从价值导向看,涵化分析引导的是"主流价值";从涵化分析的影响方式来看,是一种隐性的、潜移默化的方式。这种隐性的、价值主导的影响为高校隐性教育设计提供借鉴。涵化分析对高校美育的启示显得尤为重要:美育源于什么样的社会现实,又是通过什么手段将社会现实"包装"成怎样的象征性现实而展示、影响大学生的。注重

学生的生活经验。当今高校美育强调"贴近实际、贴近生活、贴近学生",这就要求通过多种途径了解大学生的生理、心理状况与认知结构,使大学生的现实状况更能接近象征性的现实,在理解和建构象征性现实中很好地达成"共识"。只有与大学生经历相似或者重叠的那部分象征性现实,才能使大学生产生亲近感。大学生认可象征性现实,达成"共识"才能达到美育的目的,美育的社会现实来源和象征性现实要有真实的联系,但是两者却不能完全等同,不是对所谓的社会基准生搬硬套。

　　大学生审美教育的内容应当是极为丰富的——理想信念、感恩、励志、自信、勤奋……可以说,但凡有助于大学生心理健康发展的元素都是大学生审美教育的内容。校园媒介环境本身是一个立体的环绕环境。媒介"包围"的效果就是把丰富的美育教育内容融入校园的每一个信息载体,主要包含以下四个方面:一是校园宣传环境的建设,包括校园传播媒体如校报、校刊、广播、电视台的建设,宣传平台如横幅、海报、宣传栏等,学生社区的文化建设如寝室评比、黑板报大赛等。二是学生的日常管理,如辅导员与学生谈心制度、网络社区的互动交流等。三是课堂教育教学,不仅是美育类课程,为人师者站在讲台上本身就要全过程引导学生树立正确的价值观念和批判性思维。四是各类校园文化主题活动,如学术节、艺术节等文化活动。重视"包围"效果就是有意识地让学生在校园生活学习的每一个环节、每一个角落都充满着健康向上的信息符号,时时刻刻让大学生有积极的美的感受,感受到更多的美育信息,有效拓展学生的审美范围,进而促进其主动地思考和行动。

(三)依托涵化营造"共鸣"效应,强化审美效果

　　当今社会是技术飞速发展、信息化的社会,人们对信息的获取渠道增多,信息获取方式也实现了多样化。根据格伯纳的研究,通过丰富的视听手段,受众认可象征性现实,产生共鸣,使受众对象征性现实达成"共识"。传统的美育教育手段、方式已经不能满足象征性现实到达成"共识"的转化要求了。在贴近大学生生活实际的象征性现实的基础上,使大学生达成"共识",关键在于采取多

样性的美育传播手段和多种方式。高校美育工作者在显性课程中要运用各种手段通过信息传播美育价值。而价值传播属于隐性的层面，要提高其成效，就要发挥高校工作者的作用，通过丰富的传播手段，在显性美育中渗透价值的传播。高校美育工作者对美育课堂教学相关信息的发送、接收与流通起着重要的管理和监控作用。因此，以课堂教学形式为主的课程，高校工作者要充分发挥才干，合理运用各种各样的教学手段、丰富的视听材料来激发大学生的学习兴趣；坚持教育语言的生动性，包括重视肢体语言等在信息传播中的作用，提高高校美育的吸引力、感染力，充分发挥涵化分析在美育课堂教学中的价值渗透作用，使学生对审美素材逐步产生"共鸣"。

大学生面对美育内容会根据自己不同的信念、态度以及框架来理解、接受甚至进行"协商"和"批判"，"主流"的符号环境有时未必能被顺利地接受和吸收。这时，"共鸣"（Resonance）作用就显得十分关键。正如涵化研究者所提出的共鸣理论——"共鸣"的一个显著要素是"一致性"，是指社会环境所传递的信息如果与大学生的认知状况、态度表达等"一致"或者说"接近"，那么，就比较容易获得他们的心理认可，从而接受或强化自己的原有立场。如果教师在形象性和生动性的基础上，其语言、释义方式能与伴随着新媒体发展所产生的语言、视觉文化等方式的变化密切对接，能与现实热点（尤其是网络热点事件）对接并进行探讨，就会在很大程度上引起大学生的共鸣，教学效果就会事半功倍。在校园文化建设、与学生的日常交流和学生日常管理一样，如果引导的话题、活动设置的主题、传播符号和方式等与学生的思维方式、价值观念等相接近，就会产生共鸣，这便为强化美育教育、提升大学生的审美素养提供了思路。

第八章 工科院校大学生审美素养多元化培育的渠道选择

第一节 培育渠道之一——显性课程

正规课程体系通常是指在学校中有相对固定的教材、课时和教师的教育渠道，包括专门的审美教育理论课程（公共艺术教育）、其他学科教学课程和实践类课程，是审美素养培育的主要教育途径。在课程实施过程中，首先要明确，审美教育课程具有与其他学科不同的特点。一是在教育目标方面，它的教育目的绝不是上课（进行简单的艺术技巧传授）、进行文化艺术活动那么简单，而是一个综合性很强的体系，它以教学的组织保障为基础、以课堂教学为核心、以课外文化艺术活动为辅助、以提高学生的审美能力与创美能力为目标。从理论上讲，这是一个有着丰富内涵与外延、目的明确、脉络清晰的组织系统，也只有把艺术教育各方面的工作纳入这个统一的整体系统之中，使之在一个大的背景下展开并相互协调，才能取得理想的教育效果。二是在对学习主体的尊重方面具有其他学科无法相比的高度。审美教育要能走进学生的心灵，就必须以学生为本，考虑到学生的内在需要，提高学生内心的参与程度。如果没有对学生的充分了解与尊重，就不能取得应有的效果。三是教育内容和学习活动的计划与安排，既要考虑认知的因素，更要通过情感、行动的体验去实现。

一、公共艺术教育课程

从当代审美教育发展的状况看，实施审美素养培育的手段与方法虽然非常多，但从可操作性、普遍性、教育效果等诸方面来看，公共艺术教育是实施审美教育的基本方式和根本形式。作为大学生审美教育的公共艺术教育的目的是通过培养大学生的审美感知力、审美想象力和审美创造力，提高道德、情感与人格修养，启迪人生的智慧，消除追求现实功利所产生的焦虑、烦恼、痛苦，进而超越极端功利心态，培养旷达超越的审美人生态度，开启人们的终极视野，使人体验到现实生活中处处存在的美，实现艺术的生活化和生活的艺术化，让人成为人格健全的自由自觉的人，从而进入"诗意的栖居"的生存之境。审美教育的范围和内容比较广泛，不易在教育实践中进行规范的操作，而公共艺术教育作为审美教育的集中体现，具有操作性强的特点，就成为实施审美教育最理想的途径。公共艺术教育作为艺术家美感的物化形态，是美的集中体现，而且公共艺术教育在实际操作中克服了一般审美教育的空泛，它有相对明确的内容、方法、目的等。所以，公共艺术教育是审美教育的集中体现，是实施审美教育的有效切入点。

作为当代大学生审美教育的学校公共艺术教育，具体是指对高校非艺术专业学生所进行的公共艺术教育，它属于学校人文素质教育的一个基本组成部分。艺术教育包括两个方面的基本内容：一是艺术理论与知识，使学生了解和掌握各门类艺术的基本理论和艺术史知识，培养和提高学生的艺术鉴赏力；二是艺术技巧，比如绘画、音乐、舞蹈技能，使学生在校期间能够掌握和操作一两种艺术形式的创作或表演。切实有效的公共艺术教育不仅有助于培养和增强大学生的艺术兴趣，使他们有更高的热情、更多的机会参与艺术活动，而且把学生从自发的艺术爱好者、欣赏者提升为自觉的艺术活动的参与者和艺术鉴赏者。这个从"自发"到"自觉"的转化过程，不仅使学生对艺术活动的关系（态度）产生从被动到主动、从观赏到创作的变化，而且它是一个把艺术活动从单纯的娱乐活动深化为培养、塑造大学生的艺术品格的素质教育行为，这才是审美教育的真正目的。

我国普通高校的公共艺术教育在20世纪70年代末80年代初首先由一些高校自发地组织实施。如1978年清华大学恢复了在"文革"中被破坏的音乐室；1978年北京外国语学院分院成立了艺术教研室；1979年上海交通大学成立了文学艺术部（1981年成立音乐研究室，后改为音乐教研室）；还有同济大学于1982年、北京大学于1984年、浙江大学于1984年、中国人民大学于1984年、北京航空航天大学于1986年、山东大学于1987年先后成立了艺术教研室，这些高校先后开设了大量的审美教育、艺术教育课程，对公共艺术教育进行了初步探索。与此同时，政府对公共艺术教育也给予了充分重视，1986年底成立了国家艺术教育委员会，国家教委于1988年制定下发了《在普通高等学校中普及艺术教育的意见》，从此以后，我国普通高校的公共艺术教育进入了正规的发展阶段。1989年，国家教委颁布了《全国学校艺术教育总体规划》（1989~2000年），1993年《中国教育改革和发展纲要》对"审美教育（艺术教育）"做了专门论述，要求"提高认识，开展形式多样的审美教育活动"，1996年国家教委印发了《关于加强普通高等学校艺术教育的意见》的通知，2002年教育部公布教育部令：《学校艺术教育工作规程》，对包括普通高校在内的学校艺术教育的诸多问题做了具体规定。在此期间，国家教育行政部门和一些高校还分别组织了多层次的艺术教育研讨会，这都大大促进了普通高校公共艺术教育的发展。通过多年审美教育实践的探索，大家普遍认识到公共艺术教育在现代教育结构中具有的重要地位，对人才培养有着不可替代的意义与作用。所以，当前工科院校应认真研究如何提高大学生公共艺术教育课程的教育质量，使公共艺术教育课真正起到培育的主渠道作用。而公共艺术教育若要顺利开展，具体来说应完善以下几个方面。

（一）切实加强领导，保证公共艺术教育的顺利开展

要保障工科院校公共艺术教育的顺利开展，一定要明确谁来抓、

谁来组织实施的问题，责任一定要明确。要用长远的眼光看待审美教育的效益，必须加快理顺审美教育管理体制，做到长远规划，省市级教育行政部门要进一步加强对本地区高校公共艺术教育课程的领导，切实把公共艺术教育工作列入本地区教育改革和发展规划之中。教育行政主管部门应设专门机构，并配专职干部，管理高校的公共艺术教育工作。各高校也要有校领导分管公共艺术教育工作，这一点非常重要；建立完善的以公共艺术教育研究室为代表的管理机构，实现法规的切实执行、政策的切实落实，消除问题产生的体制根源；同时，公共艺术教育的教学工作必须纳入学校日常教学工作与管理当中，并在资金、设备、教室等方面给予支持，这一点也是非常重要的，只有这样，公共艺术教育才能成为正常的教学活动。

需要特别指出的是，有的学校把公共艺术教研室置于学校团委、工会或其他部门的领导之下，这是对公共艺术教育理解的错位，因为实施公共艺术教育的根本方式是课堂教学，而团委等其他单位组织的校园文化艺术活动只是艺术教育的辅助，属于隐性教育，它显然没有足够的能力与职能把课堂教学组织好。

（二）转变传统观念，明确教学的指导思想

在工科院校公共艺术课教学指导思想方面，一定要与专业艺术教育相区别，要抓住审美教育、艺术教育自身的特点与客观规律。工科院校的公共艺术教育应以培养学生的审美感知能力与审美感悟能力、提高学生的艺术修养与人文素质为根本宗旨，与那种以训练艺术技能为主要目标的专业艺术教育有根本不同。对此，许多专家也都有明确论述，"审美教育的目的绝不是单纯地培养某种审美的技巧、艺术的技能，而是培养审美的人生观，亦即培养'生活的艺术家'，自觉地以审美的态度对待人类，对待社会、自然、人生与自我。审美教育是通过审美感受力与欣赏美、创造美的能力的培养，进而培养一种健康高尚的审美情感，由此塑造和谐协调的人格，确立和谐协调的审美的世界观、人生观"。其实，这个问题早在公共艺术教育开始之初大家就注意到了，但是问题的解决却并非易事，只有当作为审美教育的公共艺术教育在组织保障、教学理念、教学

内容、教学方法、师资队伍、组织方式等方面形成自己的特点，即自己的学科意识与学科特点非常明确，并取得明显的实践成果时，才算真正解决，显然，我们现在离这个目标还比较远。总之，要解决公共艺术教育的指导思想问题，就要正本清源。从根本上了解审美教育的归宿与出发点、理解艺术和美的本质与存在形式乃是关乎人生终极的根本问题。

另外，我国高校在公共艺术教育指导思想上长期存在一个误区，便是在对公共艺术教育的审美功能与道德功能的区别与界限上，大多数人在观念上从来就没有真正搞清楚过。其最大的负面影响就是"以美育代替美育"。审美教育的目的是"培养我们的感性和精神力量的整体达到尽可能和谐"，而人们总是习惯于通过思想品德教育去解决现实中越来越严重的心理、情感方面的问题。由于这两种教育模式在观念、功能与技术手段上存在很大的不同，所以运用道德教育方法去解决对象深层存在的情感、心理、欲望等问题时，结果不是隔靴搔痒，就是风马牛不相及或南辕北辙，以至于完全陷入失败的困境与尴尬的境地。原因固然有多方面，但在观念中不知道两种教育的区别，以致在"以美育代替美育"的观念指导下，直接影响了审美教育原理的研究与技术手段的开发，应该是其中最重要的原因。

（三）明确培养目标，构建合理的公共艺术课的教学内容

高校的公共艺术教育虽然已进行了20多年，但是课堂教学内容方面，仍然有进一步探讨的必要。有人认为，"公共艺术教育包括艺术知识教育、艺术技能教育和艺术精神教育"。有学者认为，公共艺术教育有三方面的内容：一是艺术创作的教育；二是艺术欣赏的教育；三是艺术知识的教育。也有人认为，公共艺术教育应包括四大要素：美学、艺术制作（设计）、艺术欣赏、艺术批评等。根据相关调查，现在普通高校公共艺术教育授课内容一般分为三大类：一是理论型欣赏课，如基础乐理、音乐欣赏基础、中国画技法及基础训练、戏曲赏析等，这是面向大多数学生的普及性限选课；二是实践型技巧课，属面向少数学生的任选课，主要是音乐、美术、舞

蹈等艺术技能的学习，如音乐方面就有合唱团与音乐演唱、西洋打击乐、笛子等，美术方面则有素描基础、速写、彩画基础、雕塑基础、陶艺等；三是合作型排练课或艺术实践课，属双向选择的任选课，如军乐队、美术社、书画社等，是面向艺术社团的指导性技能实践课，由专业教师以课堂教学的形式对学生进行辅导。

各种不同观点的存在，表现了这个问题受关注的程度是非常高的，说明课堂教学的确是实现公共艺术教育的重要环节，是操作性非常强的审美教育手段。综合上述观点可以看出，课堂艺术教育的内容应该多元化，应该包括艺术技能的传授，也应该包括审美感受力的培养和美学精神的塑造，同时，课堂艺术教育也应该具有不同的层次，照顾到不同兴趣爱好、不同水平的学生的个性，做到因材施教，只有这样，审美教育的宗旨和目标才能很好地实现。

课堂教学的内容与两个基本问题密切相联系：一是教学目的，二是学生的基础。教学的目的是为了提高学生的人文艺术修养，培养自由和谐的全面发展的人格，而不是培养技能型艺术人才，所以，课堂教学显然不能以技能为主，但是艺术技能又与艺术修养特别是审美能力密切相关，因而也不能完全排除技能教育，而是应与专业教育的技能教学区别，将技能教学当作实施审美教育的手段，在技能修习中达到提高学生艺术修养与审美能力的目的；而从学生的接受能力看，目前普通高校大部分学生的艺术基础都比较差，因此在课堂教学中要注意从学生的实际出发，从基础做起，同时也要看到高校的学生都是成人，理解能力比较强，教学要有一定深度，对相关的理论内容也要给予重视。曾繁仁教授认为，在目前条件下，高校公共艺术教育应当以艺术与美的基本知识、基本理论为基础，以艺术欣赏为主要手段，以艺术创造力为艺术教育的最高形态，三个部分密切联系，从而建构起一个科学合理的课堂教学体系。

（四）组织科学合理的课程教学方式

当代大学生的公共艺术教育的课程教学组织也很重要，目前高校中该课程的开设方式主要有两种：必修课和选修课。

必修课是指学生必须学习的课程，这类课程应当是所有学生都需要学习的课程，公共艺术教育主要是指对基本知识、基本理论类和艺术欣赏类，如美学概论、艺术概论、中外美术欣赏、中外音乐欣赏等，都可以作为必修课。必修课的意义在于能够保证每个在校学生都可受到艺术教育。

除必修课外，还应大量开设选修课以供不同层次的学生选修，根据许多高校的实践经验，选修课在普通高校的公共艺术教育中发挥了重要的作用，应当给予充分重视。这是因为普通高校的学生都来自不同地区，而各地中小学开展艺术教育的情况相差很大，所以高校学生的艺术基础必然存在着很大的差异，如一部分学生有一定的艺术基础，对艺术接触较多，而更多的学生则对艺术比较生疏；再者，学生对艺术的兴趣也有很大差异，如有人喜欢国画，有人喜欢油画；有人爱好民乐，有人爱好西方音乐；有人喜欢经典艺术，有人喜欢通俗艺术；等等。面对类似情况，教学就不能"一刀切"，而应根据学生的实际情况进行教育。学校可开设不同层次、不同内容的选修课，以便学生根据自己的情况选修。选修课是各高校普遍采用的一种教学方式，是实践证明了的成功的教学方法。在组织课程教学时，还应充分注意利用社会中的各种文化艺术资源进行教学，随着社会的发展与文化事业的进步，这种资源越来越多，如博物馆、展览馆、音乐会、风景名胜以及大自然等都可以用来进行教学。

（五）充分应用现代教学技术，改进教学手段，实现多种教学方法的优化配置

一是要针对不同类型、不同年级的大学生的特点以及不同的课程，将课堂讲授、课堂讨论、专题辅导、讲座以及实践等多种方法有机地贯通起来，使其发挥整体效应和综合教育功能。二是要充分运用现代化教学手段、投影、多媒体教学软件、网络等，这些媒体集声、像、图、文于一体，可以以丰富多彩、生动活泼的形式给学生形成鲜明清晰的视觉印象和冲击力，达到传统教育方法所无法取得的效果，要善于利用。

除一般的教学方法外，公共艺术教育课堂教学的方法还有其自身的特点，如应具有参与性、交流性、实践性、创造性等。教学方

法是由教学目的与教学内容等因素所决定的，艺术教育的课堂教学不能像一般人文课的教学那样"满堂灌"，也不可能像专业艺术教学那样以艺术实践为主，而是应当以学生的兴趣为基础，重在调动学生的参与性与积极性，培养学生的创造性，充分体现出以学生为主体组织教学的教育理念。应十分重视接受性的教学方法，教师在课堂上起一种引导性、启发性的作用，目的在于把学生引入艺术世界，让学生走进物我合一的艺术境界，因为艺术作品的存在方式之一就是欣赏主体对它积极主动地接受；还要充分重视交流式的教学方法，教师与学生、学生与学生应当在课堂上对艺术作品的理解与感受进行交流，教师在这种交流中要起一种组织和引导的作用，而不是扮演权威角色，因为在对艺术的理解与解释中，不存在什么权威，也没有什么"标准"答案，每个人都会因不同的生活阅历、主体素质等对同一艺术产生不同的理解，而审美教育的教学就是认同并培养这种个体差异，使每个人的天性得到自由发展。另外，还要充分注意实践的教学方法，实践性、操作性是艺术的基本存在方式，只有对艺术的操作性有所体验，学生对艺术的理解才能深入，所以要尽可能地进行一些艺术实践教学。

（六）编写适合不同层次大学生的公共艺术教育教材

审美教育虽然经过多年的发展，但从严格的标准来看，我们的教材还不是很成熟，当前的教材还存在着各种问题，如理工科大学的音乐应是通才教育的一部分，而我国这类教材却往往照搬音乐学院或主修音乐专业学生的教科书，过分专业化，与教育的目的背道而驰。另外，为了迁就高校新生普遍艺术修养较低的现实，部分教材片面强调补课，照搬中小学艺术课教学的内容和方法，理论浅、层次低、知识面窄，难以使大学生产生兴趣。与此相比，国外艺术教育的教材就比较成熟，充分体现出了公共艺术教育的特点，"美国普通高校编写或采用的音乐教材，无不广泛涉及历史、地理、文学、美术、哲学、科学等多方面的知识，并将它们和艺术流派、音乐理论、音乐发展史、音乐作品的风格等融为一体，真正体现了通才教育的目的。改革我国普通高等学校包括音乐教学在内的公共艺术教育的内容及教材,不妨借鉴美国的经验,致力于拓宽知识面,让艺术与文化、艺术与科学相结合,尽早与艺术专业教育和初级教育分家"。

(七) 全面提高教师的素质

在公共艺术教育教学中,无论是设计、实施教学,把握学生审美观念,选择恰当的教学方法,还是调动学生学习的积极性、主动性和教学目标的实现,都有赖于教师主导作用的发挥,取决于教师自身素质的高低。

目前高校审美教育师资队伍存在一些问题,已成为当前高校公共艺术教育深入发展的一个瓶颈。由于中国当代艺术界和艺术教育界普遍存在着重视艺术技能而忽视艺术的深层内涵、重视艺术表现而忽视精神与文化修养的倾向,所以这种教育制度下培养的教师队伍必然先天不足,必然使他们在实施公共艺术教育时,在思想观念、知识结构、教学方法等方面存在极大的不适应性。如此就会形成恶性循环,导致整个审美教育与公共艺术教育理念的缺失。这种情况反映到教学实际中,就会产生很多问题。从事审美教育与普通公共艺术教育的教师应具有以下基本素质:

(1) 在专业方面,要具有艺术专业本科水平,熟悉掌握相关专业的艺术技能以及基本知识、基本理论。

(2) 在专业结构上,不求精深,但务求全面,要有系统并扎实的艺术理论知识,如美术史、音乐史、文学史、电影史等;要有相当的美学、艺术理论修养,只有做到史、论结合,才会为提高教学能力打下坚实的基础;还要有极强的艺术鉴赏力,要一专多能,如油画专业出身的教师要懂国画、雕塑、建筑等,声乐出身的教师要懂得器乐,甚至音乐教师要懂一点美术,美术教师要懂一点音乐。

(3) 要有很全面的人文素养。高校公共艺术教育的最终目的就是提高学生的人文素质,因此,教师的人文素质一定要高,绝对不能只懂专业,而是文史哲方面的知识与修养都比较高;教师的人文修养最重要的表现在于具有较高雅的生活情趣与追求、高尚的道德操守以及脱俗的精神气质等。但是,由于我国艺术教育界长期以来存在着重技能而轻人文修养的问题,现在的高校公共艺术教育的教师在这一方面存在着严重的不足,所以提高艺术教师文史哲等人文修养是一个很迫切的问题。

(4)从事高校公共艺术教育的教师还要具备一定的组织能力,艺术教育有很强的实践性,课堂教学离不开艺术实践,所以组织能力也是教师必须具备的素质。

(八)创新公共艺术教育的考核、评价体系

正如教育部所一再强调的,到目前为止,我国高校的公共艺术教育仍然是各类教育中最薄弱的环节,与素质教育的要求相比,仍然有着巨大的差距,还需要我们继续努力。然而就其课程评价考核角度而言,需要将公共艺术教育的人文学科性纳入考虑范围之中。避免以自然科学和社会科学有关学科的考核办法来机械地照搬。就相关课程的考核重点而言,素质能力理应是各考核要素中的中心点。在考核的方式上,尽量改变划一的考试和集中性考试的方式,以总体性考核和单个性考核为主要方式。务必要贯彻落实素质教育理念,摒弃应试教育的窠臼,如此一来,审美教育学科才能健康稳步地发展,成为哺育国人的知识养料。

一言以蔽之,公共艺术教育作为培育当代学子审美教育的主要手段正在稳步地发展着。在实施过程中,我们一定要注意自身的特点,一定要有学科意识,它以提高学生的艺术修养、审美素养与人文修养为目的,不同于培养专门艺术人才的专业艺术教育;在教育理念、教学目的、教学内容、教学方法、师资与教材、组织与管理、后勤保障等理论与实践方面都应有自身的特征。

二、课外艺术文化活动

课外文化艺术活动是同课堂教学相辅相成的,其作为学生学习的第二课堂,在大学生公共艺术教育中也发挥着重要作用,其内容包括学术讲座、各种艺术演出及展览等。学术讲座作为公共艺术教育的内容之一,它可以开阔学生的视野,能让学生了解最前沿的问题与信息,从而对学生产生很大的影响,对公共艺术教育的发展起着举足轻重的作用,不可或缺。相关院校应该将学术讲座放在一个

重要的位置，而非认为其可有可无，要有计划、有组织地邀请国内外专业人士为学生传授知识。除学术讲座外，课外活动的另一个主要形式是校园艺术展。从审美教育的大视野中审视，无论是会演、展览，还是竞技比赛，本质上都是一样的，它们都是课堂教学的扩展，亦是课堂教学成果的最好检验，都具备审美教育性。因此，应采用公共艺术教育的观点来组织校园艺术展。

首先，从组织方式与目的性角度审视，文艺活动要同传统意义上的文艺晚会相区别。其目的并非用以选拔优秀艺术生，而在于培养莘莘学子参加艺术活动的积极性，使其从艺术观赏者转变为艺术表现者，提高艺术主体精神。这一目的早已超越了现世价值，对公共艺术教育有着不容小觑的作用。不过，就目前状况来看，诸多院校的艺术活动都缺少公众参与性，好像艺术活动只是少数优秀的艺术生所独有的活动，而其他人只能坐在观众席，慢慢地欣赏。倘若校园艺术活动始终沿着这条老路继续前行，那么艺术活动只能一成不变，只能称其为一般意义上的文艺演出，而非审美教育意义上的艺术活动。

其次，各大院校应该积极筹办、组织相应的艺术社团，并且大力弘扬社团文化，鼓励莘莘学子参与其中，乃至自发地组织社团。

整体而言，校园艺术活动是具备层次性的。学校可以举办一系列高水平的艺术活动，举例而言，特邀专业的艺术社团来院校演出。这种活动的优点在于方便组织，然而局限性在于其难以使艺术活动进一步发展，由专业化走向大众化。不仅让学生喜闻乐见，更要让学生踊跃参与。如此一来，就可以做到让学生根据自己的喜好、兴趣，自觉地参与院校组织的各种艺术活动，甚至可以激励他们自己组织活动。这方面的内容才是当代学校艺术教育要充分认识并付诸实践的。

因此，我们将参与性与广泛性定为各院校社团的成办初衷。院校社团是可以为莘莘学子提供审美教育的平台，一定要将其作用发挥出来。美育教育理论中提及，同一个事物，在自觉欣赏和被动欣赏的人眼中，是具有本质的区别的。美因何而来？来自创造。创造因何而来？来自创作者参与的过程。艺术的本质就是参与性。只要在参与的过程中，学生才能走向通往艺术王国的道路，即深刻地认识和理解具体事物，正确地领悟事物内在蕴藉的艺术内涵。

三、其他学科课堂教学中的渗透

审美教育的本身就彰显着参与性，它渗透在各种教育中。故此，教育课程应该将探索和弘扬学科审美意义归纳在教学任务中，充实新的内容，把审美教育与哲学、伦理学、美学、社会学、文化学、心理学、历史学、建筑学、工业设计、计算机技术等学科联系起来，结合各专业的特点，建立健全全面系统的网络结构体系，拓展视野，将知识层面延伸到更为宽广的领域。各高校开设审美教育相关课程，是共同的责任，也是共同的义务，其不仅关系到各个相关的专业学科，更重要的是，其作为教育环节对整个教育体系都有着不可替代的作用。当代大学生审美教育要自觉地同院校教育的不同专业和不同课程相联系。特别是对于工科院校的学生，由于学科特点，这些学生在通常的专业性学习中，学习对象主要是工程技术，其课程具有抽象性与思维性。因此，审美活动可以在一定程度上为思维发展提供新的空间。但是，一般情况下，工科院校由于学校定位和资源条件的限制，学校的审美教育课程较少、校园文化活动的艺术氛围不足，因此，实现学校审美教育的一个主要途径，就是将非美育学科的课堂教学审美化。

各科教学对审美教育的作用主要表现在以下几个方面：

(1) 系统的文化知识和专业知识的学习是提高大学生理性能力的重要途径，可以为审美教育提供必要的工具。

(2) 各门课程本身包含着许多重要的价值或审美教育的内容。比如，从科学公式的简捷性、包容性和对称性上，可以感受到美的存在。一个公式或一个计算，从谜面向最深处的谜底演进，像一首画成线谱的歌曲，可以读出智慧、读出深刻、读出人类的伟大、读出科学家孜孜求索的特有韵律；科学公式的发现，还包含科学家的创造性劳动，是科学家智慧之美的具体体现。还比如，体育当中的审美因素。一方面，健美是生活中家喻户晓的一种体育运动，这种形式常常展现运动者强魄的体质。动作是否灵活、肌肉是否匀称等都是以审美原则进行判断的。从一定意义上讲，体育活动是以美为标准的，这里的美以人体美为基础。只要是符合审美的运动，都有利于人体美的塑造，有利于强身健体。另一方面，体育运动的目的之一是追求美。还以健美运动为例，当观众看到健美运动员强健体魄时，会油然而生出一种强烈的内在情感，这种情感能够激起他们追求美的冲动，其中最常见的一种表现形式就是亲身参加健身活动。这里的关键问题是，各专业的教师应当能够在教学过程中发现并充分利用这种美的资源。

因为各专业课程本身蕴含着审美教育的内容，所以在各课程教学过程中渗透审美教育是切实可行的。各学科对审美教育来说是一个"沉睡的巨人"，潜力极大，不利用各科教学进行审美教育就是一个重大的损失。

(3) 全体教师的审美育人职责。由于高校各门课程皆有一定的审美教育功能，教师又在课堂中扮演着重要的角色，因此教师也肩负着审美育人的责任。古人云："师者，人之模范。"教师的一切行为都具有示范性。课堂上教师就是学生的榜样，教师的一举一动、一言一行，都会潜移默化地影响学生，让学生在不经意间模仿教师的形象和修养，这些对学生的影响是十分深刻的、久远的。因此，全体教师应注意以下几点：首先是教师自身的形象，这一点不容小觑。人的第一印象非常重要，被学生评价为好形象的教师，能在教书育人的过程中使学生更能接受，并且在一定程度上能影响学生的仪表礼仪。何谓形象美？形象美并不一定是指外表好看，而是指教师的气质、衣着、情趣、性格。我们在此分别简要叙述。气质美是教师内在的风度，彬彬有礼、端正高雅以及朴实无华等是气质美的表现形式。具备气质美的教师总能给学生一种值得信赖、值得尊重的感觉，他能让学生感受到人格的魅力。衣着美是教师外在的装扮，整洁得体、大方协调是衣着美的表现方式。具备衣着美的教师总能给学生一种诚实大方、和蔼可亲的感觉，能更好地促进师生关系的发展。而且从一定意义上讲，能在教学中降低学生注意力的分散程度，因为较为招摇的衣服总能引起学生的好奇心。情趣美是指教师对丰富生活的喜爱与追求。具备情趣美的教师能够给学生树立一种探索生活的态度，有利于丰富学生的精神世界，培养学生积极向上、乐观开朗的人生态度。性格美是指教师为人处世的方式。一丝不苟、公正合理是性格美的表现方式。具备性格美的教师能让学生信服。

第二节 培育渠道之二——隐性课程

一、隐性课程的概念与特征

隐性课程主要是指非正规课程体系。隐性课程的概念发端于美国教育家杜威的课程概念。他把学生在学校的整体学习分成三部分：主学习（又叫直接学习），是指通过正规课程的学习直接获得知识和技能；副学习（又叫相关学习），是由主学习而联想到的有关知识和技能；附学习（又叫间接学习），指比较概括的理想、态度及道德习惯的学习，这些学习是被逐渐习得的，一经习得将被持久保持，影响人的终身。关于隐性课程（又称潜课程）的概念界定，不同的研究者有不同的看法。一般认为，"隐性课程是指这样一些教育实践及成果，它们在学校政策、课程计划上没有明确规定，然而又是学校经验中常规的、有效的一部分"。我国有学者把隐性课程概括地界定为"学校环境中以间接的、内隐的方式呈现的课程"，事实上，它是一种具有广泛内涵的可以对学生产生重要作用的环境信息，主要由学校和班级生活中由学校所传递的未加明确的规范、价值观、信念和行为方式，学校及班级中长期形成的制度和非制度的文化因素组成。它广泛存在于学校的各个组织之中，融合于学校的整体文化之中。

虽然对隐性课程概念的界定不尽相同，但对它的描述还是有相对共性的地方。与显性课程相比，隐性课程有几个明显的特征。

一是从方式上来看，隐性课程具有潜在性。它是一种默默存在于班级、院校之中的自然性、隐含性的东西，基本都以间接的、内隐的方式出现，受教育者经常在不经意间就获得了知识经验。隐性课程和显性课程有着本质的区别，主要体现在整个教育过程的隐蔽性。在隐性课程实施的过程中，教育者扮演的角色与显性课程是不一样的，既不可以做引经据典的灌输者，也不可以做指手画脚的管理者，而是需要将教育目标和情感精神融入各个教育环节中，融入大学生一点一滴的生活中、工作中，含而不露，如春风化雨，润物无声。总而言之，学生接受的是一种潜移默化的影响。

二是教育过程具备十足的自主性。受教育者是隐性课程的教育主体。他们在学习过程中，并没有察觉到自己处在受教育者的位置上，更看不到教育者权威式的指导。比如在隐性审美教育中，教学目标和主要内容都是以一种隐秘性的方式呈现出来，这样的方式从一定程度上减缓了受教育者的叛逆心理和反抗情绪。与此同时，增长了受教育者的主体意识，让院校的大学生不再感到自己是被动的受教育者，而是主动的接受教育者，参与什么活动、如何参与活动，都由受教育者自主决定。从而使大学生完成了身份的转变。

三是在计划与目标上具有不明确性。隐性教育往往是非计划的教育活动，更没有具体的课程教学目标。但是，它对于培养学生的人生理想、生活态度都有着不可替代的作用。

四是在内容上具有全方位性。隐性课程体现的往往不是知识性的、学术性的问题，更多的是对学生的价值、情感、意志等方面的影响，或者说本质上是一种价值性的影响，而且教育的目的和内容并不像显性教育那样直接和外显。比如，在隐性教育开展的过程中，教育者合理地利用学生周边的审美教育资源，将教育的目标和意义巧妙地融汇其中，以多样的方式、多样的途径、多重的层次对受教育者进行全面完整的指导。

五是效果上的累积性。由于隐性课程是一种潜移默化的教育与影响，所以它的影响虽不是立竿见影的，但却具有累积性、迟效性、稳定性或持久性，最后对学生"文化心理层"等诸多方面产生影响，即包括道德品质、价值观念、情感态度、人格健康等非智力因素。

六是在模式上具有超时空性。隐性课程超越时间、空间，它与封闭式的显性教育不同，并不囿于一定的课程时间和教学场所，而是将受教育者周围的环境潜移默化地转移成教学资源，贯彻在大学生的生活、学习和工作中。因此，隐性课程并不是在课堂上公开地传授知识经验，而是利用周围的文化与环境等资源对学生的审美发挥作用。

上述特点使隐性课程有了显性课程所不具备的优点，从而在培养大学生审美素养方面起到了不可估量的作用。

首先，应用隐性教育方式的课程同当代社会发展以及高校建设相协调。在当今时代，审美教育所处的政治形势、经济条件、文化氛围以及社会环境都发生了巨变。这种改变也在当代大学生的身上有所体现。审美活动的自主性、变化性以及丰富性就是最好的诠释。当代大学生的审美观念也随即变得复杂深刻。传统意义上推行的显性教育已经不能满足审美发展的需要，难以单独肩负起培养提高国民审美素质的重担。故此，开辟新路径是必由之路，而隐性教育正是应运而生。"随风潜入夜，润物细无声"式的熏染陶冶独特作用，难以以隐蔽的方式来应付复杂的环境，在无形中化解许多审美问题，大大提高了教育的实用性，彰显了审美教育为适应变化而做出的一系列改变。

其次，隐性教育能够在一定意义上促进价值观、人生信念、情感精神等非认知心理成分进一步发展，这一过程主要凭借的因素就是学生的态度体验和情感体验。从而达到非认知心理结构的改善，对学生的审美心理层次产生影响。因此，在提高学生的审美素质中有着不可替代的功能。如此种种告诉我们，各大高校要加大对隐性教育的重视程度，将其作为当前环境下提升学生审美教育实效性的必然选择。我们应当在重视显性课程的同时，大力创新和拓展隐性课程，全方位地引导和教育学生，充分激发他们的思维创新能力，张扬个性，使审美素质得到全面的提高。

此外，隐性教育同大学生的审美接受方式及审美发展需求相适应。当代大学生有着和他们父辈不一样的成长环境和生活经历，这使他们的审美接受方式与众不同。其独特性表现在以下两个方面。一是独立自主性，他们往往喜欢根据自己的经验和情感来自由判断是非，进行取舍，主体意识强，积极主动地参与探索其所关注的审美问题，而不局限于被动地接受观点。二是丰富多样性。大学生喜欢方式的多样化、内容的丰富性，鄙夷单一理论、单一观点的灌输。这两个方面衍生出他们对灌输式教育的叛逆心理和反抗情绪。

根据这一情况来说，改变教育方式迫在眉睫，而隐性教育便是最好的途径。它营造了独立自由、轻松愉悦的氛围，满足了审美接受方式发展的新需求，淡化了大学生的被动意识，促进其主体精神的发展，将大学生转变成一个独立自主性十足的个体，他们有选择的权利，有参与的权利。这样一来，从一定程度上削弱了他们的负面情绪和抵触心理。

二、校园文化环境建设

为实施隐性审美教育，就要重视校园文化环境，其隐性育人的作用是举足轻重的。校园文化环境是社会主体文化的一个重要组成部分，其以学校为传播媒介，以继承和弘扬文化现象为目的。校史校风、校规校纪、校容校貌、教学和管理制度、价值观念、学术能力以及个性特征等都是校园文化环境的一环，都是院校师生共同创造出来的，同社会时代环境相协调，同审美教育有着一致的教育目标。校园文化的目标对象是广大院校学生，其中心任务是积累知识、陶冶情操、发展个性、完善人格以及提高素养。而审美教育的中心任务是在美的原则指导下，鉴赏和创造美，让莘莘学子丰富精神世界，发掘内在心灵，在参与审美实践的过程中，全面提升自我修养。审美教育和校园文化环境的中心任务有许多共同之处，这就决定了二者可以相贯通、相联系，使校园文化的审美教育功能付诸实践。

（一）校园文化环境的审美教育功能

高校校园文化环境的审美教育功能指的是校园文化以其所借助的物质和精神事物营造出来的氛围为基础，对院校的学生产生潜移默化的影响，使学生的情操得以陶冶，心灵得以净化，内心得以丰富，健全内在心理结构，塑造优秀人格，感受美的魅力。从而促进学生德、智、体、美、劳全面发展。校园文化环境发挥育人功能的过程是潜在的，以一种无形的却无处不在的环境影响力对学生产生影响，使其将校园文化环境内化于心。这种独特的熏陶方式是显性课程不可替代的。除此之外，该功能还具备全面性，主要表现在以下几个方面：

1. 审美导向功能

校园文化环境常常对学生的成长、学习都有一定的指导意义，这就是所谓的审美导向功能，该功能是院校校园文化环境功能的核心。审美教育以探索和追求生命真谛为使命，本身就蕴含人文精神，彰显了人类命运的终极关怀，阐释了生命价值的最高意义。所以，校园文化环境将会指引学生向光明道路前行。校园文化环境具有系统性和开放性，将诸多思想观念融汇在一起，相互碰撞、相互吸收。既可以激起广大学子的积极性，又可以转化为校园文化环境的多元化趋势，使其成为社会转型的自然产物。虽然多样化的校园文化有诸多好处，但绝不能任其随意发展，而应该大力建设主导文化，从而更好地发挥社会主义先进价值观的引领方向，树立社会时代新风尚，培养学生的正确人生观、审美观。逐步在美的规律指导下，实现马克思主义审美境界。

2. 审美凝聚作用

院校师生共同创造和共有的校园文化环境，是具有极大的审美价值的。其代表着院校中主要群体的审美价值观念，无时不在，无处不在。正是在校园文化环境的持续熏陶下，大学生已经逐步培养出更加贴合社会时代发展的学校集体意识、归属意识以及文化认同意识。在这种集体观念逐步形成的过程中，院校学生开始学会在集体观念的指导下，约束和规范自己的言行举止。从而汇集成强大的凝聚力与向心力，树立起大家普遍追求的审美价值取向。各大高校在大力建设校园文化的过程中，普遍借助思想生动深刻、内容丰富多彩、学生喜闻乐见的方式，旨在于沟通大学生的思想情感，激发他们的创性与积极性，使他们的思想理念、人生价值、生活态度，融会贯通，相互借鉴。从而达成"对外求发展，对内求共赢"的目标。与此同时，校园审美文化以其独有的魅力吸引了大批院校师生，在培养兴趣爱好、完善人格情操、增强凝聚力等方面起着不可估量的作用。而且从一定意义上看，也有利于减少不良文化对学生的浸染，对和谐校园建设也有着举足轻重的作用。

3. 审美陶冶功能

审美教育是潜移默化的。它并不是死板地、固定地将知识经验传授给学生，而是通过周围的文化环境，逐渐熏陶，使受教育者感到周围环境的美，体味一定的人生意蕴，获取一定的文化价值。与此同时，在这个过程中找到自己的兴趣爱好，培养自己的审美能力，进而促进个人审美素质，规范言行举止，推动人生前行。"近朱者赤，近墨者黑。"当今时代，校园审美文化环境是集科学、民主、创新、人文于一体的，在这样的环境中，学生耳濡目染，身心皆受熏陶，修养自然会提升。校园中五彩斑斓的绿化带、干净整洁的楼道、色彩搭配合理的建筑颜色，都属于校园审美文化环境。它们之间相互配合，共同打造出一个井然有序、师生亲近、儒雅静怡的校园，这是师生共同创作、共同领悟的美的场所。幽兰之室，不闻其香。这样的校园总能有意无意地影响学生。让他们在不经意间欣赏了美，学习了美，并逐渐地创造了美。在美的原则指导下，他们塑造人格，培养情操，将审美价值内化于心，外化于行。这种独特的作用，是课堂教学所不能带来的。

4. 审美意识的培养功能

罗丹有言："美是无处不在的，所缺少的是发现美的眼睛。美到处都有，对于我们的眼睛，不是缺少美，而是缺少发现。"现实生活中，美的身影并不少见。问题的关键在于我们是否拥有一双慧眼，能够与心灵相连，欣赏美，感悟美。这种善于发现并感悟美的能力，并不是我们天生所具备的，只有在后天学习中不断地学习、实践，才可以融入我们的身心之中。校园审美文化环境凭借着自身的生动性、艺术性、多样性以及创造性，受到了广大院校学生的注意。他们按照美的规律，在美的原则指导下，提升审美能力，完善心理结构，树立科学、进步、崇高的审美观念。这是校园审美功能的主要作用。审美观是世界观、人生观的重要组成因素，是在审美角度的关照下对客观事物做出的判断，是对美的一系列基本问题的回答。审美理想、审美标准、审美趣味都是其重要的组成部分。在此，我们应该注意到，由于大学生生活经历、成长背景、文化素质以及个人性格等诸多要素的差异，每个人都有不同的审美观念。因此，每个人都有义务尊重别人的审美观，不能干涉他人对审美的自由。与此同时，我们还应该看到，审美观念是有进步与落后、正确与错误之分的，不能放纵其发展。要积极引导弘扬内容健康丰富、精神底蕴十足的校园文化，开展相应的校园文化活动。从而让学生切身地体会到何谓美、何谓丑，到底他们应该学什么美，到底他们必须摒弃什么美。这样一来，可以引起学生共鸣，从而将学生引向正确的审美道路。

5. 审美创造功能

"一个人不从事创造性活动，就不可能成为有教养的人。"这是苏联美学家苏霍姆林斯基的名言。我们认识世界的目的在于更好地改造世界。各院校的审美文化环境所起到的作用不仅完善学生的审美心理和审美意识，还培养了学生的审美能力。与此同时，在上述基础上，引导他们激发内在潜能，进行审美创造。多彩的校园文化活动为当代大学生提供了一个发挥审美能力的广阔舞台。一次宣传海报的设计、一次艺术比赛的策划、一个舞台的灯光布局、一篇文章的内容摘要，都时刻彰显了对创造美的要求。大学生正值青年，正是人生走向巅峰的时期，他们对生活充满了憧憬，对人生充满了信心，对困难有着坚韧不拔的毅力，对世间万物都充满了求知欲。他们不仅具有创造美的动力，更有创造美的潜力。作诗、绘画、书法、辩论是创造，社会实践、志愿服务更是创造，丰富多彩的校园文化活动无时无刻不彰显着大学生独有的审美创造能力。校园文化环境是大学生共同创造和拥有的，他们参与其中，用心创造，不仅丰富了校园文化生活，更为大学生活增光添彩。他们在这个舞台尽情地施展自己的才华，收获的是净化心灵、启迪思想、增长经验、开阔视野的机会。可以这样说，多姿多彩的校园文化环境，时刻彰显了审美教育功能的多样性，蕴含着神秘创造精神。

（二）加强校园文化环境建设，营造良好的审美环境

1. 改善物质环境形态，建设优美校园

在现代公共艺术教育视野中，学校建设与校园环境是开展审美教育最重要的物质环境。它是指校园建筑、校园绿化和美化等物质形态。它们以其文化特征构成校园的物质文化景观，对一定群体的审美意识、价值观念以及精神风貌都有所反映。同时它作为学校

为"育人"而建设的场所，集中反映着教育实施者的教育目的与价值取向。环境的作用是不可忽视的，学生在与其反复"对话"中不断得到塑造，潜移默化地接受审美教育，从而达到对其审美观、价值观、人生观。正因为学校建设与校园环境作为校园物质文化景观是具有文化的强制力量而对学生产生影响的，所以理想化的校园自身就应该是一个富有艺术性和审美价值的博物馆。从大处看，校园的整体布局、楼房设计以及基础设施建设，都是蕴含美的。从小处看，校园里的一花一草、一砖一瓦，亦是将无穷无尽的艺术韵味融入其中。无论大小，皆彰显了高雅的情趣，体现了设计者的审美观念，使整个校园成为一件艺术品。学生受到这种艺术环境的影响，潜移默化地促进自身素质发展。这一现象证明审美教育开展空间拓展了新的维度。正是因为这一原因，审美教育就具备了同学校专业学科教育相结合的可能性，成为了一根贯穿学校教育全过程的绳索。要落实审美教育，就要将行政工作、教学工作以及后勤服务工作统筹兼顾，发挥各自优势，集中力量，自觉积极地将审美教育同各自的工作相协调。除此之外，学校还要重视审美教育的资金投入，建立健全资金链，从而更好地为其提供物质条件。

2.促进校园人际关系的和谐

校园文化建设中有一个环节是必不可少的，即人际关系的建立。所谓的人际关系，就是校园内的教师之间、学生之间、师生之间、学校行政管理人员与师生之间在思想、工作、学习以及生活等方面的联系和交往。人际关系是否和谐协调，直接关系到学校的全面发展。相互理解、相互尊重、相互信任、相互帮扶是和谐人际关系的具体表现方式，这种人际关系有利于形成一种勇于奉献、乐观向上、心情开朗的环境氛围，是对美学观点——美为和谐的最完美的诠释，更是对社会美淋漓尽致的彰显。因此，为建设和谐的人际关系，实施审美教育是必不可少的。

德国文学家席勒在理论著作中谈道："审美教育的最终目的就是让受教育者的人格状态和心理状态达到和谐的境界。"这种和谐的境界并不指某一种心理功能发展到完美的境界，而是指内在心灵达到审美状态。此状态对处理人际关系有着极其重要的意义。现实生活中，人际关系是非常复杂的。审美关系就是人际关系中的一种，也可以被称为爱的关系。在美育过程中，人与人的相互交流与理解就是爱的关系的最好诠释。爱是一种社会关系，是人与人之间和谐相处的标志，在一定程度上体现了中国优秀传统文化和审美所特有的功能。

  3. 促进良好心理环境的形成

  物理环境与心理环境是一个统一的有机体，它们共同构成了校园环境。校规校纪、校风学风、人际关系、文化氛围都是心理环境的主要构成部分。审美教育的开展，能够进一步增强学生的自我调节能力，构建优良的心理环境。情感教育是审美教育的本质。审美心理中最为活跃的就是情感。心理环境是与人的身心素质、思想素质、文化素质、审美素质相联系的，审美情感属于高级情感，人一旦受了这种情感的支配，会大大地提高自我的调控能力，从而使自身的心理健康得到进一步的发展。校园环境氛围极为重要，优雅的校园环境能够让学生个体心理上的不和谐因素渐渐地减缓，促进身心健康和心理功能共同发展，体验人生的真谛与生命的魅力，从而使健康心态得以保持。

  4. 要大力开展各种校园文化活动，努力营造一种格调高雅、健康向上、科学文明的校园文化氛围

  在校园文化活动中占据主体地位的是高校社团文化活动，建设和发展高校社团文化，既有利于提升校园文化品位，还有利于繁荣高校校园文化。要大力开展社团活动，鼓励和支持学生成立艺术类、体育类、科技类等各种社团，制定相应的管理办法，鼓励开展各种活动，丰富学生的课余文化生活。

三、高校图书馆的审美教育功能

  高校图书馆是高校文化教育机构，是利用文献资源为学生传递外界知识与经验的宝库，学生们对其有着独特的情怀。因此，图书馆是培养大学生审美意识的不二之选。

（一）塑造美的阅览环境，创造美的氛围

  随着近年来各高校教育水平的不断提升和办学规模的不断扩大，

高校图书馆的环境已经得到了改善。与此同时，改善环境的意识已经逐渐地深入人心。举例而言，校园的绿化要赏心悦目，宿舍的卫生要整洁干净，共同营造出一种活力四射的氛围；校园中放置雕刻塑像，楼道里悬挂名人画像，都可以用以激励大学生的奋斗精神。总而言之，只有在美的规律指导下，进行优化育人环境的工作，才能在真正意义上形成优良的审美教育氛围。

（二）积累全面的资料，建立、完备文献体系

信息、资料的积累，是高校图书馆审美教育的物质基础。广泛迅速地传播知识经验是知识经济的主要特性之一，然而随着创新成果的不断生成，知识信息已经进入加速化传播阶段，更新速度和老化速度越来越快。故此，高校图书馆应该将收集和处理知识信息的工作放在重要的位置。具体做法如下：借助新兴科技手段开拓多样化途径，分类汇总来源不同的知识经验，建立和扩充知识信息库，健全书籍文献的检索体系，从而更好地方便大学生阅读学习，满足他们的审美要求和求知欲。

（三）图书馆管理人员的双重育人角色

高校图书馆积累了诸多文献典籍，以此资源为基础，充分发挥审美教育的功能。但审美教育的功能只停留在理论上，若想把理论性的东西变为现实，就需要依赖于管理人员的努力。管理人员不仅是知识海洋中的灯塔，更是人类心灵的技术员，这样的双重身份使他们要以美的规律为准则，承担教书育人的责任，为人师表，注意自己的个人形象。此外，还要合理科学地引导学生开展阅读活动，将审美教育同读者服务工作融会贯通，沁入学生心灵。

（四）加速图书馆网络进程，促进大学生全面发展

信息技术的推广和应用，为高校图书馆审美教育提供了新的形式。现代化图书馆已经将计算机作为核心工具，用以打造信息化工程，使其加入"信息高速公路"这一大家庭中，相互分享资源。院校师生都可以借助网络渠道，更加方便快捷地搜集文献资料，培养

审美意识，完善自我人格。除此之外，各大高校图书馆都在着力打造多媒体视听中心，这已经成为当代图书馆信息化发展的趋势了，它一定会在更大程度上发挥审美教育的作用。

四、后勤管理文化的审美教育功能

高校后勤无时无刻不与师生员工的生活、工作、学习、娱乐密切相关。从校园基建、绿化美化到饮食服务、学生管理，高校后勤不仅发挥着它的服务、管理与调控职能，同时它的审美教育功能也成为大学生审美教育实施的重要一环，"以美导真"和"以美引善"的管理理念应贯彻到后勤管理的方方面面。

（一）利用美的规律，创造特色审美环境

要建立完备的审美环境，除了整体的规划、设计以外，还需要把美的规律运用其中。要注意校园审美环境的尺度美、序列美、形式美的运用。

1. 尺度美

从建筑学角度观看，尺度是能使建筑物呈现出恰当的或预期的某种尺寸。这种尺寸同建筑物本身所需求的特点是有密切联系的。通常而言，尺度印象以同实体大小的合适性为判断基础，主要划分为三大类别：一是亲切尺度。该尺度要求做出的建筑物尺寸比预想的要小。二是超人尺度。该尺度要求做出的建筑物尺寸比预想的要大，在这里要注意的是，超人尺度并非虚假的，而是承载着仰慕之感。三是自然尺度。该尺度方便表现建筑物本身原有的模样。无论哪种尺度，都与观察者的感悟和环境的熏陶密切相连。举例而言，行政楼、教学楼以及图书馆都是学校的主题建筑，其外形的作用不仅局限在功能美这一方面，除此之外，还在整个校园布局结构中发挥着协调作用；校园广场上的人物塑像往往矗立在校园中心点上，其外形总能凭借强烈的视觉冲击，给他人留下深刻的印象，同时，彰显学校特色。当人们在塑像前伫立时，会油然而生一种崇敬之感，激励自己奋发图强；校园里广告牌、报刊亭等基础设施理应保持自然尺度，而校园里石桌、长椅等基础设施理应保持亲切尺度，以便让行人感受到一种亲切感。故此，要具体问题具体分析，设计巧妙。

有诸多因素影响着尺度美的创造，因此设计者需要严谨构思、精挑细选，才能事半功倍，达到理想效果。

2. 序列美

做好点、线、面、体的有机结合，有利于更好地创造校园审美环境的序列美。校园审美环境要按照点、线、面、体合理组合，会组成一曲和谐统一的建筑乐章。

3. 形式美

在创建校园审美环境时，一定要把形体美、体量美、质感美、光感美综合起来统一考虑。以特色取胜——每一所高校都有其独特的历史文化背景，将其融入审美环境的建设中，是形成独特审美风格的巧妙方法。

（二）采用人性化管理，渗透审美教育

人是有需求、有情感、有个性的主体，其作为一种特殊的、有意识的生命存在于世间，不断地追求自我生命价值。所以我们将"教育人成为审美的人"作为审美教育的最终归宿。它对于提升人格魅力、实现人生价值等方面具有重要的作用，所以高校后勤管理工作也应当了解大学生个体生命的内在要求，关注大学生选择行为能力的培养，关怀大学生自身生命价值的体验来完成其审美教育的职能。

（三）融合生态美学，创建生态校园

校园生态不仅是一所学校办学条件的重要体现，而且还是衡量一所高校管理水平的外在标志。高校后勤管理在其审美教育工作中，应当引入相关的生态美学的理念，结合实践，将高校创建为一个生态化的美育大课堂，引导大学生进行生态审美——把自己的生态过程和生态环境作为对象，并且让自己参与进去的审美观照活动。关注人与自然、人与社会相互关系所形成的生态效应，真正体现审美境界的物我交融。生态审美教育的最终目的是推出生态审美生活的

创造，让人与人、人与自然、人与社会相互融合，促进世界和谐发展。

综上所述，要提高工科院校大学生审美素养，审美教育途径的选择极为重要。教育途径的选择，既要反映时代特征及审美素养培育的任务、内容、方针、原则和要求，又要符合大学生的审美心理特征，还要考虑到学校的现实条件以及教育者自身能力和素质等方面。由于受教育者审美素养形成的过程是复杂的，大学生审美素养培育途径也不可能是单一化的，而应该是多样化的。这种多样化的途径并不是简单相加的统一体，而是多种途径相互联系、相互融合的有机体。为此，在工科院校大学生审美素养培育途径的选择上，应采取多种渠道进行多元化培育，并注重各种渠道的相互渗透，才能切实提高工科院校大学生审美素养，真正实现审美教育的目标。

第三节 培育渠道之三——敏感课程

一、敏感课程的概念

从现代课程观念来看，学校课程可以分为显性课程、隐性课程和实践类型的课程，三者融合为一个整体，简言之，就是"显性课程"和"隐性课程"与自然互动而构建起来的学生实践经验产生的"敏感课程"，继而成为"关联万物"的课程系统。

从学校课程存在形态来看，一是以学生成长逻辑建立的，体现学生基本学习历程的学科课程系统，这被称作显性课程；二是以浸入式的文化、物质文化、人际行为为载体呈现出来的环境情境系统，这被称作隐性课程；三是阴阳互动构成的完整平衡性的活动体系，是学生学习成长生命经验的积累，这被称作敏感课程。显性课程指"与目标关联的实际运作课程"；隐性课程指"与环境情境关联的潜在课程"；敏感课程：指"与现象关联的学生人生课程"。

以"先学做人"为基础的"显性课程""隐性课程""敏感课程"为基本特征的一体化课程系统，"从道到化生为三"，每一个"三"又将体现"一"的特征，继续生发。这就是说，显性课程生成为"国家标准""国际视野""国学根基"的"三国"课程系统;隐性课程生发为"组织文化""标示文化""互联文化"的"化成"课程系统;敏感课程生发为"身心互动""研学互动""专项互动"的"三动态"课程系统。"顺木之天,拉长补短",关注学生天性与自然的成长基础上,设计了这类敏感课程。"读万卷书,行万里路",在实践中的不断探索,进而形成了这个敏感课程体系。正是有设计性的选择,让学生可以有机会参与这些活动,呵护其天性的同时,启发他们的潜能,形成他们自己的经验,这些经验会触动学习敏感性,教育在这个过程中就在起作用。

在课程的学术体系上,"敏感课程"事实上并不是一个普遍的称谓,它代表的只是贯通于实践性、综合性的教育体系。最大的特性即为实践性,在一定意义上可等同于实践类课程。

二、借助敏感课程进行审美实践的案例分析——以宿州学院为例

(一)审美实践类课程简介

审美教育作为美育教育的重要组成部分,其意义不仅在于让受教育者掌握美育理论,更重要的是将美育理论贯彻到日常行为中。审美教育理论和现实的结合具有一定的难度。经过多年的审美教育研究与审美实践的实践经验,审美教学在审美实践中开展实践不失为一条切实可行的路径。审美教育理论与审美实践的结合是由二者共同塑造完美人格的育人目标所决定的。审美活动本身就带有一定的主观性、情感色彩以及思辨色彩,这是从本质上审视的。审美是个性化十足的活动,它需要以美的产生、发展、变化的现象、本质、规律作为自己的前提。这就是审美的根本特点。审美的重点就在于"审"。现代汉语中"审",常常用来表示细致入微地观察、辨认、感悟、欣赏以及研究等心理活动,因此,《现代汉语词典》里经常将审美的意思归纳为"对事物和艺术的美的领会"。

(二)审美实践类课程在宿州学院的具体应用

宿州学院位于安徽北部,是省级重点本科院校,具有地方性和

应用性，研究方向主要是工科，自成立以来，一直秉承教育育人、文化育人的准则。对于该学校而言，审美实践工作可谓是一大难题，这也普遍代表了诸多应用型本科院校的现状。一方面，要培养学生的社会意识和责任感，树立正确的世界观、人生观、价值观，打造高校所独有的文化品牌；另一方面，要将工科的主体位置彰显出来，进一步完善学生的就业观念，提高专业化素养，真正做到学以致用。这两点就是宿州院校开展审美实践工作的难题。宿州学院将"三馆一所一园"作为有力抓手，以孟二冬的淡泊名利、潜心治学精神，赛珍珠的博爱慈善精神，革命者勇于献身的革命精神作为宿州学院大学文化的三大支柱，时刻鼓舞着莘莘学子求真求实，用心对待审美实践。

宿州学院的审美实践通过"三馆一所一园"以及教学改革，将审美教育的教学实践落实到审美实践活动中去，将审美实践的环境文化建设、学术文化建设和高校的文化引领等要素与审美教育塑造完美人格的理念相融合，起到较好的实践效果，具有一定的示范作用。

宿州学院的审美教育将上述内容作为出发点和落脚点，在实施过程中，贯彻落实以实践为主体的原则标准，淋漓尽致地阐释了"唯有实践出真知"这句至理名言。孟二冬纪念馆、赛珍珠纪念馆、赛珍珠研究所、革命传统教育馆以及大学生创业园等场所，其建立之初，就是以开展大学生审美文化教育为目的的。这些标志性建筑分布在宿州学院的各个地方，组成了审美文化网，沐浴着全体师生。举例而言，纵贯校园的主干道就被命名为二冬大道，而孟二冬的雕像就屹立在一旁，时刻守望者南来北往的求学者；位于校园中心点的湖区被命名为珍珠湖，而赫赫有名的赛亭就坐落在湖中央，为孜孜不倦的学子提供片刻的休息。人文景区承载了厚重的校园文化和人文精神，是宿州学院的瑰宝。在建设校园环境文化的过程中，既要考虑到艺术审美效果，还要兼顾到精神文化底蕴。无时无刻、潜移默化地熏陶学生，使其发自内心地感受到校园文化和人文精神，引导校园环境文化建设的主体作用。除此之外，宿州学院还将校园文化文体建设放到了重要的位置，建立健全文体基础设施，如音乐厅、羽毛球馆、篮球场以及乒乓球馆等，竭尽所能发挥文体活动的感染力，为广大学子提供锻炼身体、提高情趣的平台。

在开展审美教学课程的过程中，教师不应该仅仅局限于单纯地传授学生知识和信息，还要将审美教育贯彻在各项工作之中，这其中就包括日常教学。宿州学院以工科为主，是典型的应用型本科院校。应用性课程群是该学校的课程结构，其同社会岗位群有着紧密的对应联系。因此，这样的专业课程设置就明显地带有社会功利性。为了更好地贴近社会的发展，在课堂教学的过程中必须融入审美文化精神，在教学方式上更要注重文化培养的功能。根据现实教学经验数据，审美教育是有能力和其他学科融会贯通的。宿州学院的学子往往以有用、无用的实用性标准来评判课程的好坏，功利性很强。这种思想和现今高校的文化传承与引领作用是不相适应的。因此，要从更高的文化起点出发，完善大学教育体系。

其实，无论是谋生性课程还是工具性课程，都内蕴着美的因素，只有将看似索然无味的课程审美化，才能让受教育者切身地感受到审美教育的美感。宿州学院对此采取了一系列针对性的措施，颇有成效。举例而言，学校教务处将多媒体课件集中在一起，统一审核，全面把控多媒体课件的内容与形式。这样一来，既确保了多媒体课件满足教学的需要，还在一定程度上提升了多媒体课件的审美艺术感。从而使学生在学习的过程中体悟到美感，将整个课堂教学的文化艺术氛围带动起来。

宿州学院思政部将开展院校思想政治理论教育工作作为己任，所属全体教师纷纷以大学文化研究为中心，开展教学、科研活动，旨在于集审美实践与思想政治教育为一体，使其成为科研教学改革的一个重要的成果。宿州学院文学与传媒学院将推广教师课堂用语和普通话课程的工作作为己任，着力提高学生的普通话水平，保证教师用语的准确性。美术学院和音乐学院会按时举办画展、音乐会演等艺术活动，用艺术气息熏陶学子，培养鉴赏美、创造美的能力。体育学院将开展全校公共体育教学工作作为己任，各种体育项目和民间舞龙、舞狮等表演都在他们手中变成了继承美、传播美的工具，不仅磨炼意志、培养情操，更启迪心灵，在无形之中提升学生理想境界。

当今社会，高校校园文化和社会时代背景之间存在一定的差异。故此，审美实践的任务已经落到了大学审美教育的肩上。随着经济的不断发展，文化发展已经显现出不相协调的态势。在这样的趋势下，各高校学生开始受到拜金主义、纯粹功利主义等不良思想的侵蚀。优秀的传统文化逐渐流失，利己主义开始攀上高位。多元化文化总体上是好的，但也有许多学生在这样的浪潮之中迷失了方向。人生理想不复存在，人文情怀有所短缺，辨别是非真假的能力有所退化。曾繁仁在山东大学任教时曾说过："新的时代，我们不能仅满足于教会青年人的社会生存，更需要重视他们的审美生存。审美教育肩负着重担。"审美生存是人类所共同追求的，也是在当今时代不良思想甚嚣尘上时需要进一步探索发展的。人生境界教育和修养教育是审美教育的实质，也是远大目标。这么宏伟的目标就决定了仅仅依靠美学课程来进行审美教育是远远不够的。因此，重视审美实践必不可少，只有将二者相结合，才能完成这艰巨而光荣的任务。

近几年来，宿州学院大学文化研究中心重视研究大学文化的相关科研，组织每一届入学新生学习宿州学院的名人名事，感悟文化精神。这些都是审美实践方面的显著成效。在这一实践过程中，审美教育理论起着指导意义。审美教育理论提及审美教育的根本目的就是为了培养审美的人。这个过程十分艰难，所以一定要做好充分的思想准备，并且要重视审美文化的再生性过程。"审美文化的再生性过程又叫作审美教育效应，指的是在审美实践的过程中，受教育者欣然地接受审美价值理论，在此基础上创造美。"以审美经验理论作为观照角度来看，审美认知、审美理解和审美创造是审美经验的三大组成部分。这三个部分是同时进行的，都在审美实践中有所体现。

审美实践活动具有主体性和创造性，是一种自觉自由的活动。"人同样是按着美的规律来建造的。"这是马克思提出的普遍性结论。审美实践活动完成与否同审美主体的审美观念、审美能力、审美情感以及审美理想都有着密切关系。因此，从审美教育效应角度审视而言，宿州学院有待进一步完善审美实践工作，潜力十足。

首先，在建设校园环境的过程中，还缺少一些统领全局的意识。宿州学院虽然在校园文化中强调了赛珍珠先生博爱无私的国际情怀以及孟二冬先生严谨认真的研究态度，同时设立了一些弘扬爱国主义精神的教育场所，但是却没有深层次地将大学文化所蕴含的内在底蕴贯彻落实到细处。举例而言，校园中并没有宣传道德模范、学习模范的宣传展牌，也少有公益性活动。食堂、教室、楼道、宿舍、图书馆等场所都缺少相应的文化基础设施。大学校园是一个以精神文化、学术文化、环境文化为核心的审美文化场所，是师生共同创造的产物。我们在承认宿州学院在建设校园审美文化环境取得卓有成效的同时，还应该理性地认识到建设文明校园应该用更高的审美标准来衡量。除此之外，还应该加强精神文明建设，营造良好的学术研究氛围，进一步提高审美教育效应的水平，使其满足高水平的大学文化的要求。

其次，由于应用型本科高校自身的特性，使其教学方法和教育目标同打造文化品牌的思路脱轨。迄今为止，宿州学院仍在探索如何进一步突破审美情操以及审美教育的道路上前行。赛珍珠先生无私奉献的博爱情怀如何在学生身上体现出来，孟二冬先生淡泊名利的思想要怎样沁入心脾，和学生日常生活、学习相结合，都是需要讨论解决的重要问题。审美教育急不得，它是漫长的过程，是一项大工程，需要我们的耐心和努力。

最后，还应该使师生的精神形象焕然一新，从而更好地彰显审美教育背后存在的真正内涵。人的精神解放是审美教育的最终理想。教师都需要克服应用型本科高校自有的艰巨难题，转变教研教学方法，自我调节和激励心理情绪。而学生要做到敢想敢做，不断追求美好的人生理想，在社会上找到属于自己的价值。

审美教育的内容丰富多彩，形式灵活多样，因此衡量其教学成效的标准也不能是单一化、固定化的。应该做到既考虑学生对知识理论的掌握情况，又兼顾审视学生付诸实践的效果。保护环境，爱护身边的一草一木、一砖一瓦；热爱生命，珍惜学习时间，保护动植物；为人友善，与同学、教师保持良好的人际关系等，都是审美教育成功的最好诠释。大学文化与审美教育的最终理想有一致之处，这一点为美育理论同审美实践相结合提供了必然性和可能性。将审美教育理论与审美实践看作统一体，有利于校园文化活动与教学活动良性循环的实现。

三、借助敏感课程进行审美实践在工科院校教育教学中的反思

敏感课程是一种综合性极强的教学课程方式，是新时代的产物。其融绘画、书法、文学、舞蹈、雕刻以及摄影等具有艺术审美要素的活动为一体，并将显性以及隐形课程在教育教学过程中的交叉之处进行强化，赋予其审美实践的韵味。故此，我们要紧紧地把握住教学过程中审美欣赏和审美实践两个环节，借助一系列多媒体视听媒介，增强学生的自觉介入感，使学生内心获得一种对审美的领悟感，从而使审美作品的崇高内涵以及深刻旨意在精神上达到统一。

在此基础上，教育者应当以审美教育的规律为指导原则，结合实际设计新型教学方案，创设极具院校特色的"敏感课程"。与此同时，还要根据"情绪体验与逻辑思维的统一，全面开发与个性发展的统一，内容的思想性与审美性的统一"的原则，科学合理地、创造性地设计教学资源，从而转变审美教育的覆盖领域，使其从知识教育这种单一的、平面的内容，转化成沁人心脾、发人深省的思想品德教育。

在培养工科院校大学生审美素养多元化培育渠道过程中，借助采用敏感课程进行审美实践教育时，应当注意以下原则：

首先，在进行敏感课程过程中，应当采取创新型的分层递进式动态教学模式。更加确切地讲，教学模式属于教学思想，具备十足的操作化和具体性。教学模式也是学习模式的一种，能够帮助学生学习专业技能，积累学习经验，创新思维方式，实现人生价值，还能够引导学生自觉自主地进行审美评价。判断教学模式的好与坏，要采用综合性评价标准，不仅考虑其是否满足了教育目标，更要考虑其能否促进学生自我能力发展。分层递进式动态教学模式的优势就在于打破以往灌输式教育方法，以学生为教学主体，深入发掘学

生开展探究学习、合作学习的潜力，不断培养学生的创新意识和实践能力，充分地调动学生的积极性以及创造性，使其在各个专业领域发光发热。在此基础上，达成敏感课程所应实现的审美实践教学效果。

其次，在借助敏感课程进行审美实践的过程中，为有效地拓展审美教育的全面性和深刻性，突破传统审美教育的局限性，转化"单一道德教育"或"单一技术教育"为"综合交叉审美教育"，需要借助审美实践。该教学模式由简到繁、由易到难、由单一到综合、由浅入深、由具体到抽象进行分层递进，不仅有利于更好地营造学习环境，使课堂灵活多样，更有利于增强学生的感悟力，明白学习的真谛，逐步实现大学审美实践教育的规范化与现代化。

最后，相关教育者在借助敏感课程实现审美实践、提升学生审美素养的过程中，可借助互动研讨式教学。互动探究式教学方法是适合当代教育发展的新型教学理念，基本宗旨是开展师生双向互动的实践活动。该方法将学生、教师、教材、多媒体统一为一个相互联系的有机体，重视师生之间、学生之间的关系，希冀构建民主自由、和谐友善的合作关系。正所谓教学相长，在教学过程中，该方法致力于逐步营造师生之间、学生之间相互激励、相互学习、相互启发的局面，达到相互促进发展的最终目的。互动研讨式教学方法是教与学相交流、相融合的过程，是教师与学生相互促进、平等对话的过程。倘若能够合理科学地施用该教学方法，便可营造一种和谐、自由、平等的对话氛围，启迪内心心灵，拓宽学术视野，使广大学生在接触敏感课程的过程中实现审美实践并有效提升学生的综合审美素养，最终为其人文素养的提升奠定良好的基础。

总之，敏感课程作为极具创新意义的教学方案之一，需要在"审美实践"基础上进一步拓展含义，而"审美实践"作为实践存在论美学的核心问题之一，在实践存在论美学的视域中，更具有明确的深层次含义，这也决定着需要在审美关系中展开的存在论意义上的人生实践，使人通过审美进入世界，逐步提升审美素养。故而，在工科院校大学生审美素养多元化培育的渠道之中，相关院校可依据自身院校特色，创设契合于自身院校审美教育的敏感课程，并积极加以应用，进而提升工科院校大学生审美素养与审美能力。

参 考 文 献

[1] 谭荣,易前伟,吕超荣.大学生审美与艺术修养[M].重庆:重庆大学出版社,2016.

[2] 朱晓晖.基于提高大学生素质的审美教育研究[M].西安:西安科技大学,2006.

[3] 付胜利.美育与大学生艺术素养[M].西安:西北大学出版社,2012.

[4] 陶国富,王祥兴.大学生审美心理[M].上海:立信会计出版社,2004.

[5] 宁薇.大学生美育论[M].天津:天津社会科学院出版社,2013.

[6] 杨琼,张小林.大学生美育研究[M].北京:经济科学出版社,2008.

[7] 金昕.当代高校美育新探[M].北京:商务印书馆,2013.

[8] 钟仕伦,李天道.高校美育概论[M].北京:中国社会科学出版社,2006.

[9] 王德岩等.大学美育讲义[M].北京:清华大学出版社,2010.

[10] 邱小松.工科院校审美教育的现状、问题与实施策略[J].黑龙江高教研究,2014(3):121-123.

[11] 高瑛.理工科大学美育现状与对策研究[D].昆明:昆明理工大学,2011.

[12] 李道先,侯曙芳.试论工科院校大学生的审美教育[J].安徽

农业大学学报（社会科学版），2004(6):81-84.

[13] 牛刚，吕培.论工科应用型人才培养的美育之维[J].才智，2018(14)：140+142.

[14] 孔令琼，张毅杰，张辅霞.技艺结合的工科审美教育研究[J].中国教育技术装备，2015(16)：71-73.

[15] 程琳杰.高校美育实施的现状与出路[J].中国成人教育，2006(8)：68-69.

[16] 邸小松，邱实.对工科院校审美教育的几点思考[J].长春工业大学学报（高教研究版），2013,34(4)：15-17.

[17] 刁华.提高理工科大学生审美素质的研究[D].哈尔滨：哈尔滨理工大学，2008.

[18] 田丽.美育在理工科大学美育中的作用之研究[D].西安：西安理工大学，2010.

[19] 贾琳颖.高校美育课程内容研究[D].重庆：西南大学，2016.

[20] 陈姝言.我国高校美育发展及实施研究[D].大连：大连理工大学，2006.

[21] 牛艳青.当代大学生的审美教育[J].华北煤炭医学院学报，2008(2)：261-262.

[22] 王雪梅，陈丽君.当代大学生审美价值观的构建与现状[J].中国健康心理学杂志，2016(8)：1169-1173.

[23] 杨开云，陈伟胜，郑捷，陈建坤.工科大学生审美素质培养初探[J].华北水利水电学院学报（社会科学版），2001(4)：67-68.

[24] 肖中云.工科院校审美教育存在的问题与对策[J].产业与科技论坛，2007(7)：110-111.

[25] 宋红霞.理工类院校大学生美育刍议[J].中国成人教育，2009(17)：62-63.

[26] 纪燕.理工类高校生态美育教学实施方法探析[J].山东建筑大学学报，2014,29(2)：204-208.

后 记

我多年从事学生教育管理工作，曾担任过学生辅导员、校思想政治教育科科员、校艺术教育中心（文化素质教育中心）办公室主任，特别是在从事文化素质教育工作期间，对学生的美育和审美一直很感兴趣，申请的江西省教育科学"十三五"规划课题也成功立项了，之后一直按照课题进行资料收集、整理，2017年主要是对大学生审美素养现状、高校审美素养培育现状进行调查，发放调查问卷，统计调查结果；2018年主要是对大学生审美特征进行分析，结合文献查询思考培育大学乐审美素养的路径，形成初稿，本书虽然也数次易稿，但就涉及的功课——大学生审美领域来说，许多部分还是草创，错误和缺陷是不可避免的，希望读者和专家不吝赐教。

向指点我的师友和组织致以诚挚的谢意！感谢学校熊申英教授在我提交申报书中给予的宝贵意见；感谢南昌航空大学提供的良好科研氛围。本书的出版得到了以下项目和单位的支持：江西省教育科学"十三五"规划2017年度课题——工科院校大学生审美素养多元化培育研究（编号17YB113）；"南昌航空大学科研成果专项资助基金"的资助；文法学院学科建设专项资助，在此表示衷心感谢！

最后感谢经济管理出版社的编辑对此书做出的贡献！

黄益萍

2018年10月30日